清·陳球 著

薛季憲 書

燕山外史

貳

廣陵書社
中國·揚州

群；沅芷江蘺，恥與艾蕭爲伍。因此兩心不合，困頓風塵；從而同病相憐，呻吟床褥。本是寄生之草，悴色經霜；均爲茹苦之蟲，凄聲咽月。

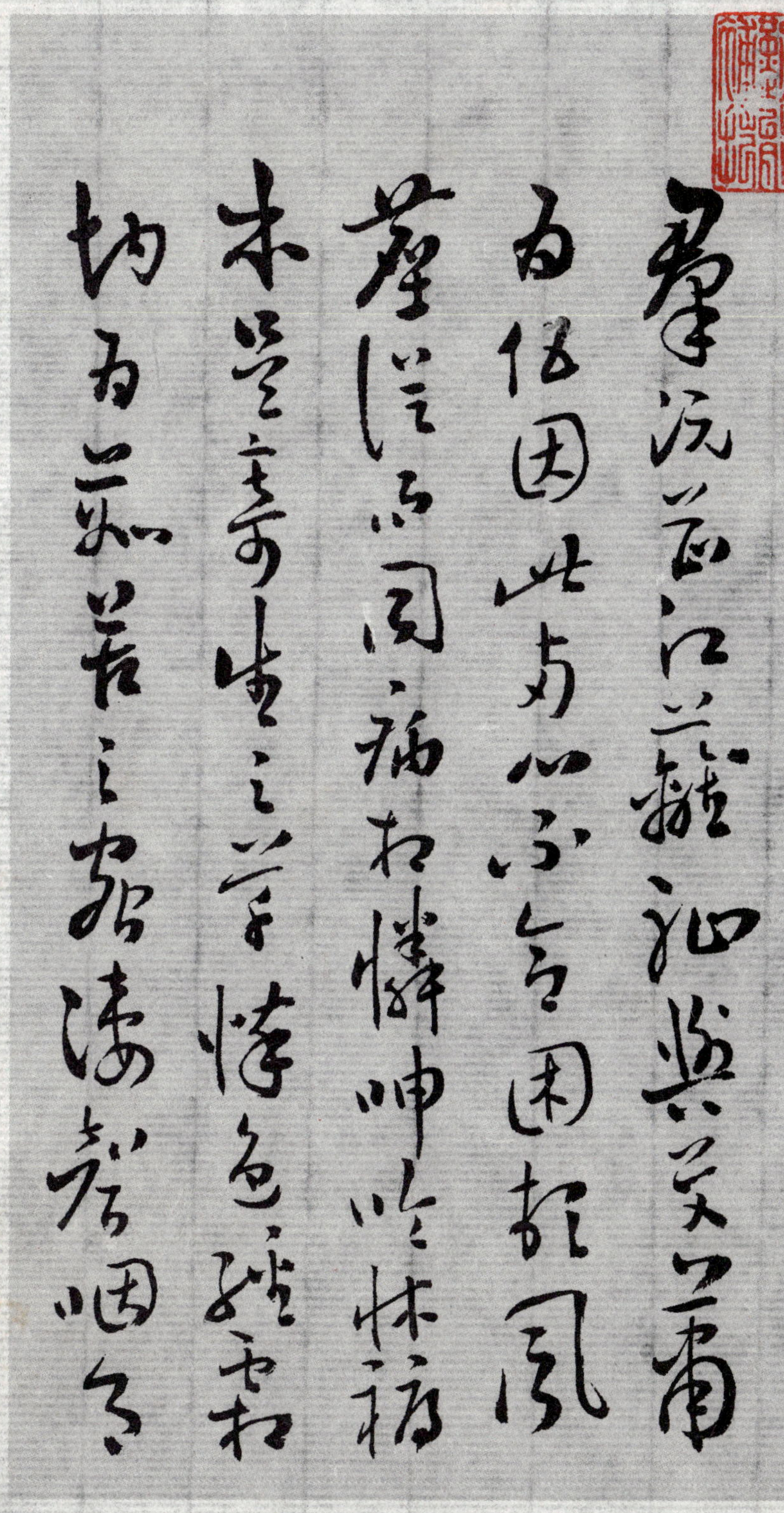

祇謂蘭先菊殞，豈知李代桃殭。其母年當遲暮，造衆惡因，身歷播遷，受諸苦惱。釀就顛連之厄，罪有獨歸；染成綿惙之疴，孽由自作。

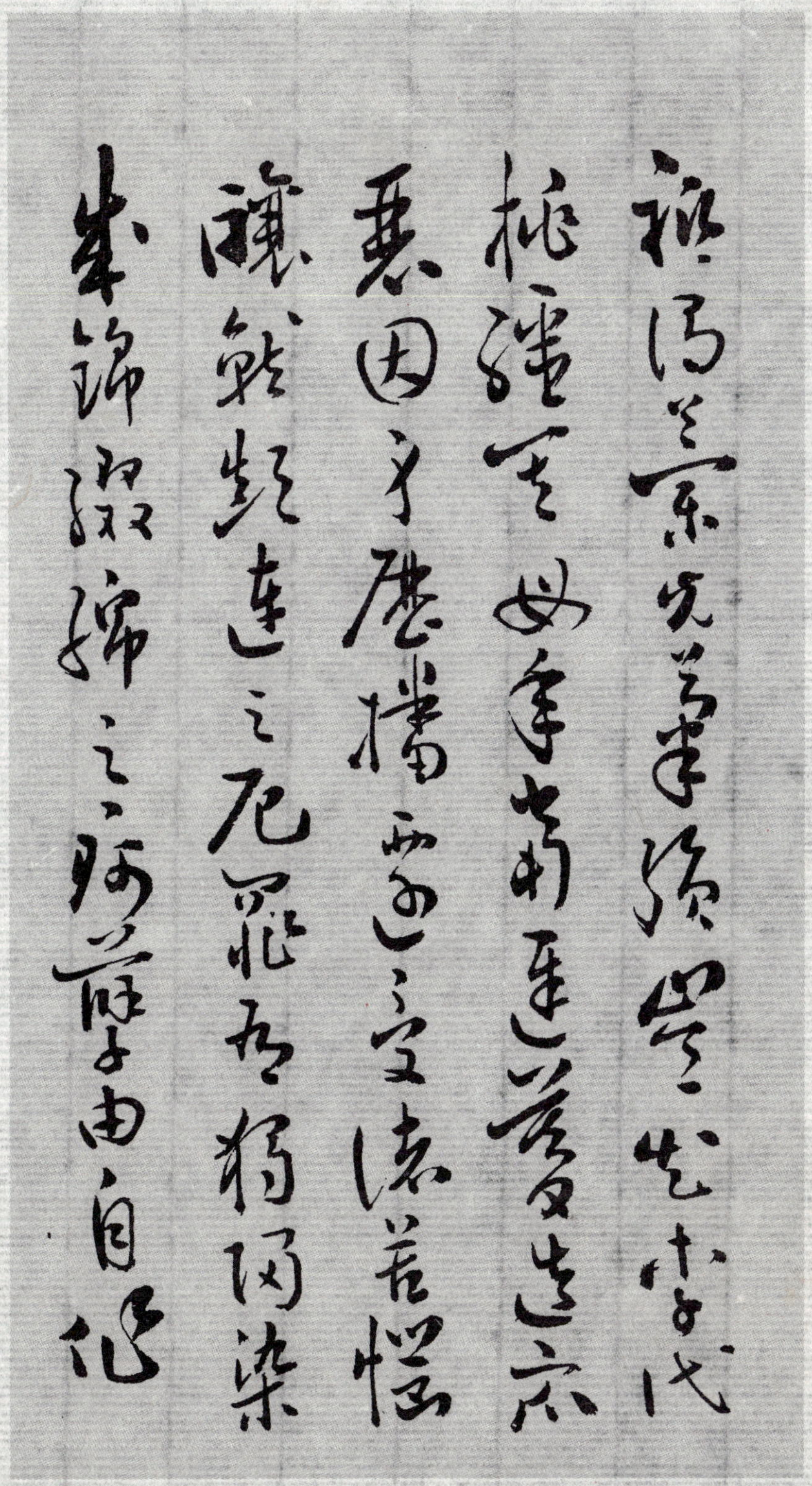

無何，三靈降譴，二豎施災。厲疾纏身，莫獲延齡之術；良醫束手，難回司命之權。哀哉姑也，始則支持湯藥，悉屬空勞；繼而摒擋棺衾，尤爲盡瘁。

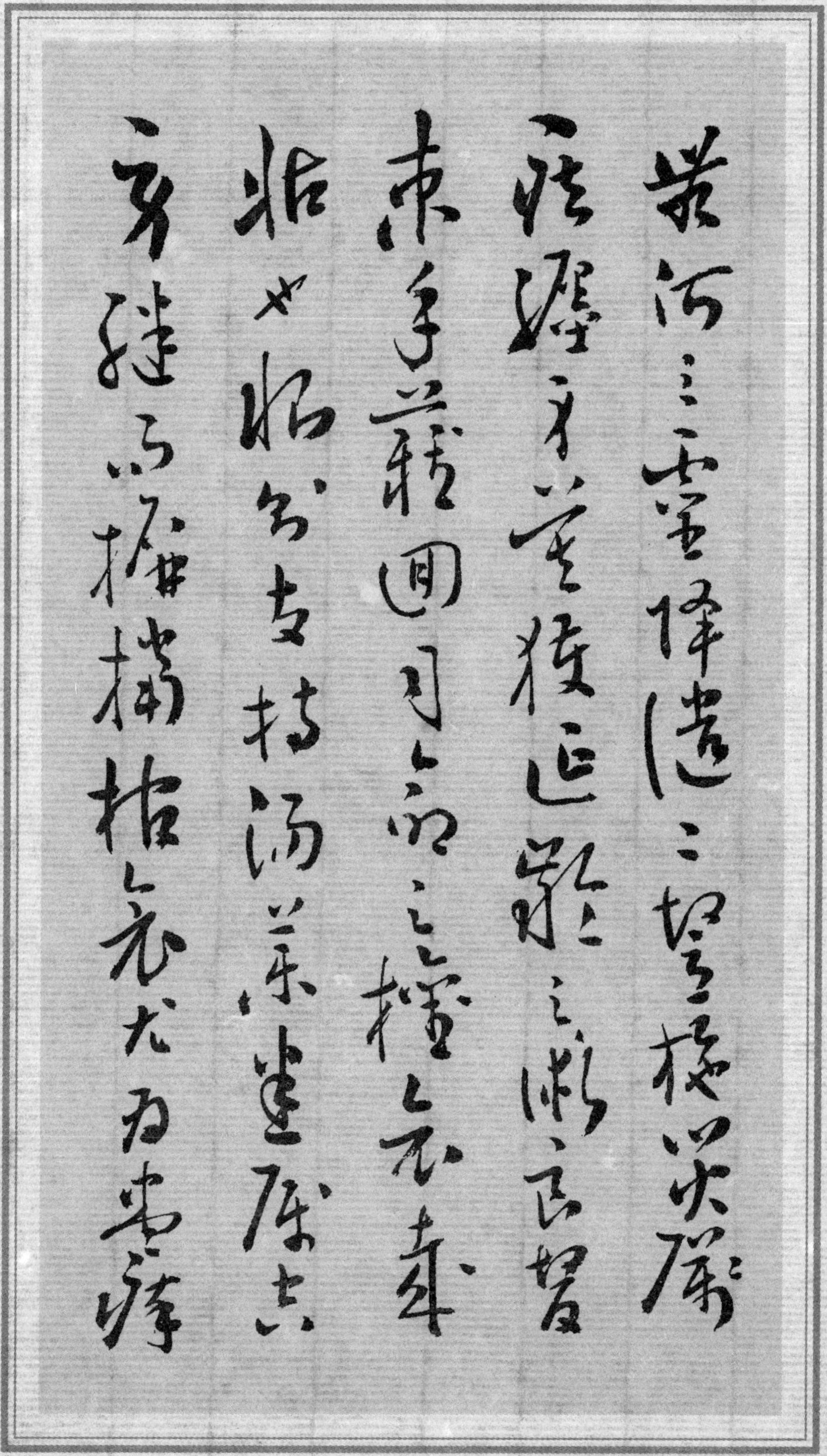

一抔黄土，旅櫬長埋；幾點青燐，羈魂永化。死則固非可作，生則仍不能歸。徒使眼滴層波，身隨隻影。青燈無伴，空留短命之花；紅淚難收，遽

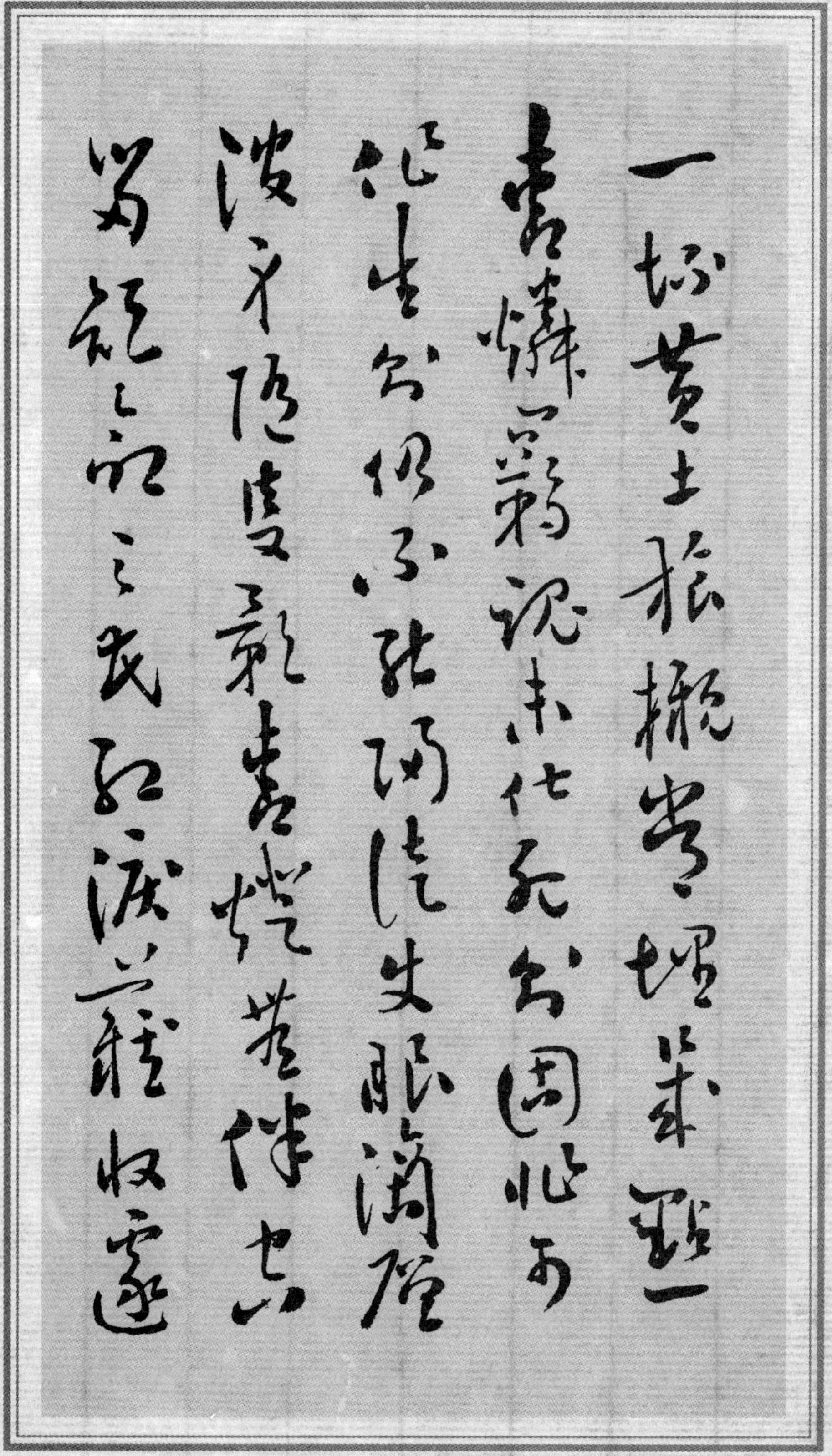

作長啼之鳥。於焉言痛，痛何如乎，以此思哀，哀可知矣。爾時，賓生依妻作室，從婦爲家。門第高華，宛居紫府；閨闈深秀，恍入瑶臺。醉月坐花，夜夜稱觴

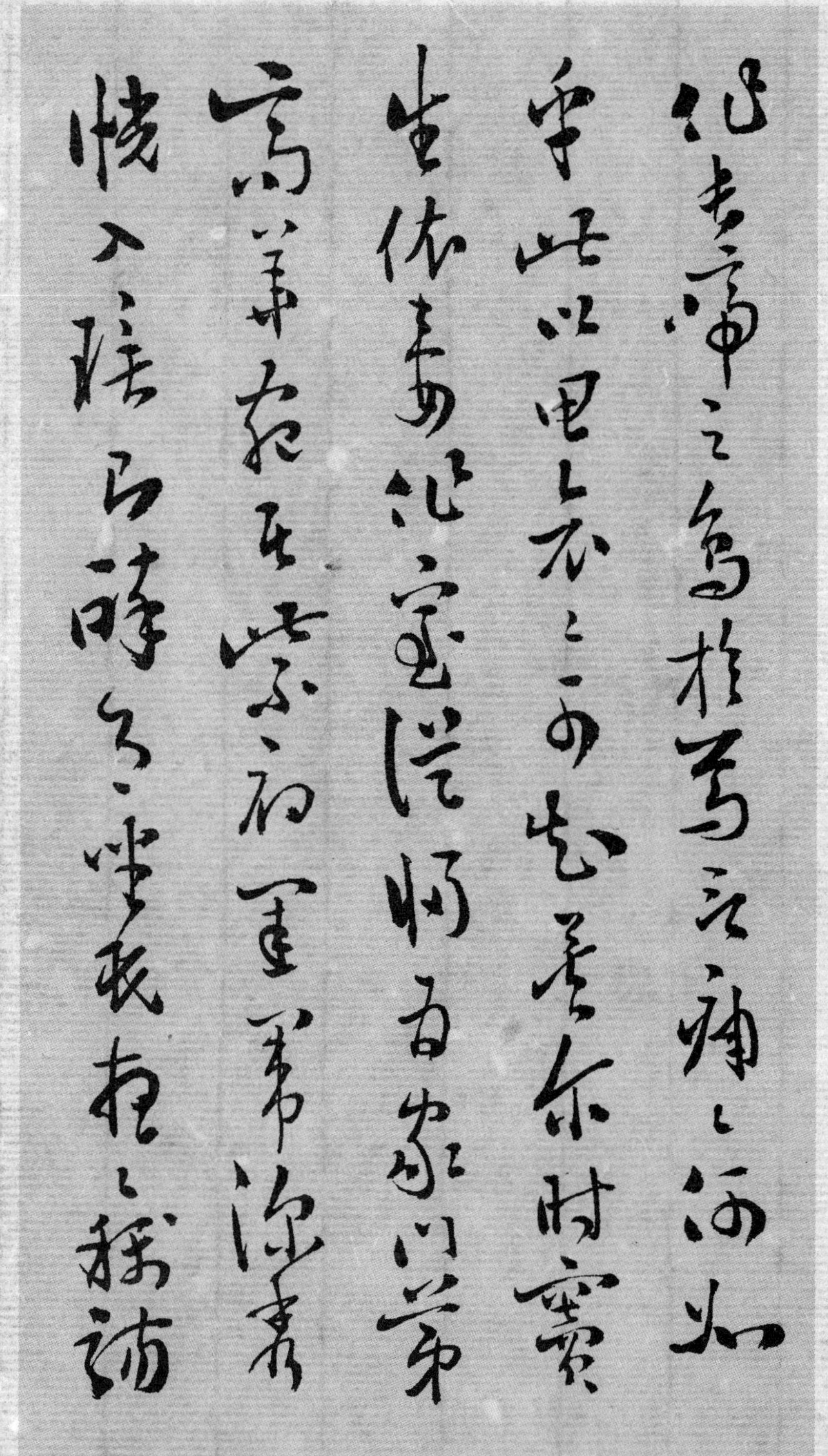

宴集；品歌選曲，時時飛蓋招邀。夢嘗鄭氏櫻桃，高擎玉案；飽索江家橄欖，滿貯金盤。共道人聯貴戚之姻，每多快意；豈知生作勢家

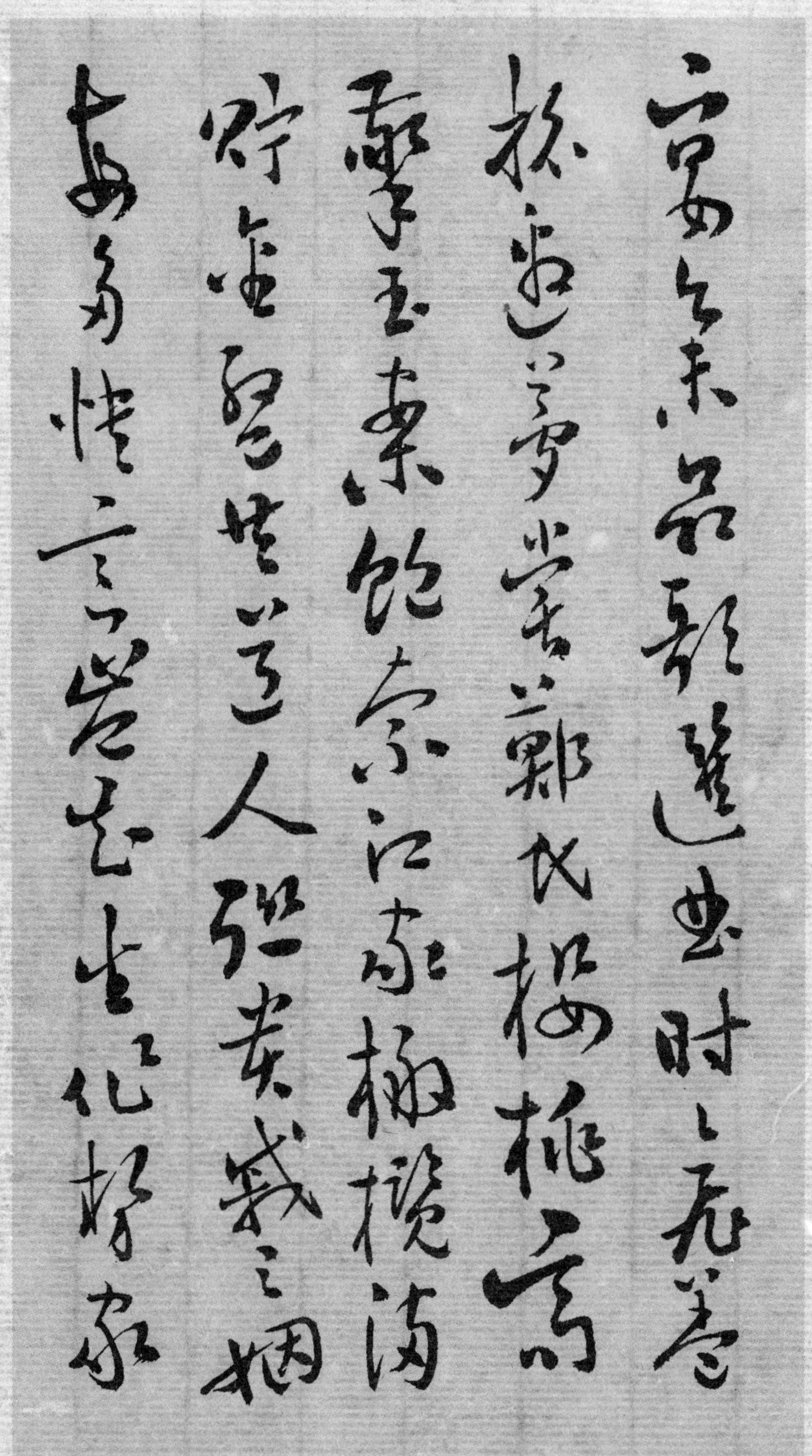

之婿，反苦羈身。良以族大寵多，寒暄各異；望族責重，顰笑皆難。最厭者，苟苟營營之酒肉行屍，客座中往來不絕；甚勞者，魚魚鹿鹿之鞠躬頓首，

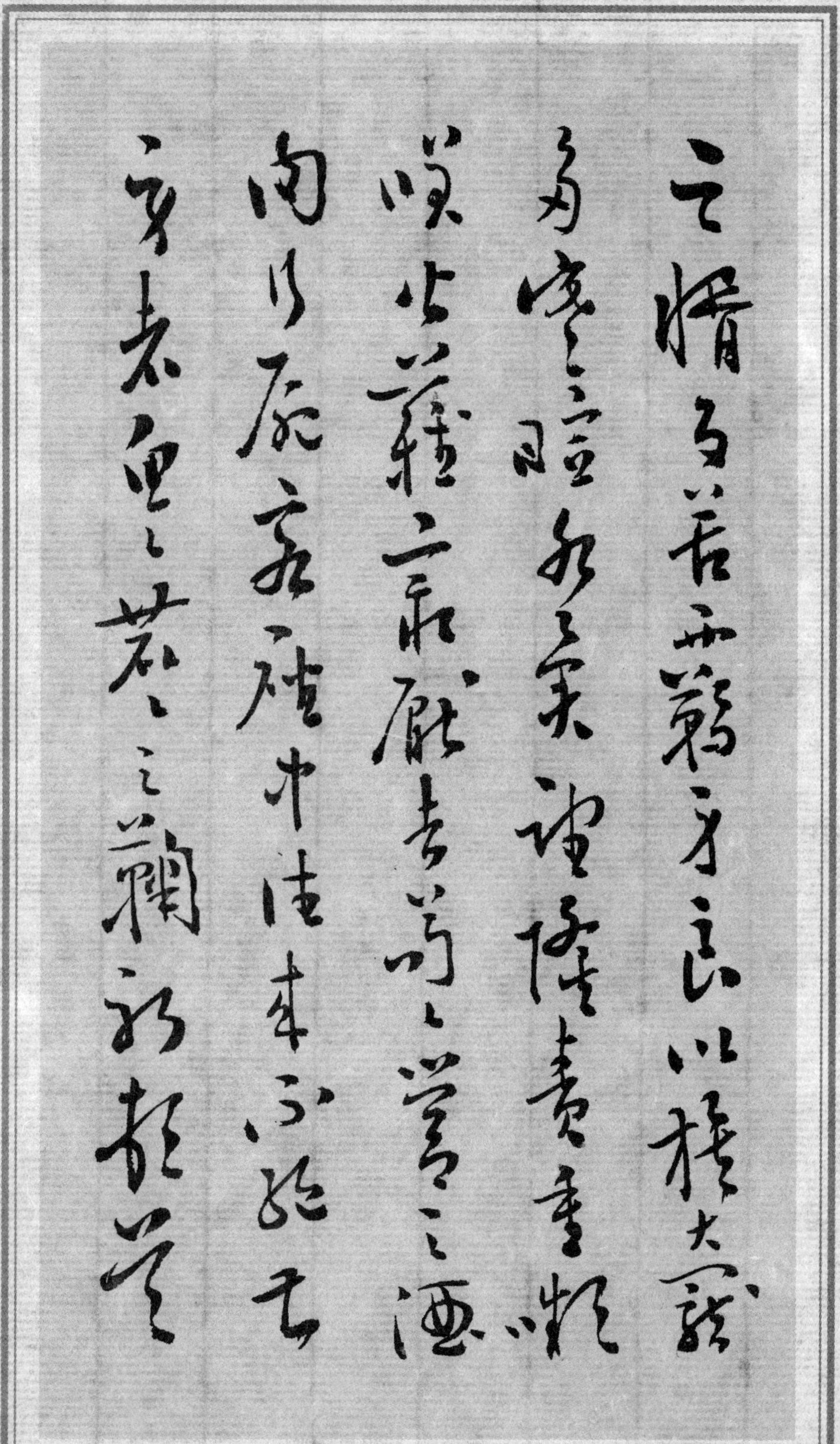

賓筵內跪拜無休。戚里趨榮，俗非可耐；主翁挾貴，驕不勝言。而生拘苦何堪，矜持不慣。未免稍疏應對，輒致猜嫌；豈無偶誤趨蹌，旋遭指

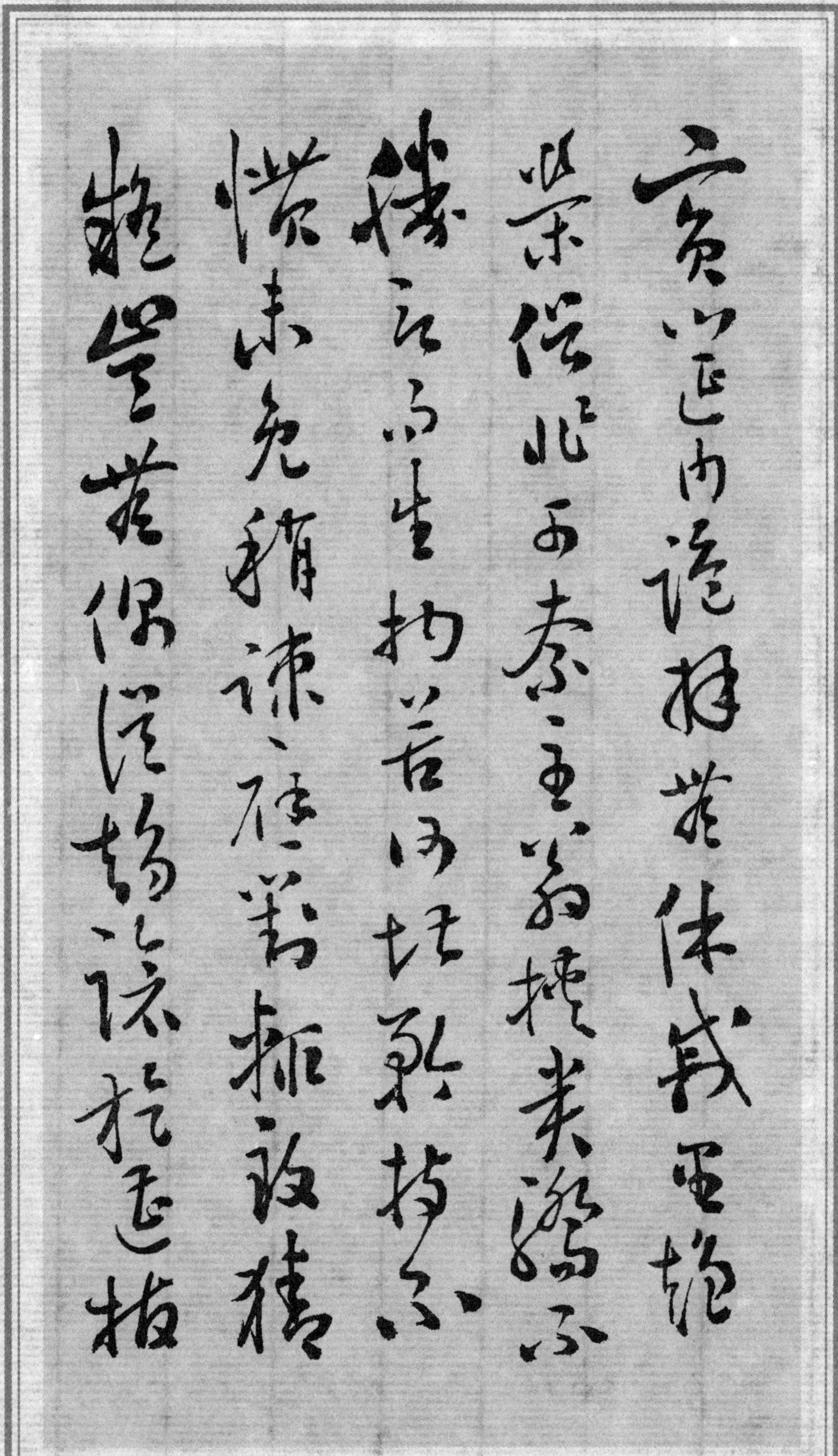

摘。倘欲隨聲附影，既患伺顏奉令之未遑；苟思逸志適情，又虞救過弭愆之不暇。名居坦腹，不過强作虛文；見説齊眉，只是免行故事。即或托興

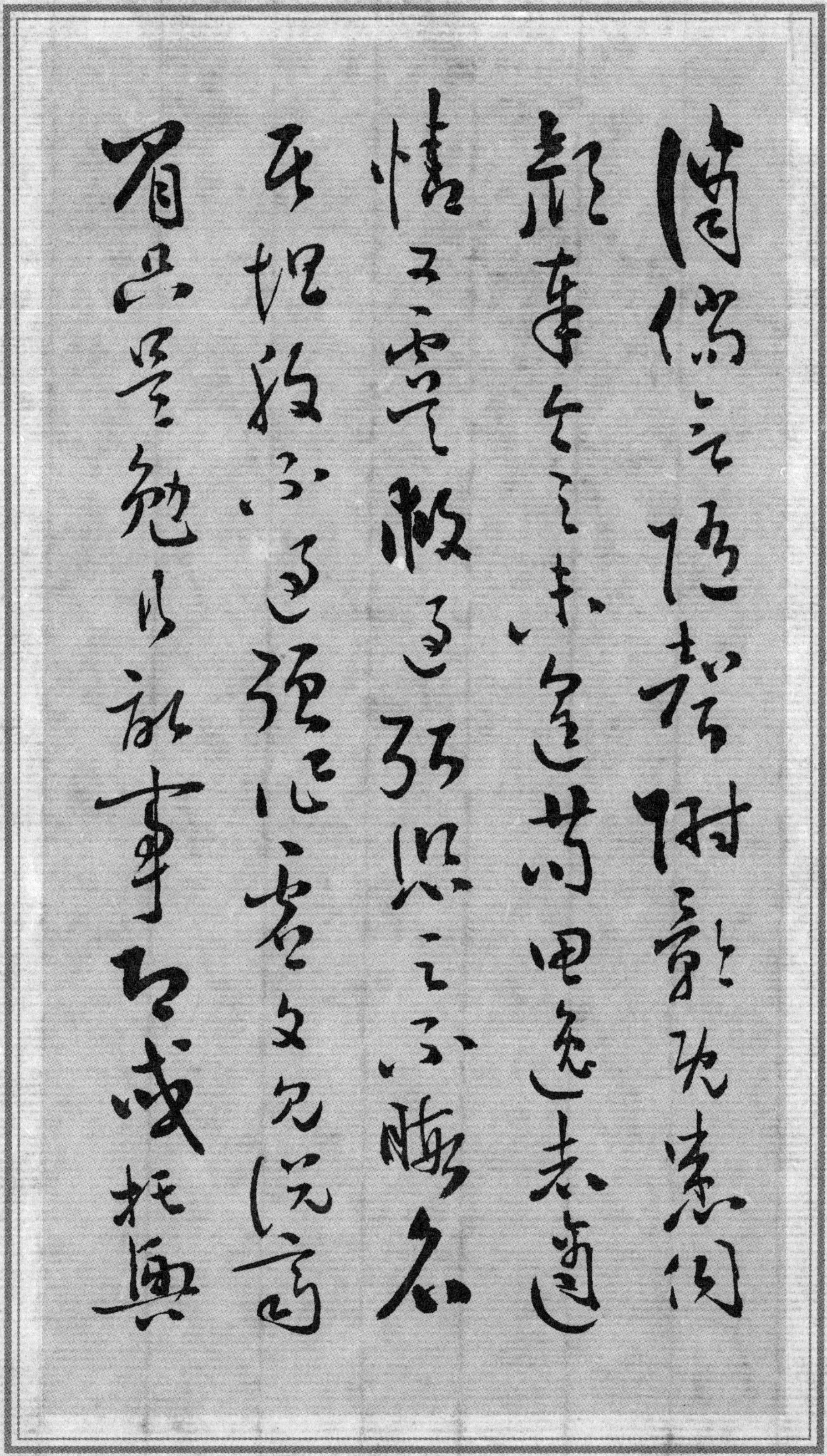

芳辰，騁懷淑景，却恐燕鶯多語，偏從花底偷聲；更虞桃李無言，祇向風前含笑。對離亭之烟月，適益淒涼；聽別院之管弦，徒憎(增)忉怛。

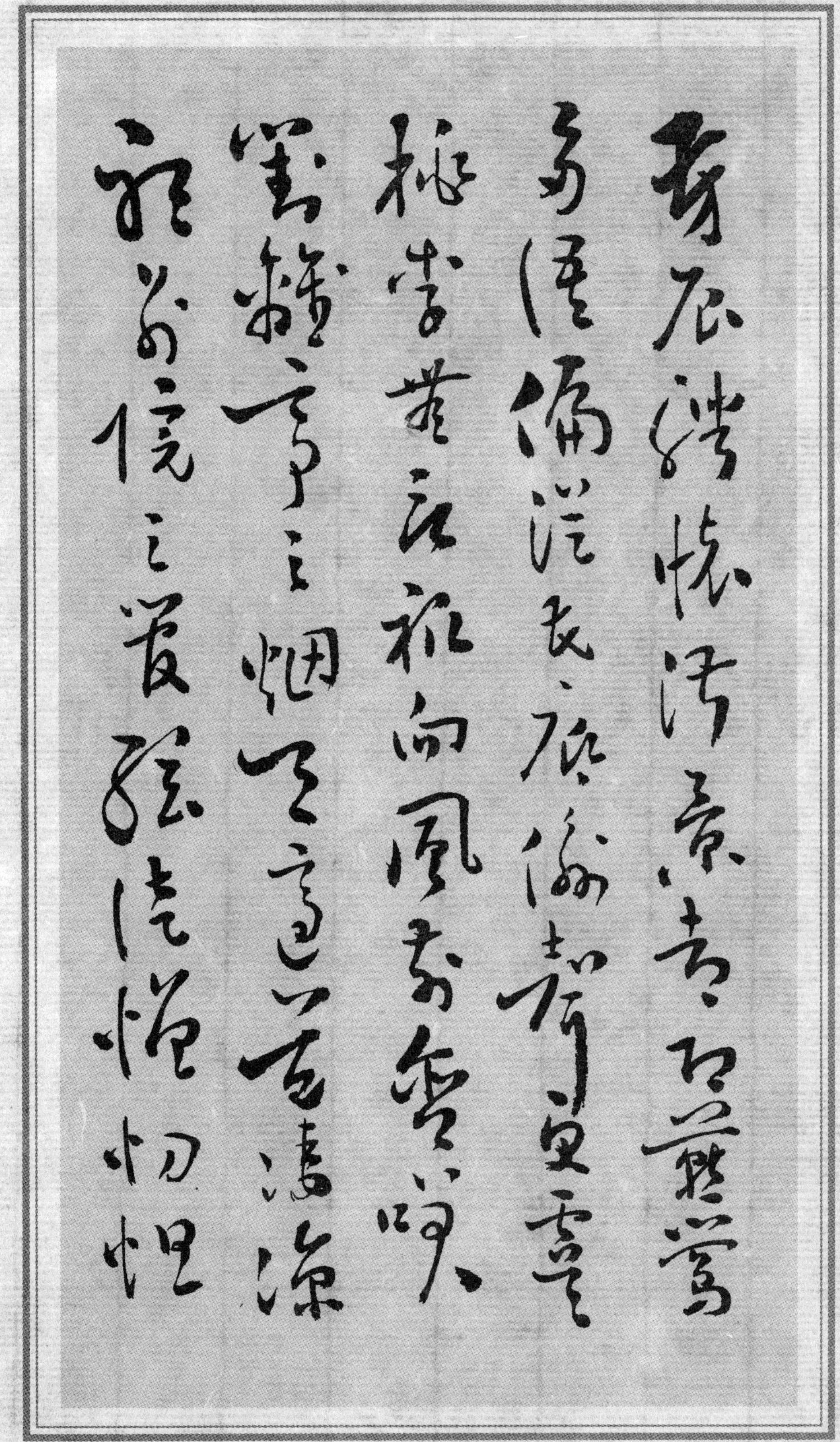

何地是尋歡之地，隨時皆敗興之時。撫景長歌，孰曉探喉當哭；對人强笑，誰知轉背銜哀。漫將酒力排愁，愁時化淚無非酒；剛道思歸縈夢，夢裏還

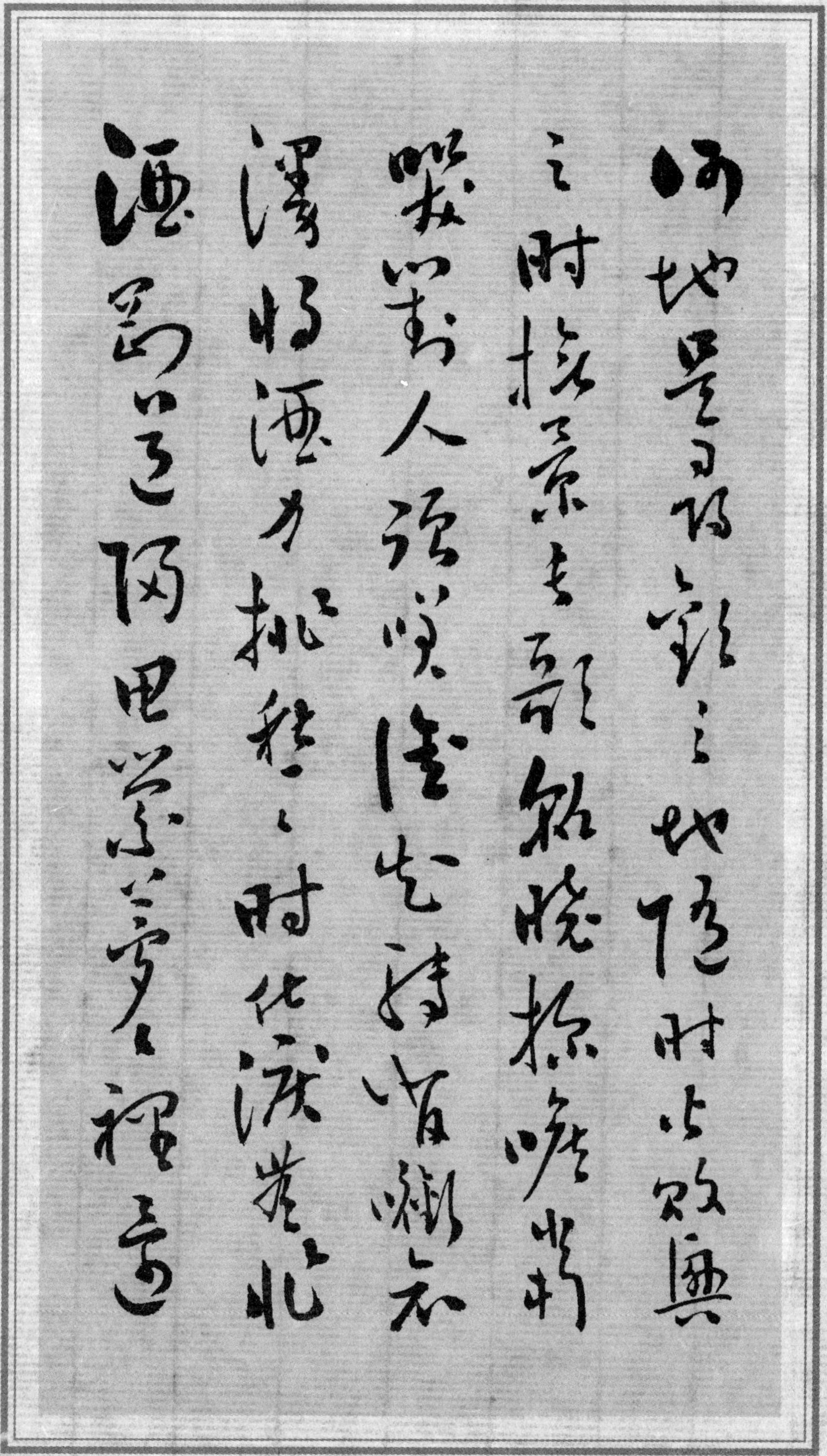

家不當歸。且也，客鯉難通，賓鴻久阻。念椿庭之暮景，眼望多時；思桂苑之高枝，手攀何日。夜烏啼月，素深反哺之情；秋鶚凌風，頓起摩

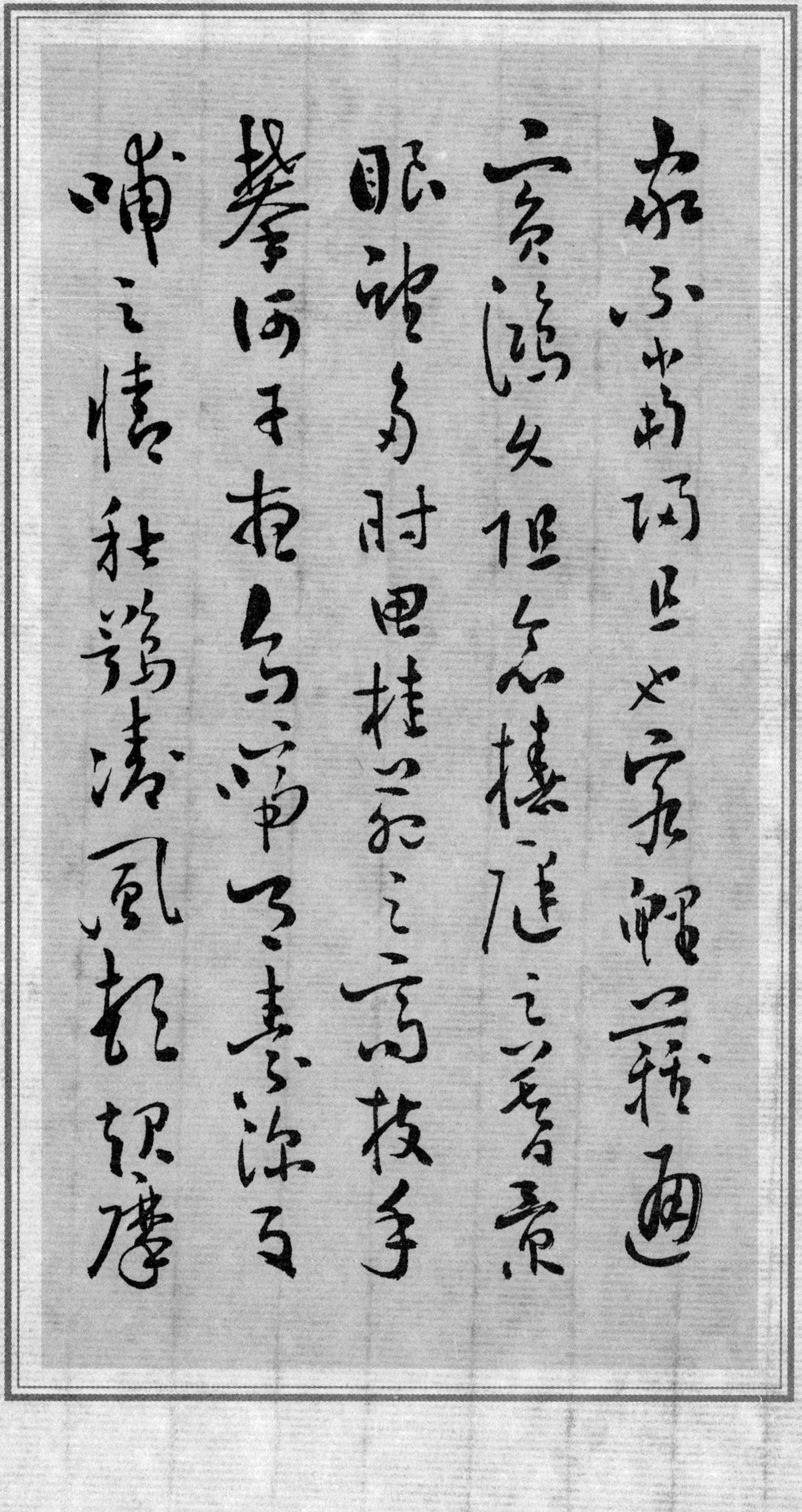

霄之志。兼之有人焉，前緣未斷，後約可尋。而重疊雲山，隔殘楚館；蒼茫烟樹，遮斷瀛樓。未知庭下青梅，實將標否；不識臺前綠柳，條

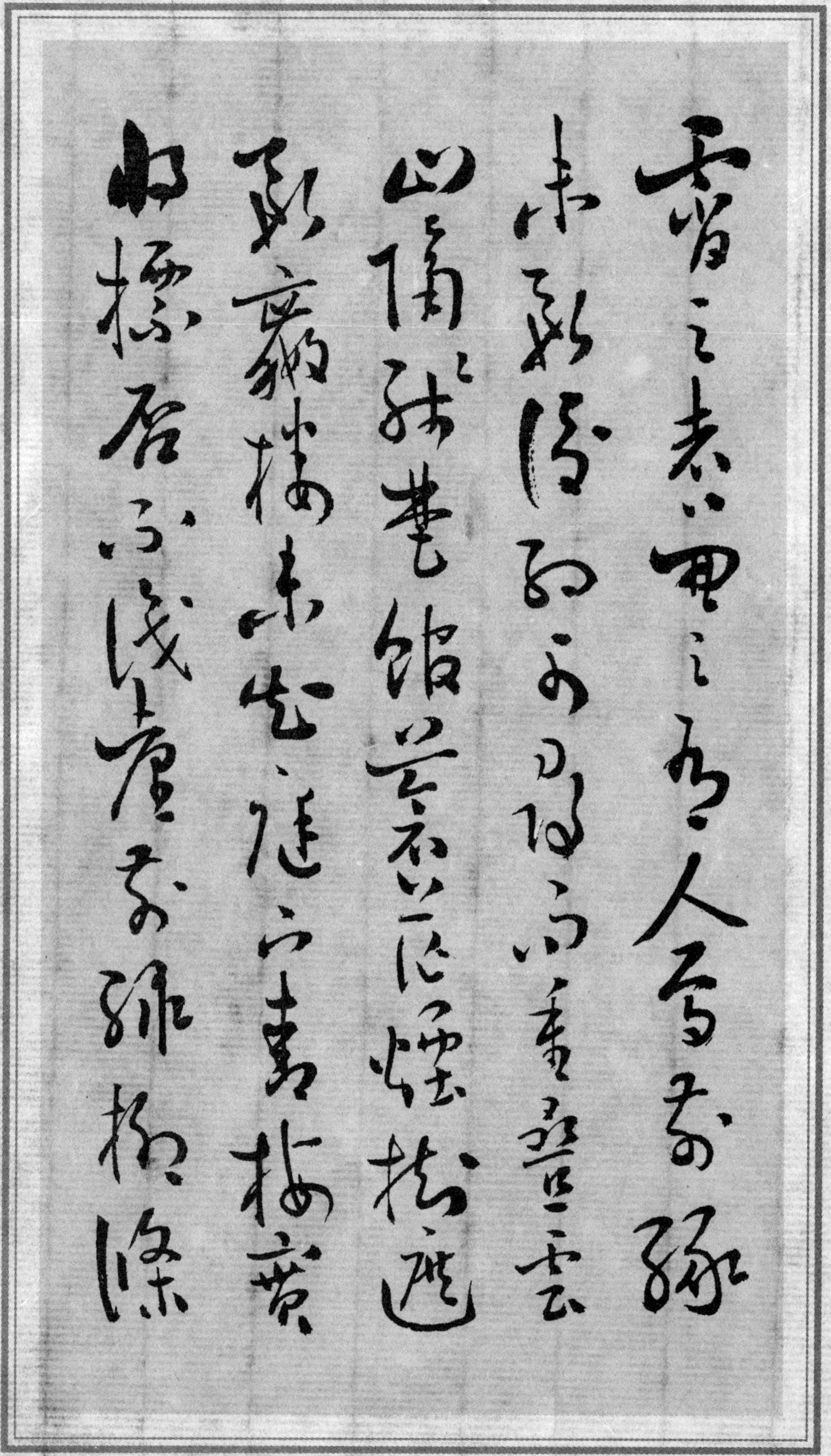

被投無。海角天涯，觸念頻縈鄉思；雨絲風片，牽情每織旅愁。十二時中，歸心若駛；三千里外，客夢常飛。雖同王晉以吹笙，每效馮驩而彈

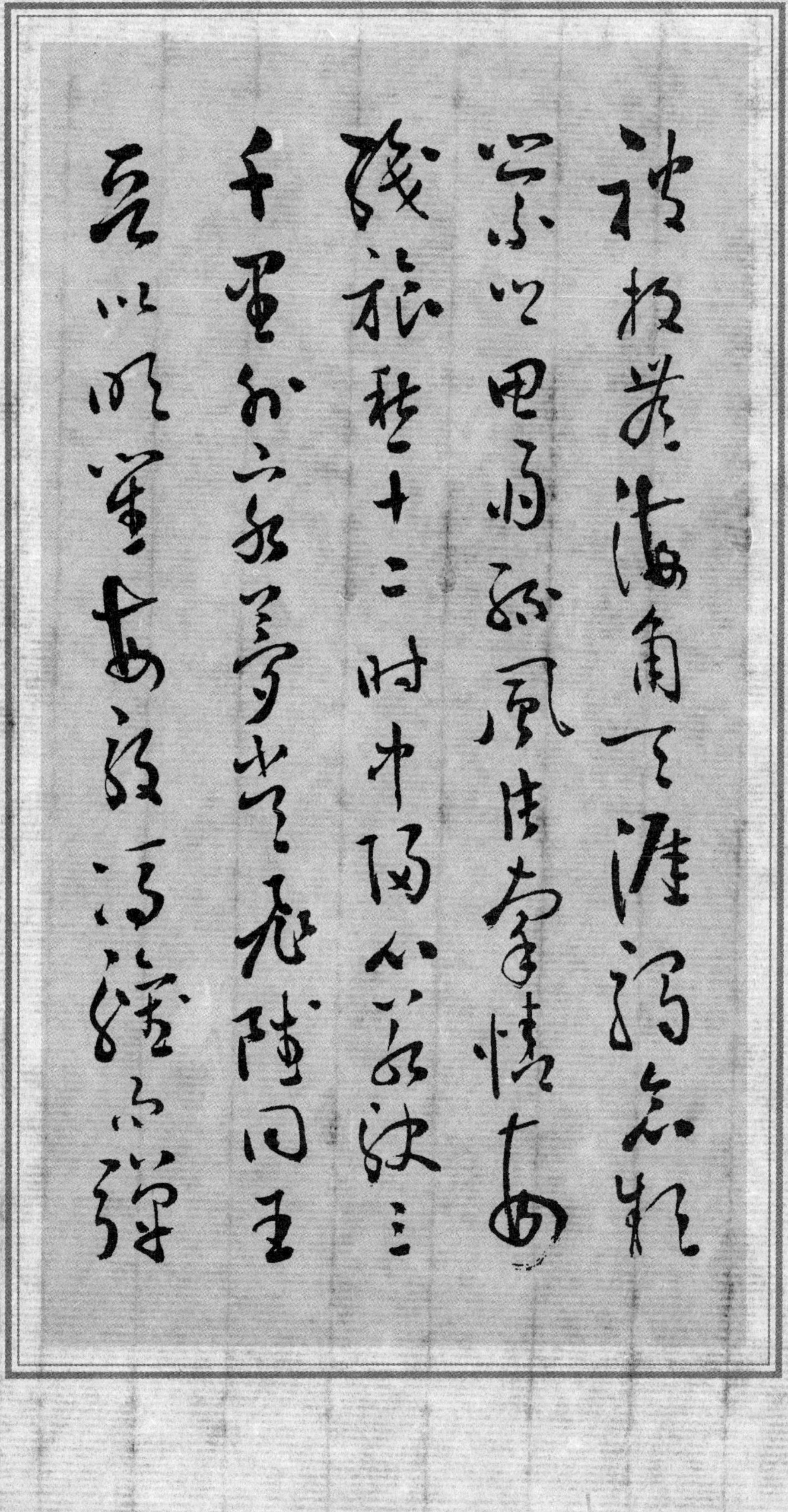

鋏。生時欲將芳谷新鶯，同教出谷；争奈春巢乳燕，莫肯離巢。尚復何言。即從此逝。妻恐獨居春閣，預問歸鞍；生云纔過秋闈，即圖返旆。嗟

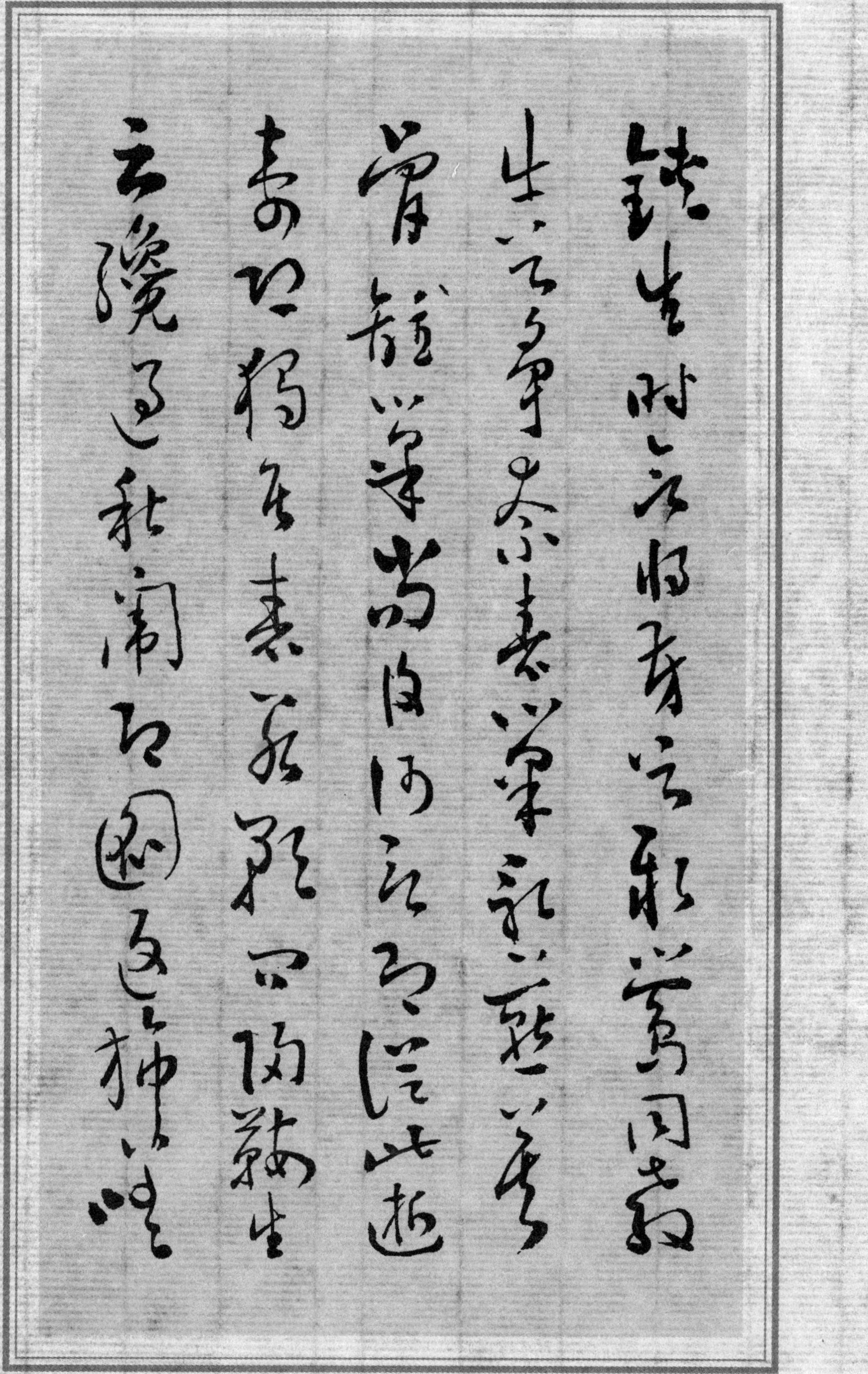

乎，昔爲嬌客，今應遷客之踪；本是騷人，又灑離人之淚。黯然話別，遽爾言旋。豈意行程易滯（盡），旅况多艱。自出萸灣，風來水面；及離瓜步，潮

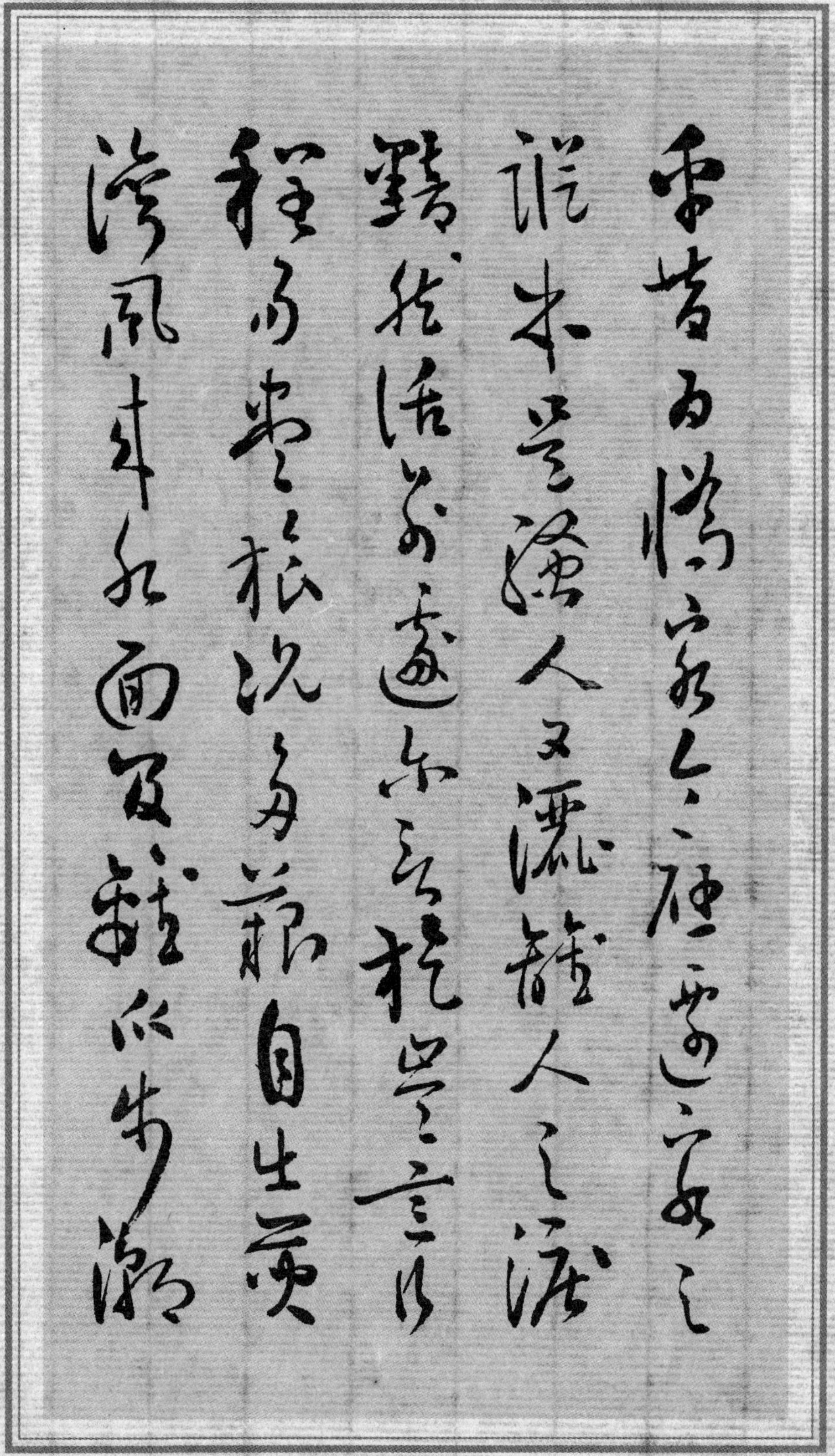

打江頭。帆若螺旋，猛起陽侯之浪；船如鷁退，逆投燕子之磯。第見邃壑怒號，奔湍奮激。發封姨之迴飇，木拔石飛；揚颶母之狂飆，龍吟

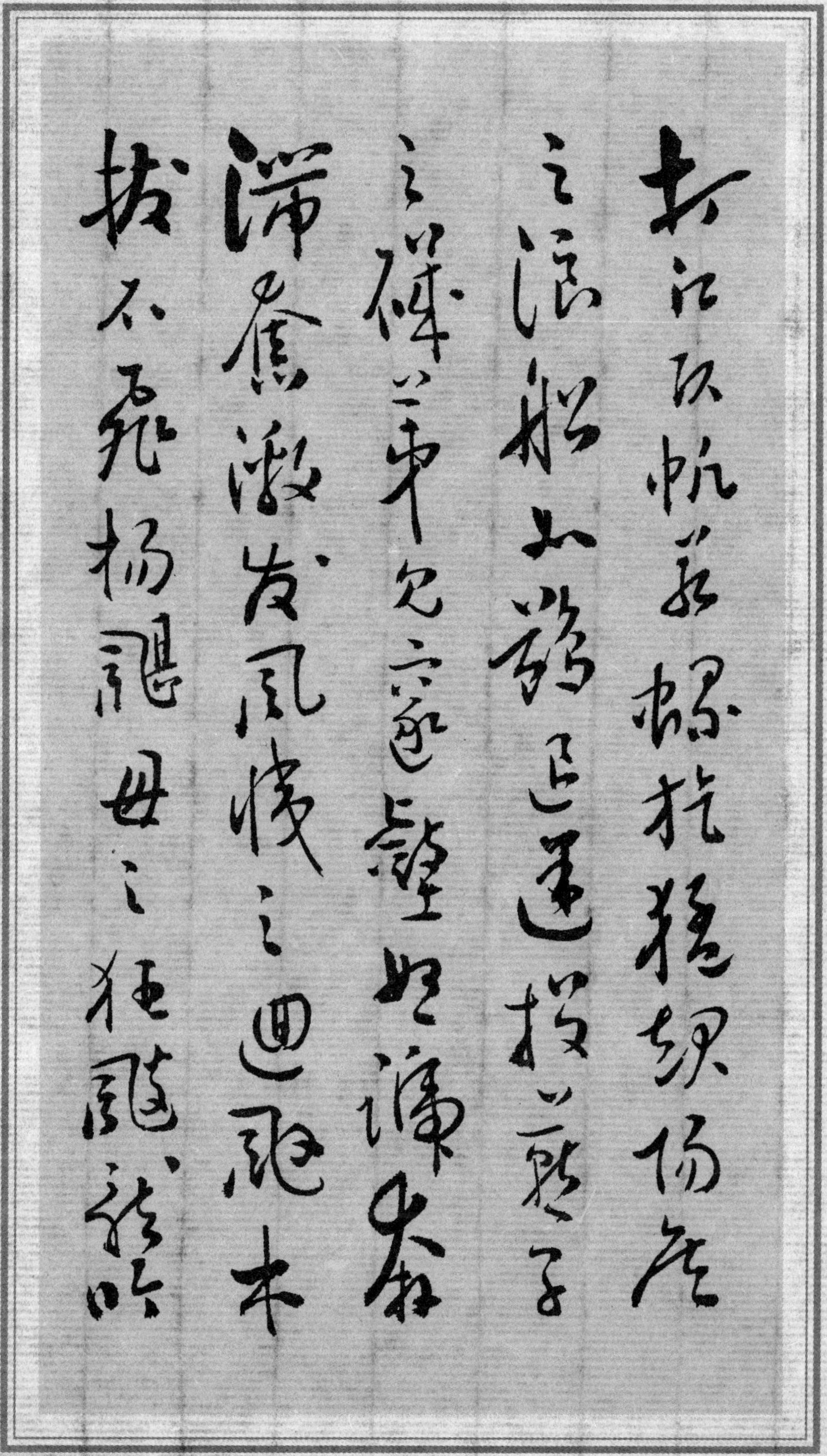

魚嘯。舵師膽破，只祝安瀾；舟子力窮，但呼收泊。傍千村之烟火，停橈於聚寶門前；臨萬頃之波濤，振舃於雨花臺畔。爲守風計，作終日游。快此

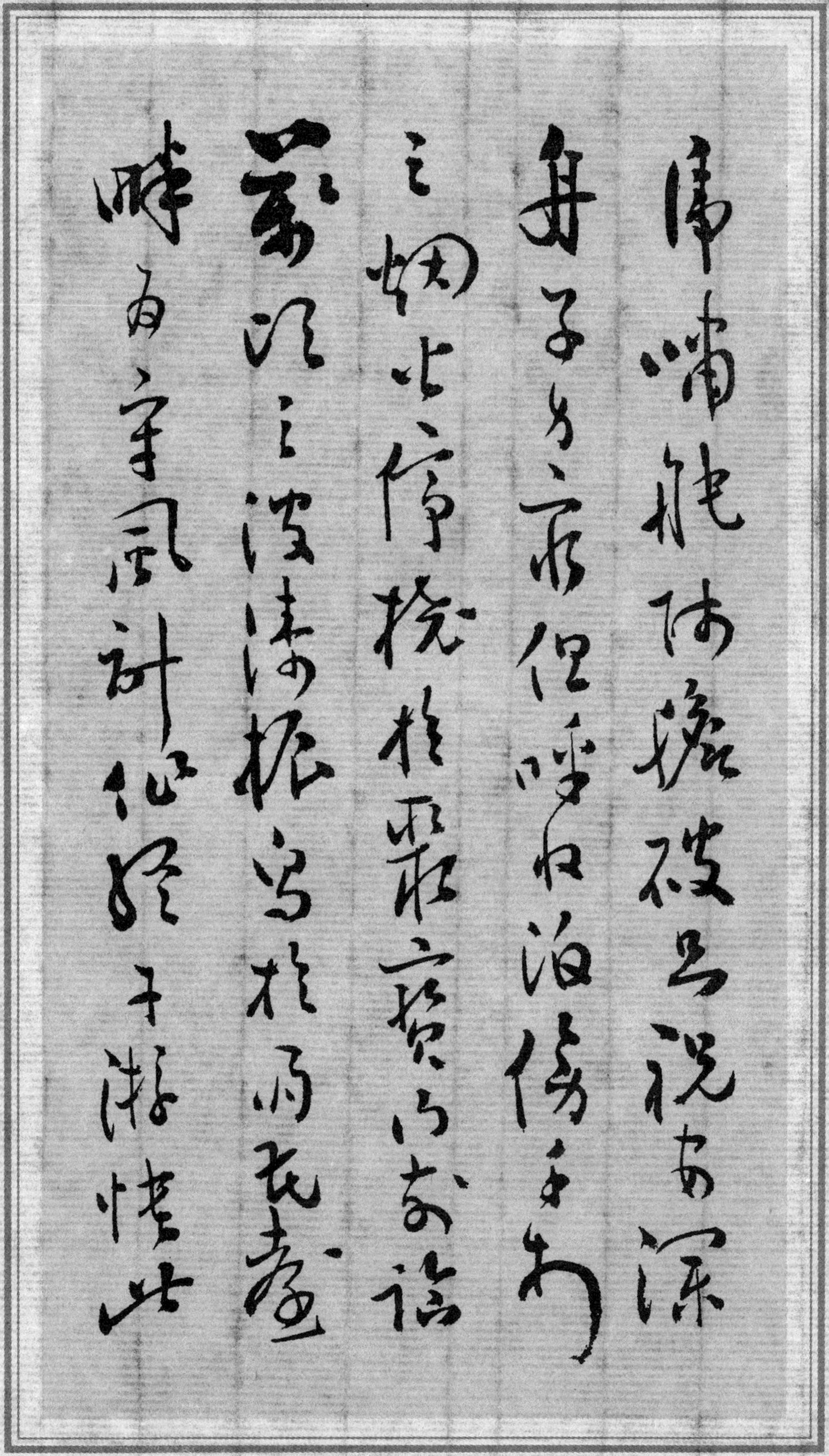

登臨，慨然憑吊。鼎(湖)龍去，猶存天府之江山；遼海鶴歸，尚認仙都之樓閣。牙檣錦纜，騁目於去去來來；璧月瓊枝，概想夫朝朝夜夜。人稱舊内，思烟景於

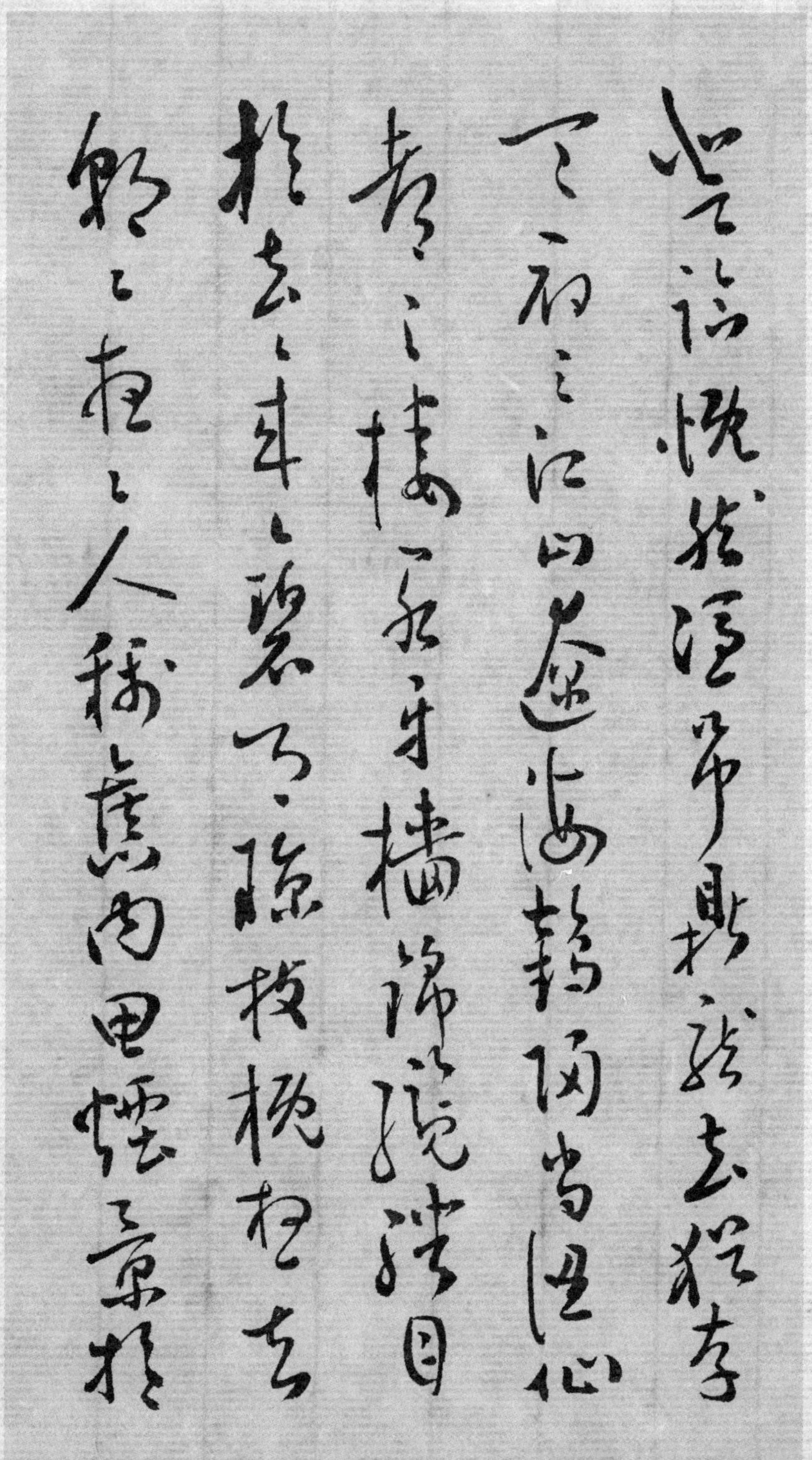

南朝；客到新亭，訪笙歌於北里。却愛當頭霽日，正長游治之時；更憐撲面芳塵，漸近平康之路。勝地原多樂事，他鄉豈少故知。修竹徑

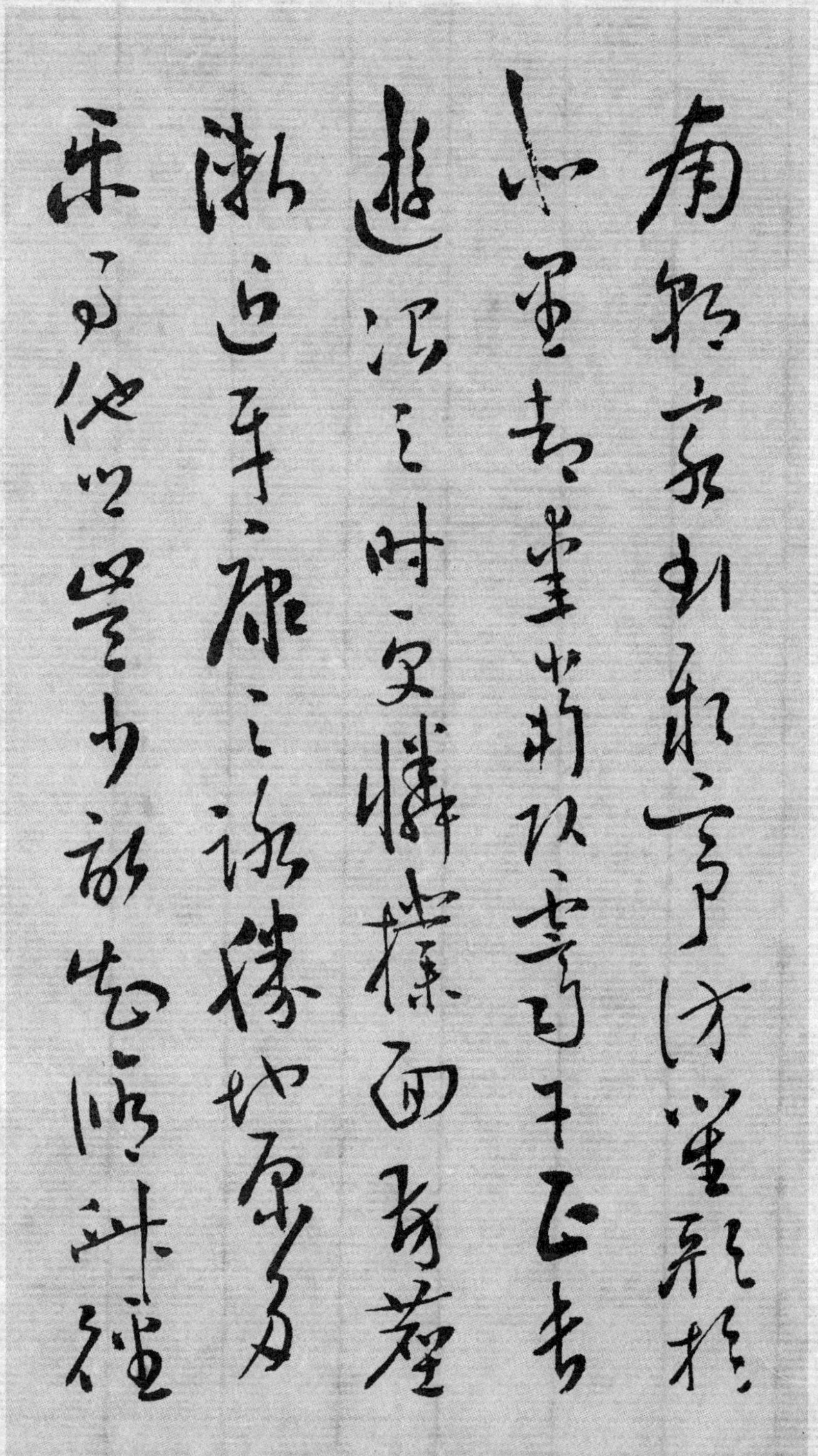

中，藉隱適逢蔣詡；桃花潭上，踏歌却至汪倫。

卷四

生有友馬遴者，字子衡。絳帷右族，銅柱後人。家近上元，年方中壽。其人也，眼大如箕，鬚

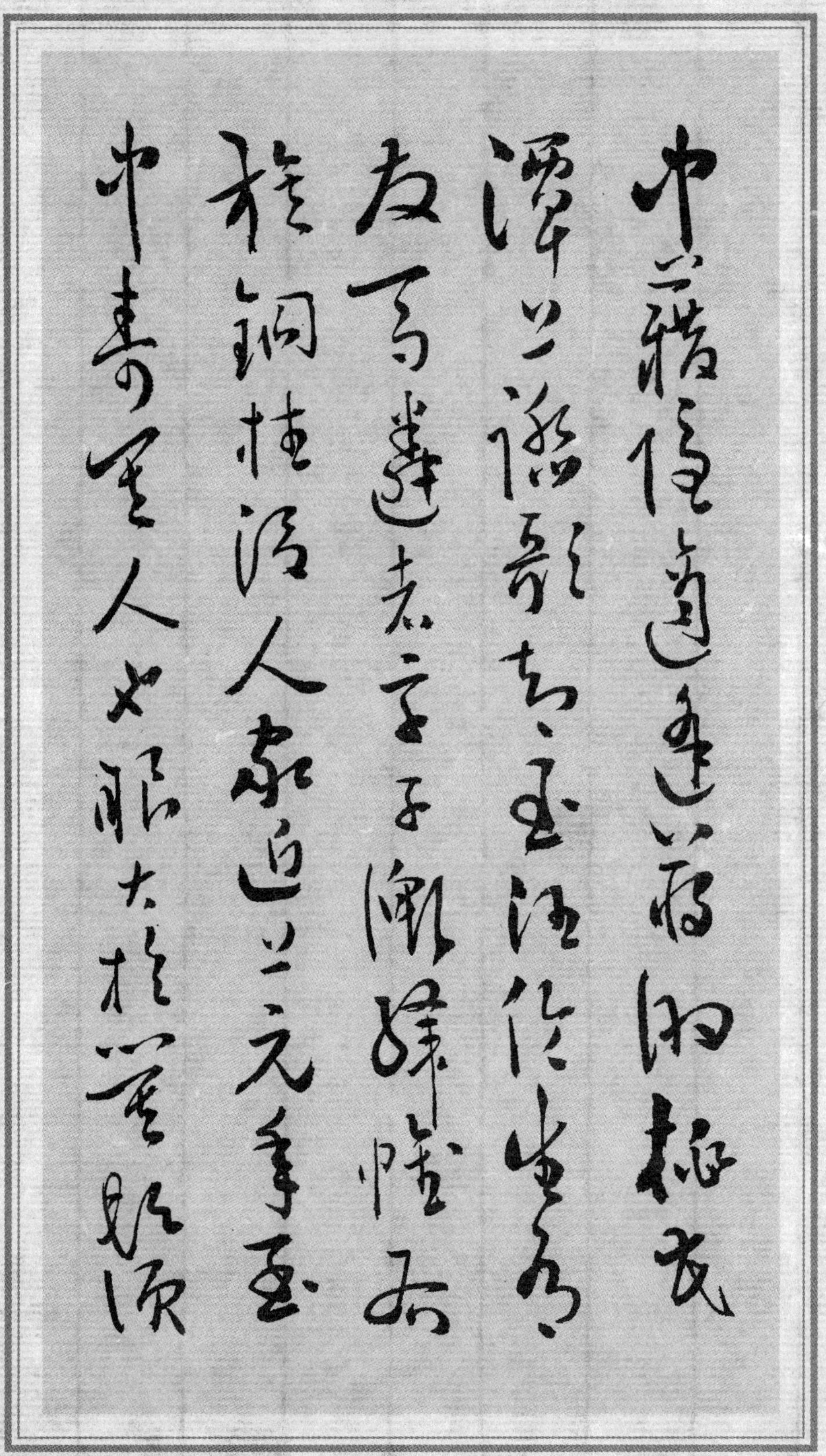

張似戟。喜擊劍，好揮金，輕死生，重言(然)諾。精知風鑑，承郭樸之真傳；善識星禽，得嚴遵之秘授。慷慨大丈夫，跌宕古人心。滿腹皆書，不屑尋章

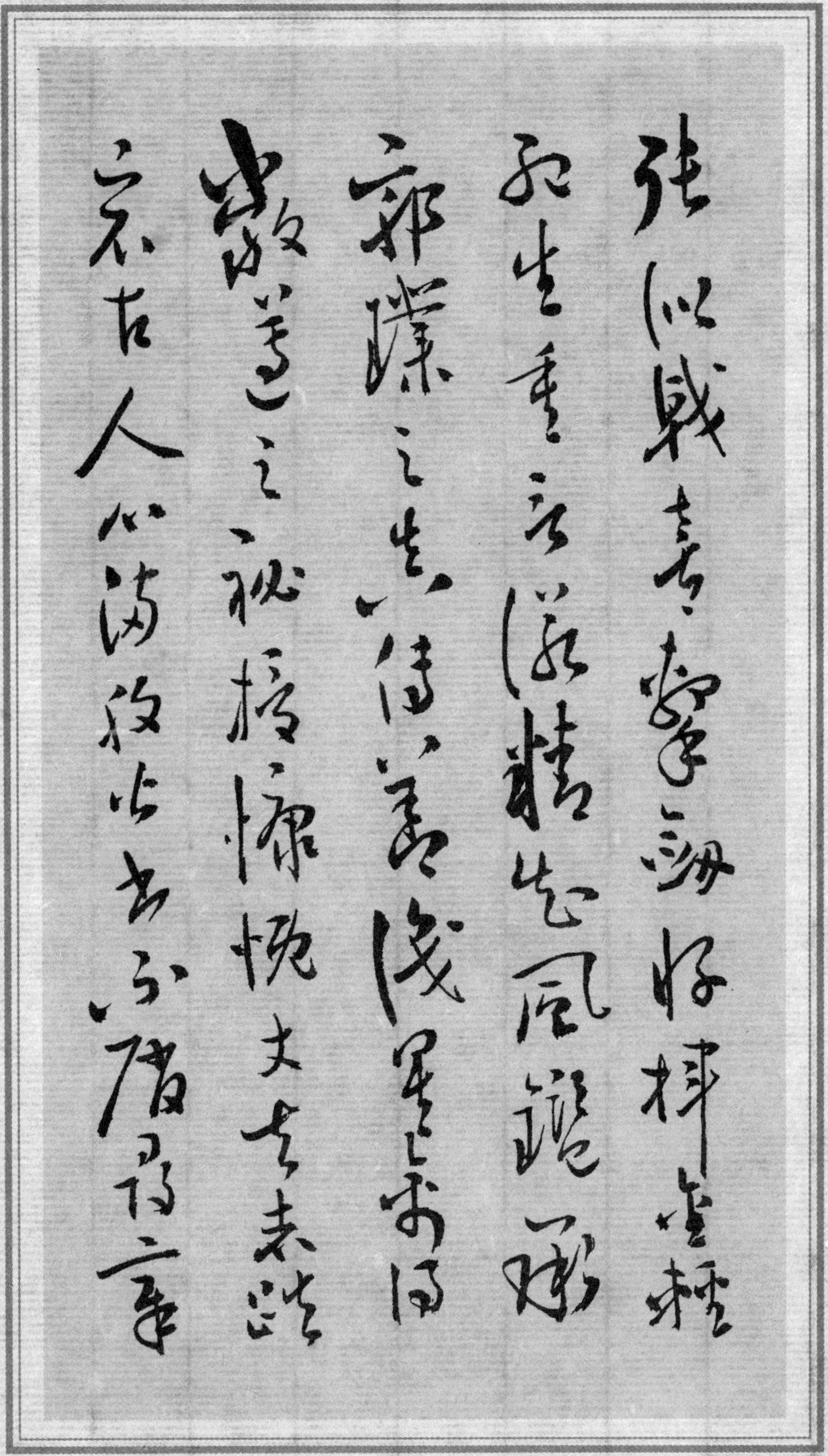

摘句；一身是膽，何辭蹈火探湯。貌類虎頭，每懷投筆；力雄猿臂，最善挽弓。其與生也，爲忘年友，稱莫逆交。昔曾傾蓋於禾中，今復班荊

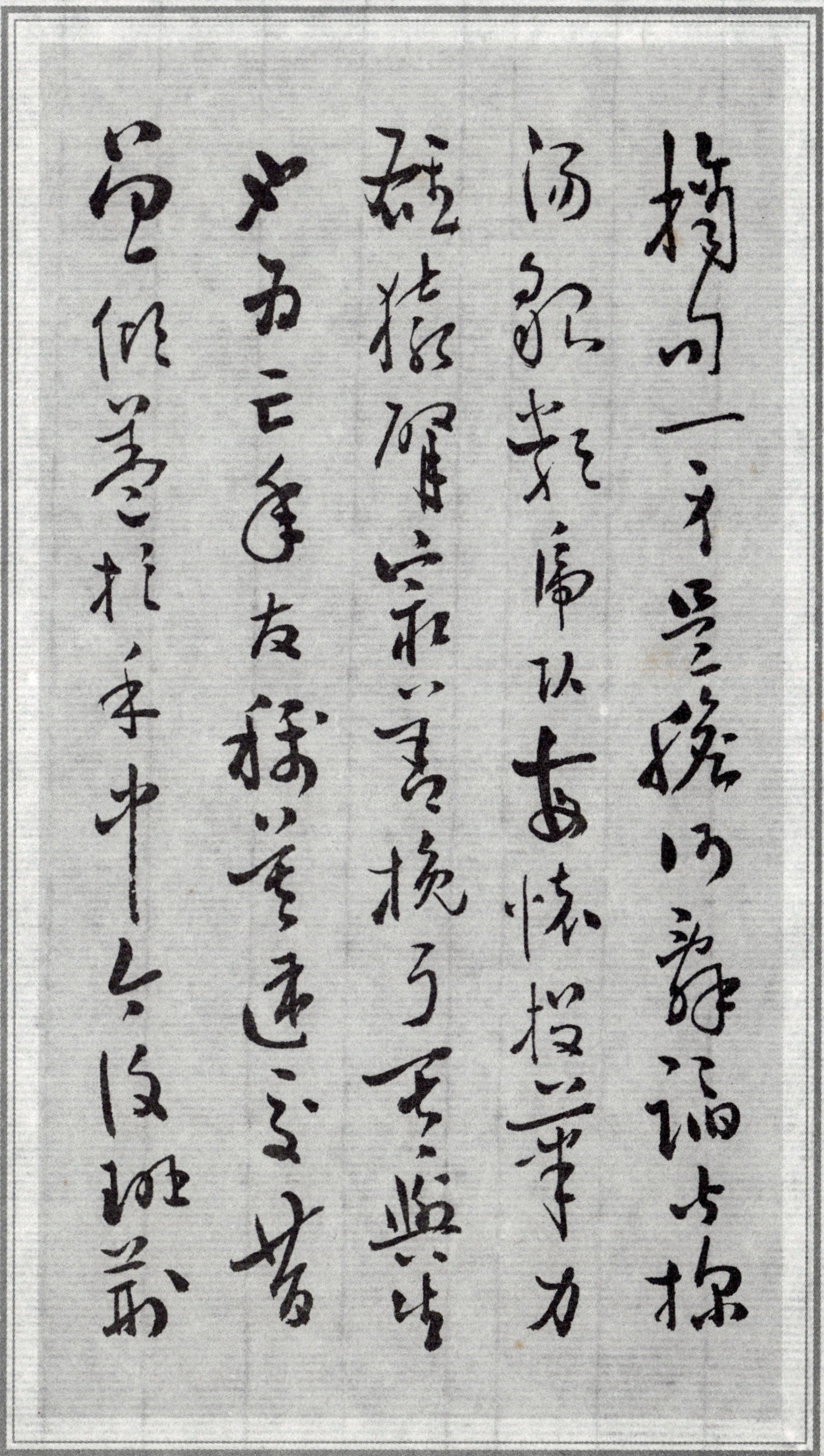

於白下。別來無恙，偶逢俱在閑游；遇出不期，相對共爲狂喜。於是，把臂入林，解囊取飲。少年結客，意氣都雄；佳興同人，胸襟頓豁。雙柑斗酒，並

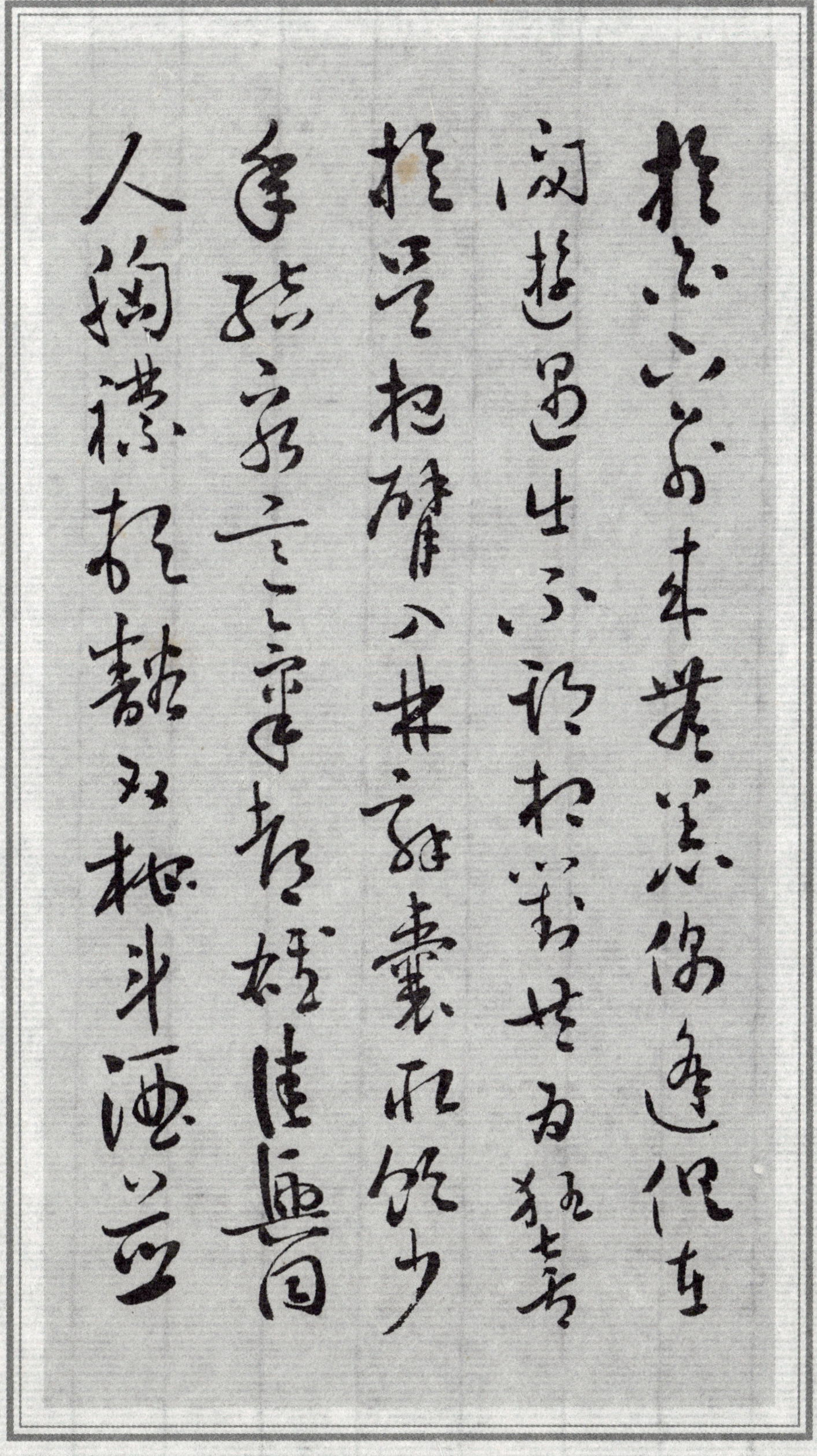

從隋苑聽鶯；側帽輕衫，共向章臺走馬。時(愛)姑之在妓舍也，似坐針氈，如居塗炭。念與娼流雜處，飄迹何堪；兼之母氏云亡，零丁轉甚。遇人盡

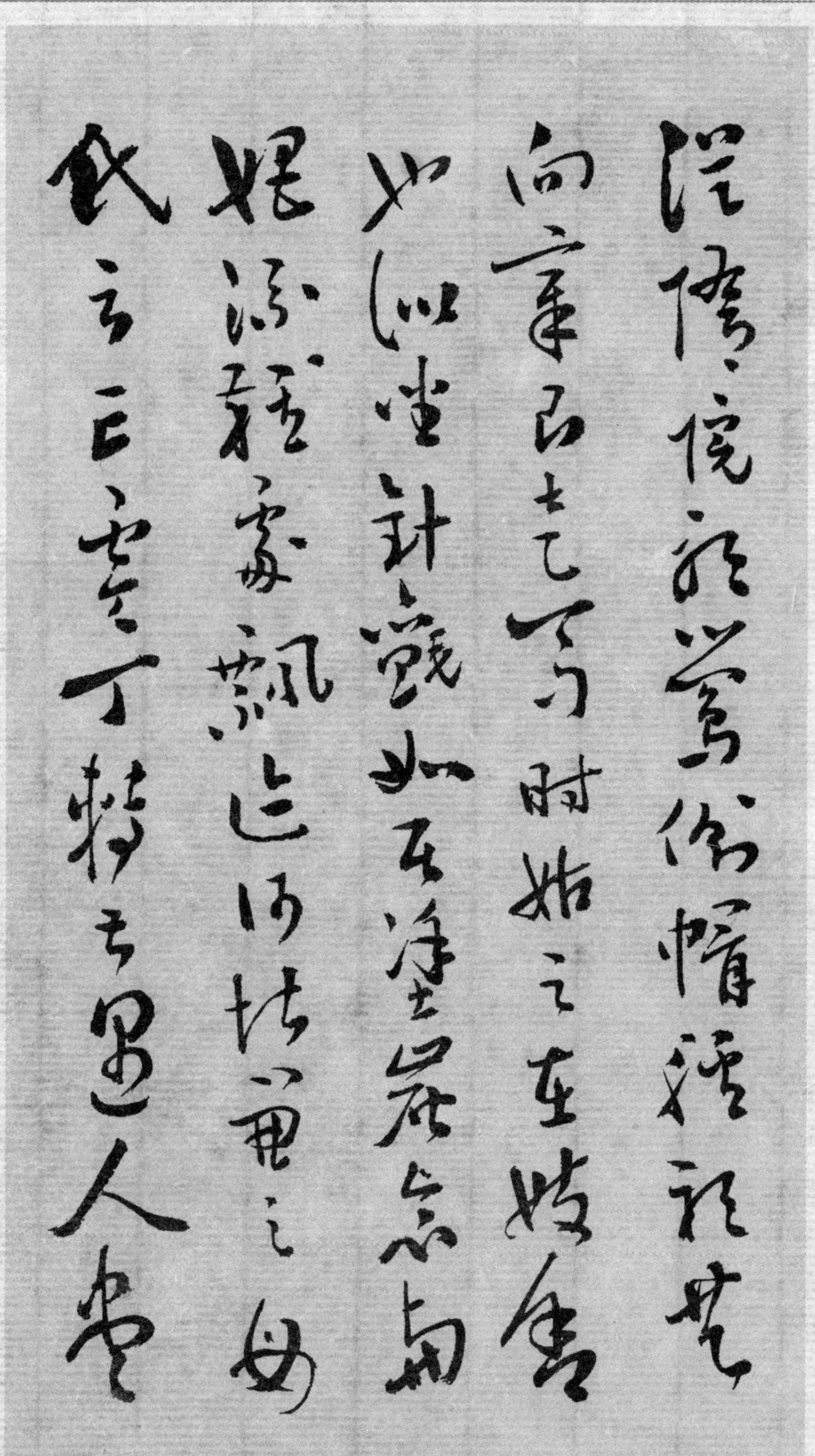

爲不淑，遷地愈屬不良。痛切北堂，業已化爲異物；辱居南巷，依然誓作完人。窮袴堅持，專虞强暴；孤燈獨守，謹避嫌疑。共信靡他，莫有漫詞

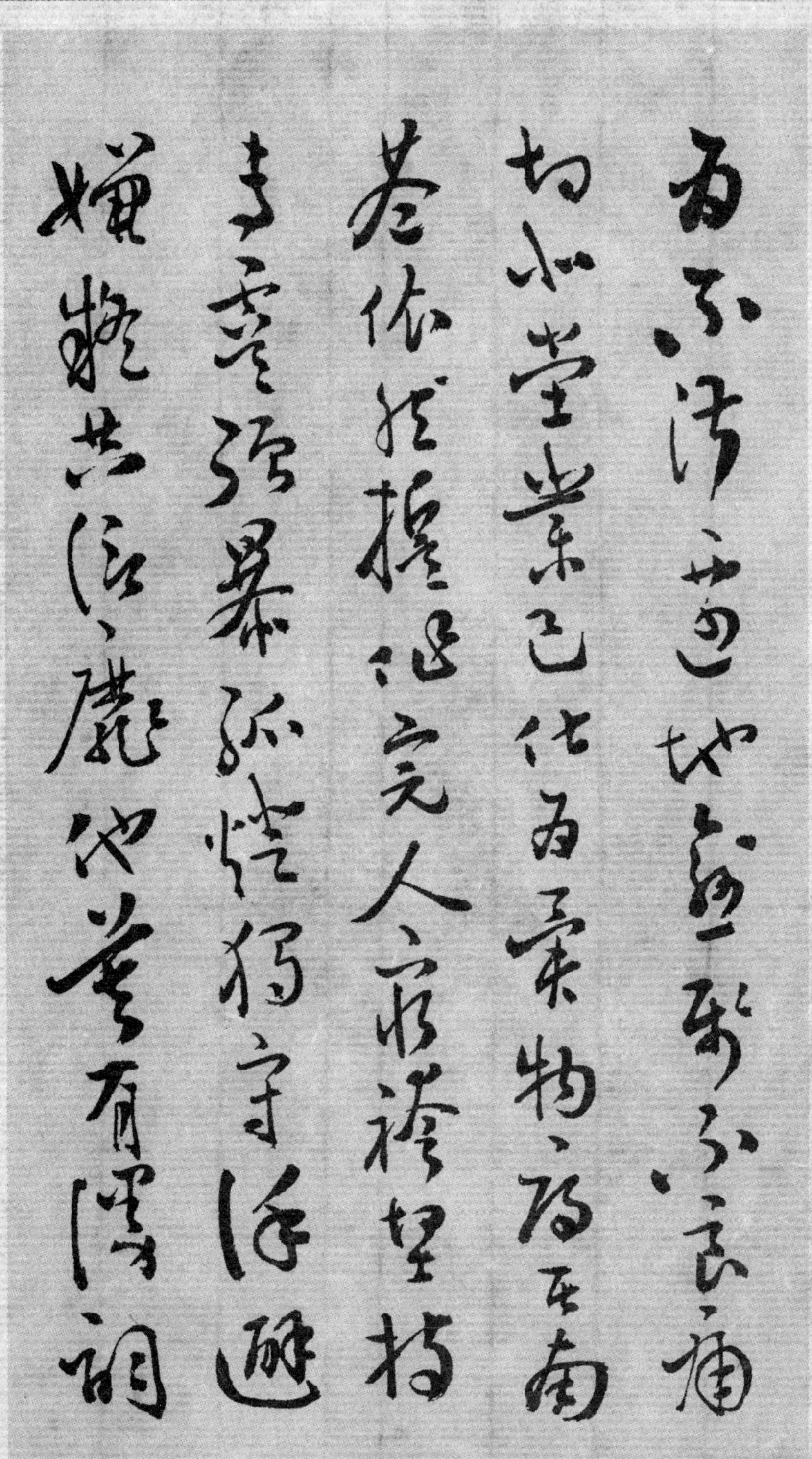

見調；群知難犯，絶無非禮相干。唯是飄泊游魂，長羈異地；涅磨幻景，歷試他方。昔夢都闌，只是香消玉減；舊歡難割，那比雁杳魚沈。病雖不

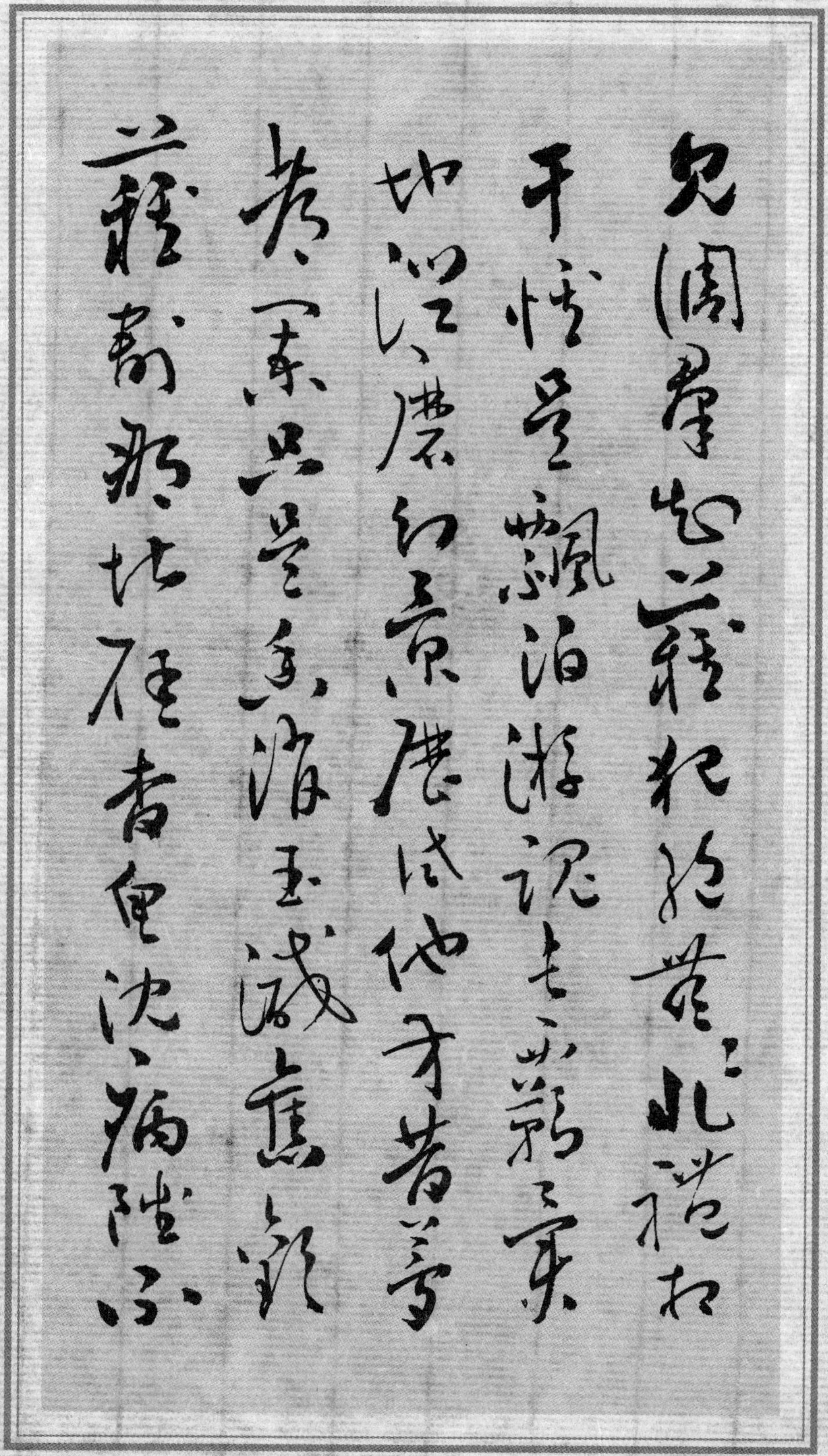

始於懷春，情乃更深於銷夏。碧桐剪下，與孰題詩；紅豆拈來，向誰記曲。絲綴玲瓏藕玉，難斷如愁；露滋的歷荷珠，易盈似淚。對畫簾之微雨，

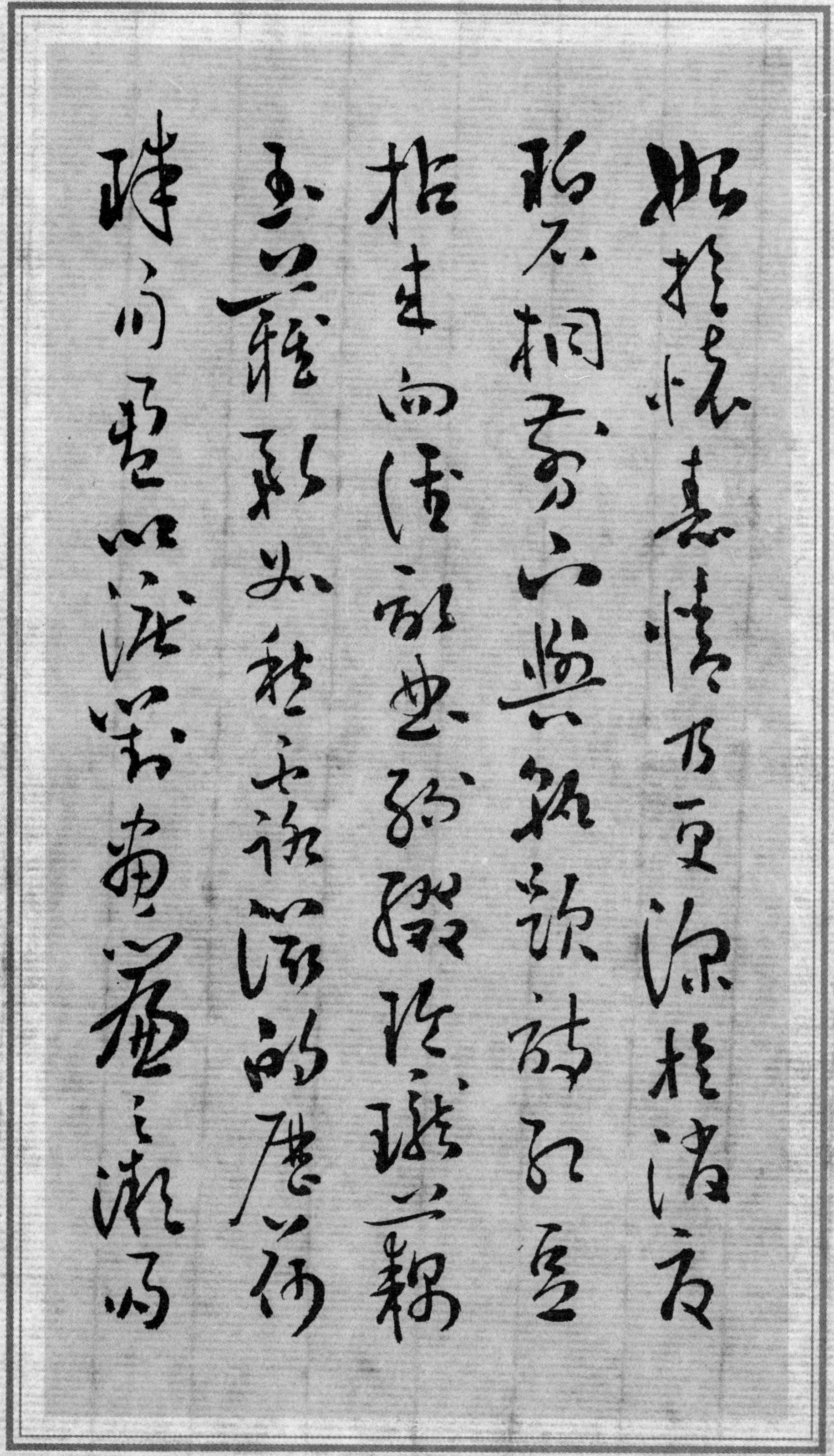

悄悄沈吟；披曲檻之晚風，亭亭獨立。馬嘶柳岸，何來拾翠之人；犬吠花畦，却是（到）眠香之客。適逢其會，遽集於斯。聞故里之遺音，似非殊俗；向橫

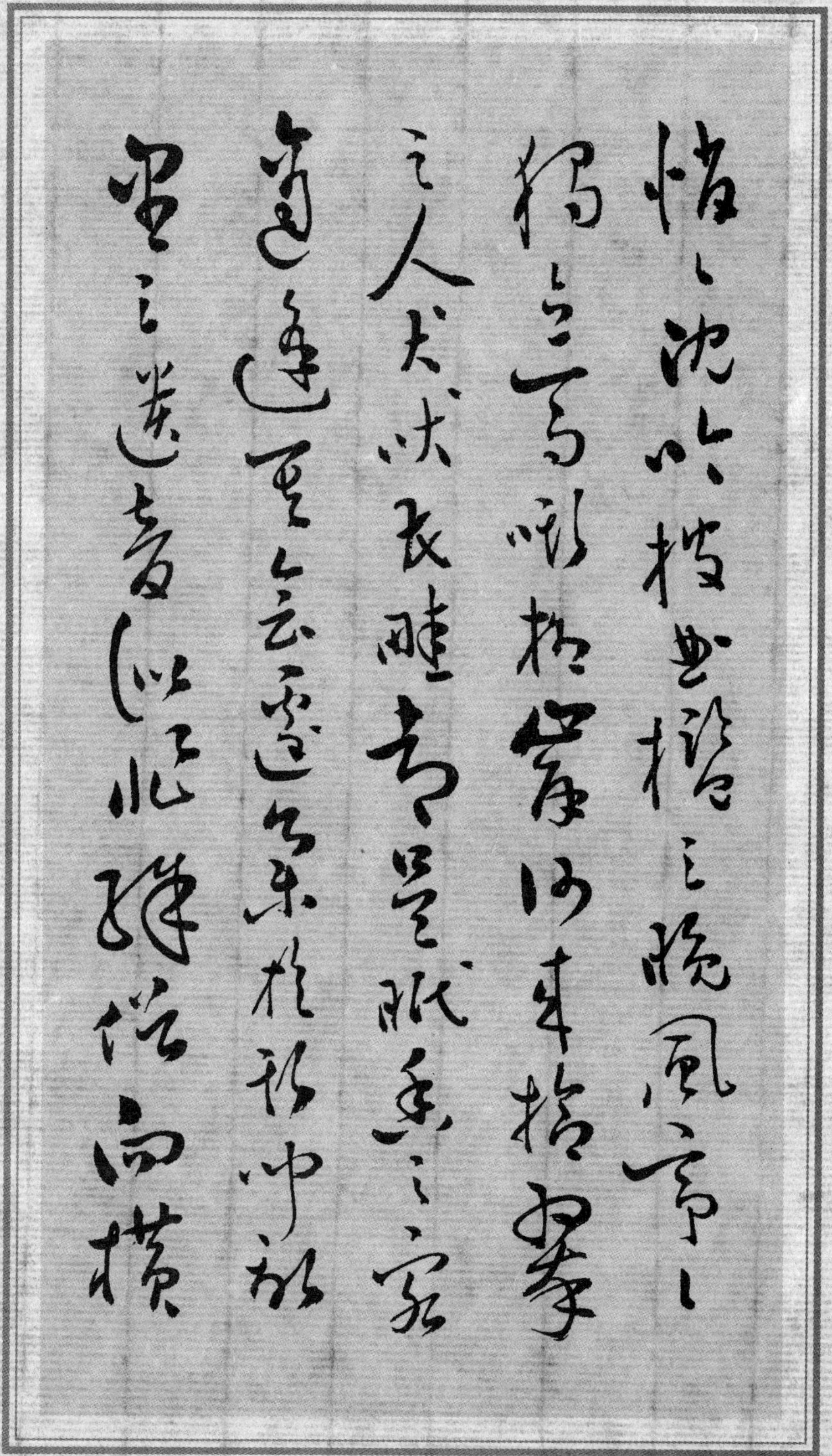

塘而借問，果是同鄉。姑則驚喜殊常，不勝雀躍；生則猜嫌滋甚，頓起狐疑。嗟嗟，卿何人耶，斯何地耶。事豈忘心，乃作墻花露草；言猶在耳，何渝

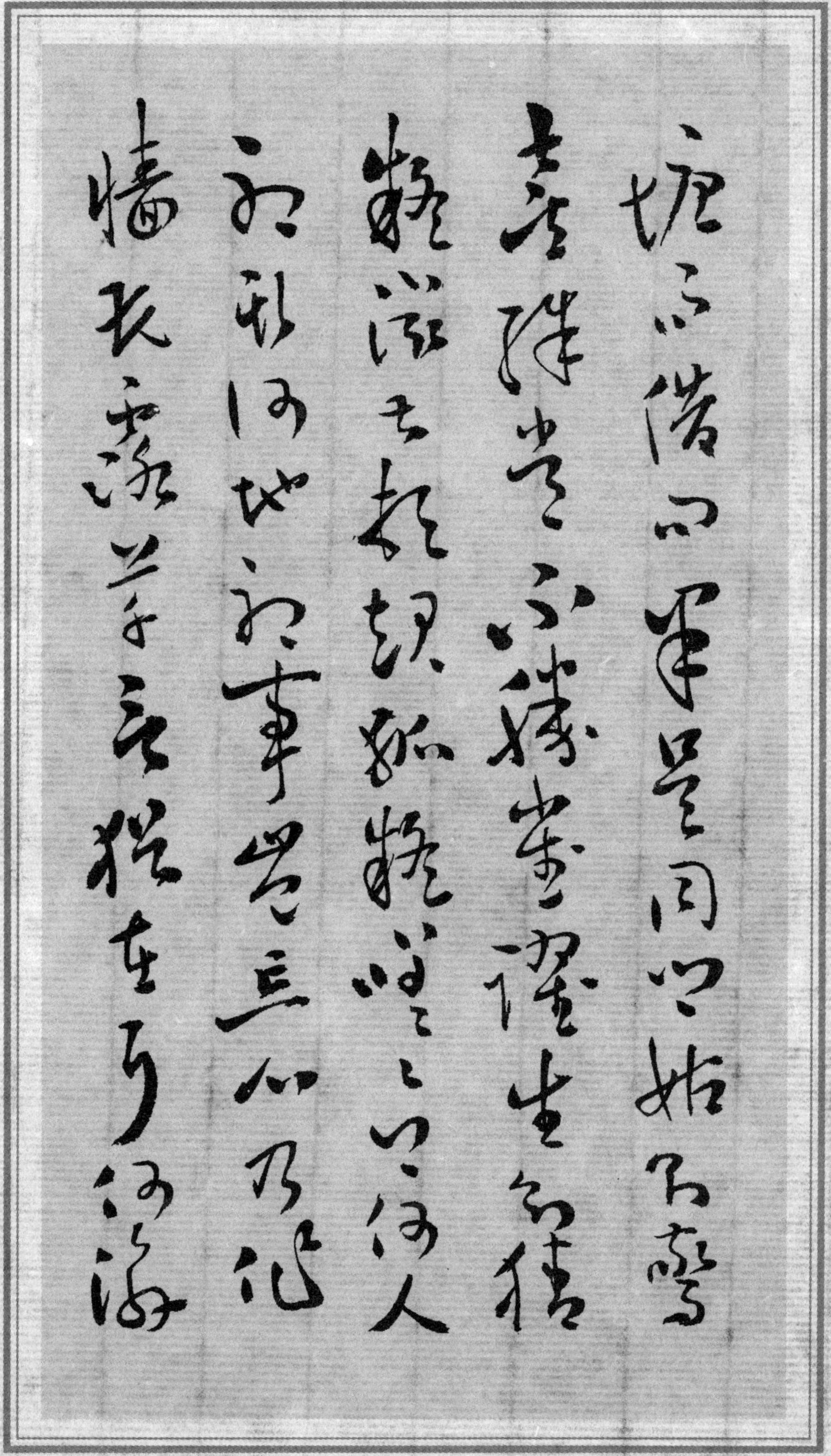

海誓山盟。莫嫌男子寡情，衷腸靡定；畢竟女兒少信，首尾難知。姑乃備陳苦志，語自心傾；歷訴冤情，淚隨聲出。苦則苦於母也不諒，屢起釁

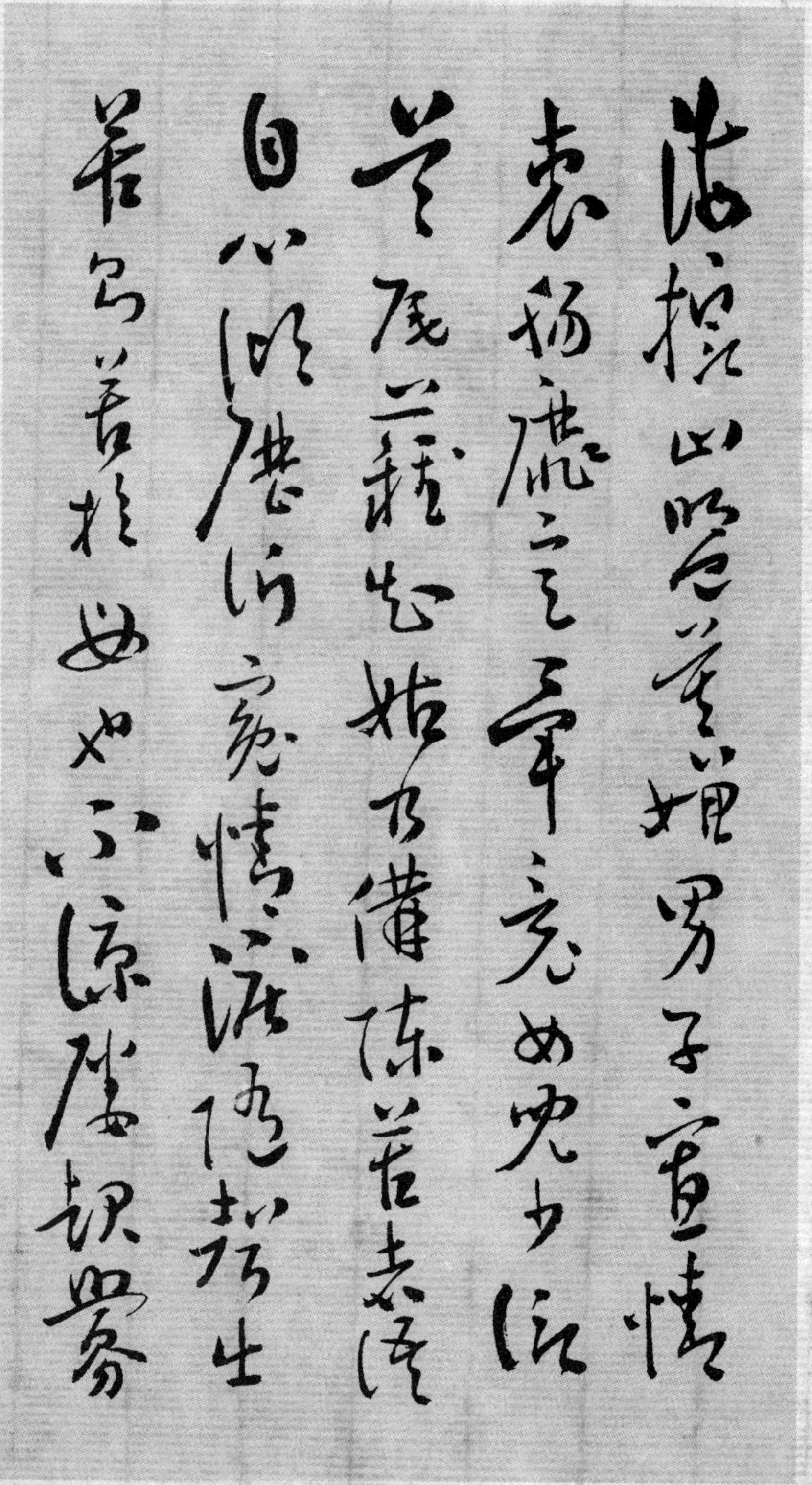

端；冤則冤夫妾本無辜，頻遭變故。翠鈿墮落，珠粉飄零。好姻將(作)惡姻，佳偶幾成(同)怨偶。竊信蓮生濁水，倍表清姿；菊傲霜嚴，素貞晚節。山移

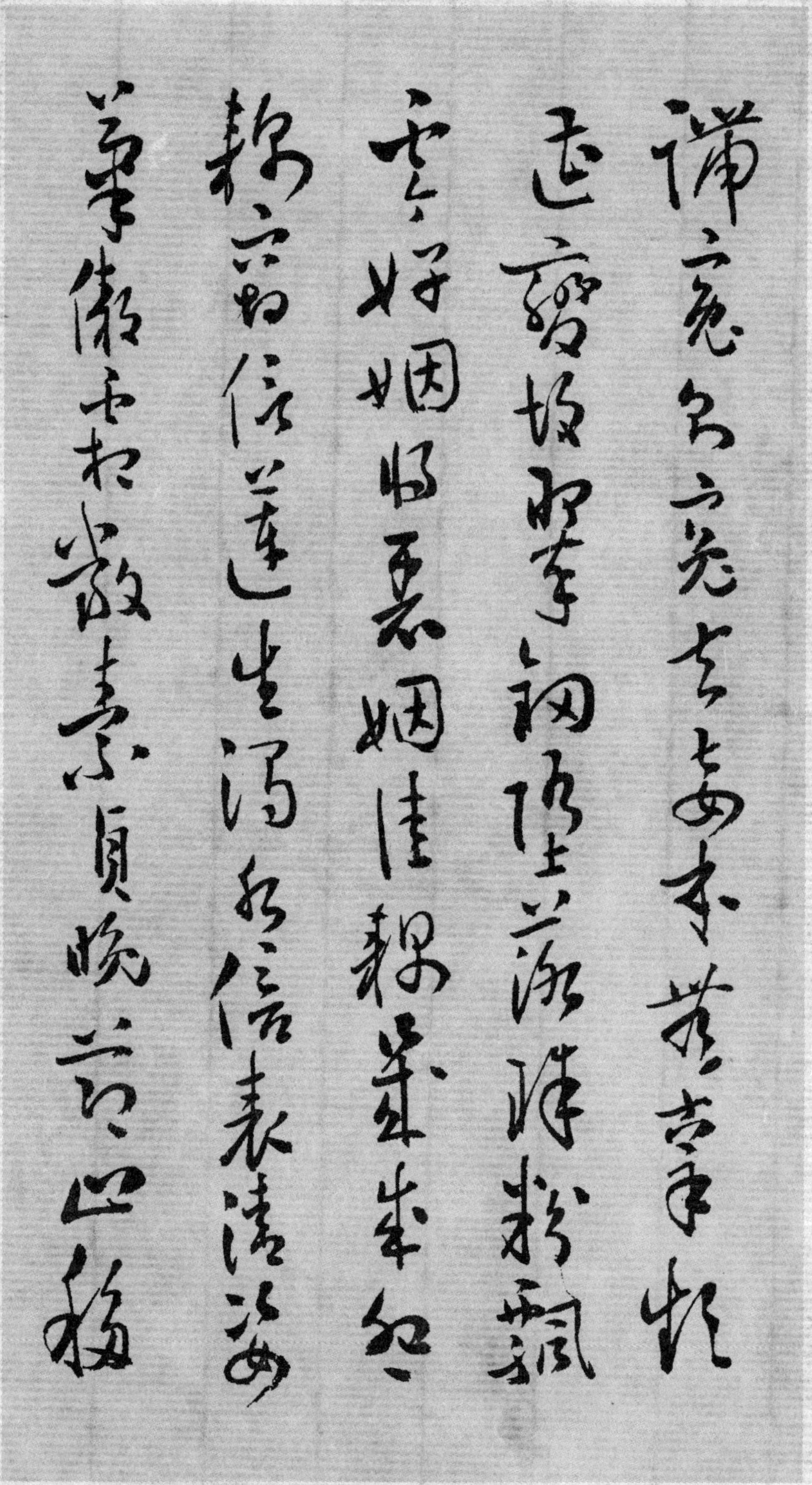

谷變，唯存心鐵難磨；海竭河乾，只有淚波未涸。如其不信，視妾顏容（容顏）；何以若斯，爲郎憔悴。乃即胸探素帕，點成湘竹之斑；袖出香羅，色染絳桃之

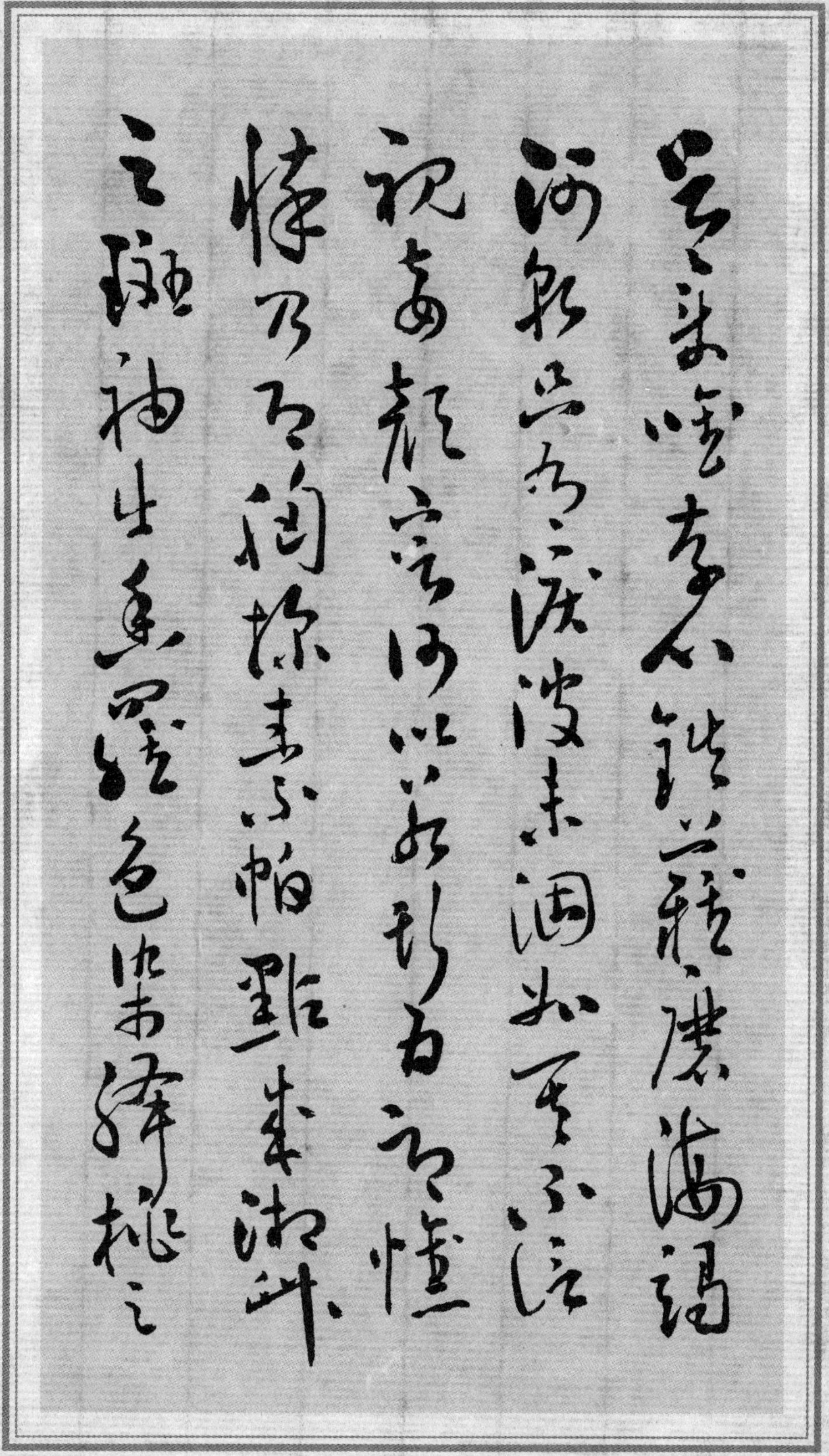

瓣。比薛靈芸壺中唾色，倍覺新鮮；較趙合德裾上津華，尤爲芳潤。生時聞言愧悔，覩物慘淒。疑悉冰消，事皆雪亮。休論前事，且爲後圖。睽千里之

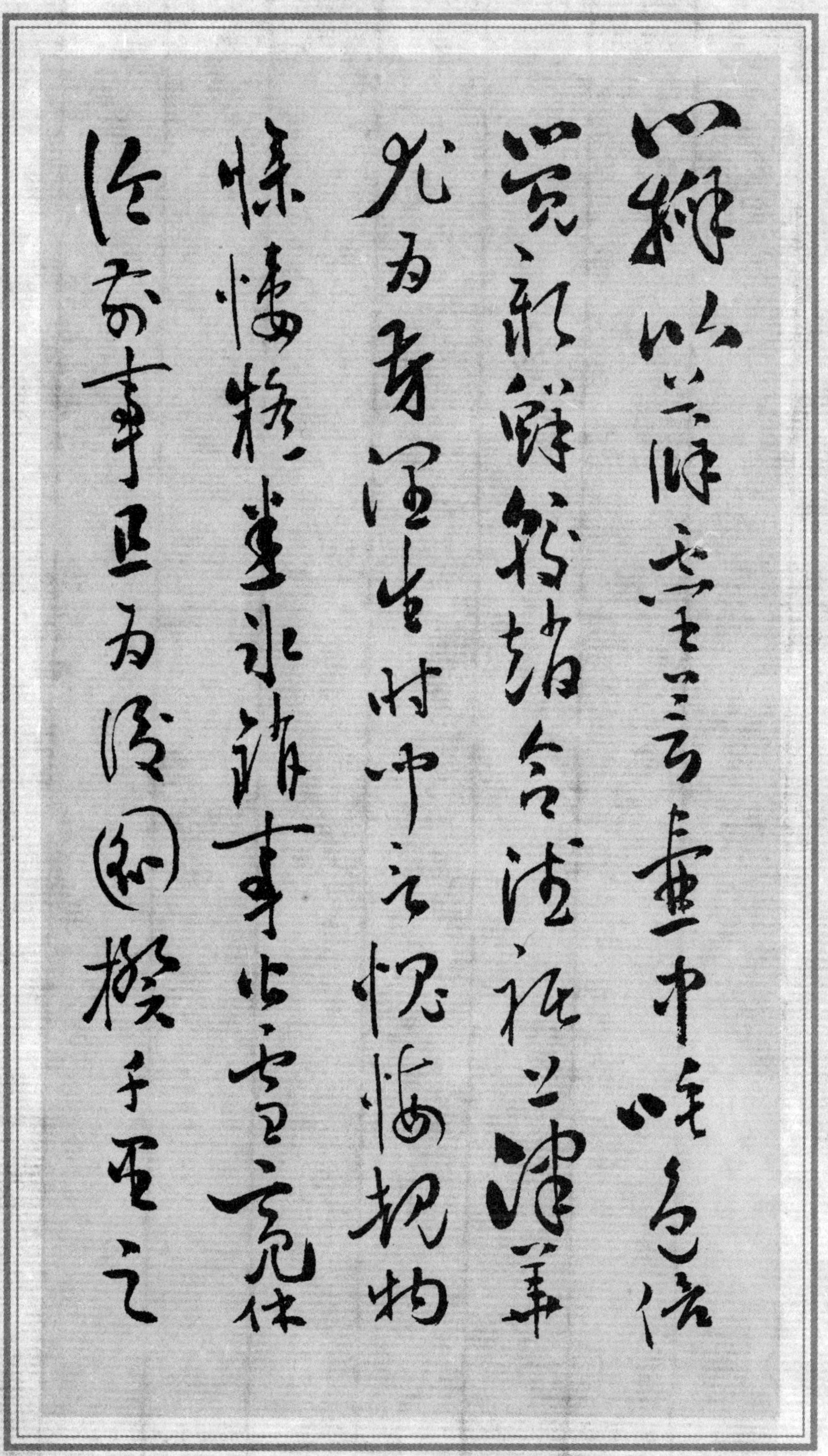

雲山，莫效楚囚相對；趁五湖之烟水，願載越女同車。昔居弄玉之樓，忝爲蕭史；今具銷金之帳，速納當(黨)姬。馬子斥其無謀，謂爲非計。局中不如局外詳

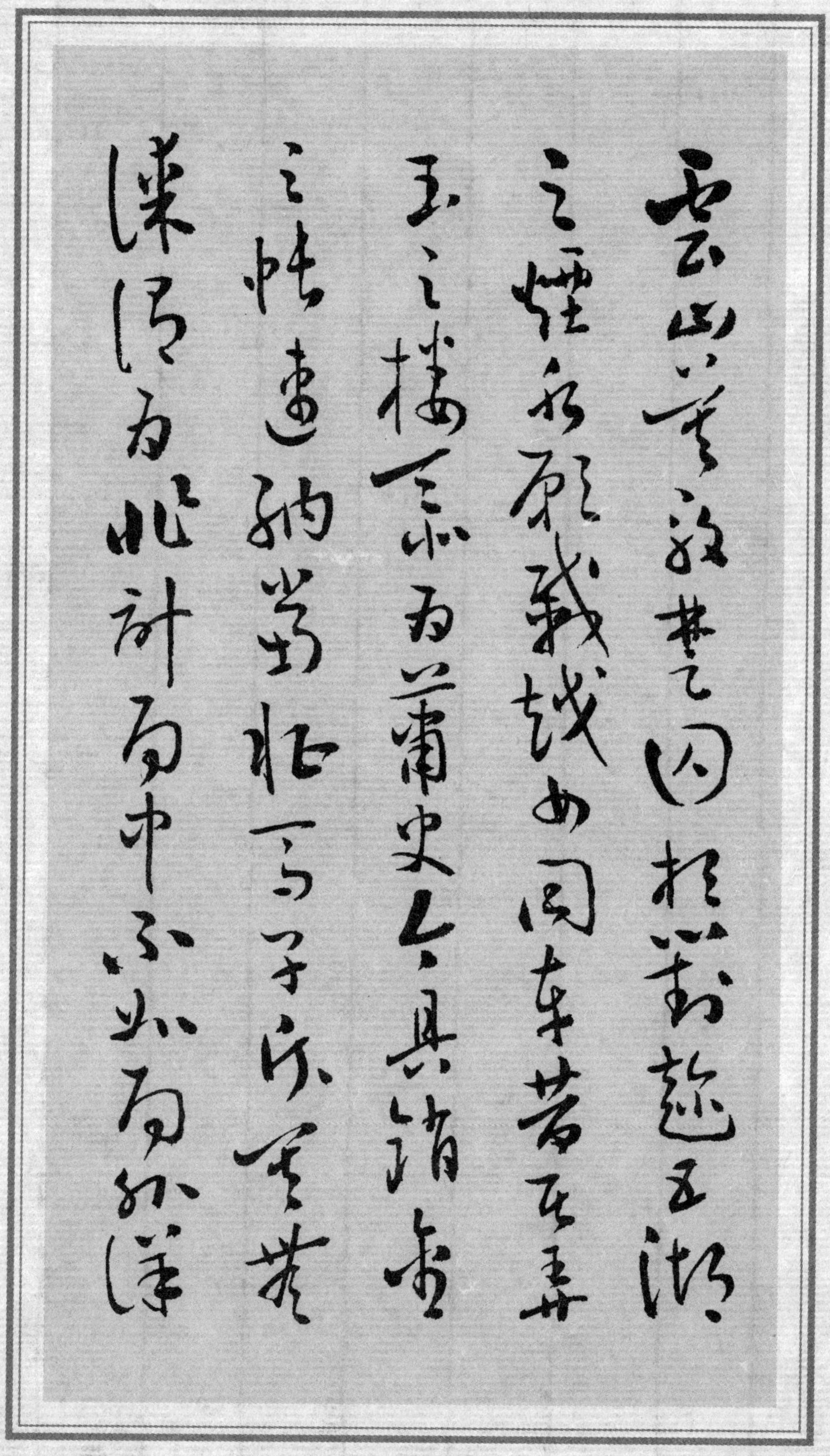

觀；事後莫如事前審顧。倘被鷹鸇見逐，將教鷙鷟何飛。毋乃誤與，一誤豈容再誤；誰其知者，我知并使爾知。竊有蓬居，惟存拙婦；願將荊室，聊伴

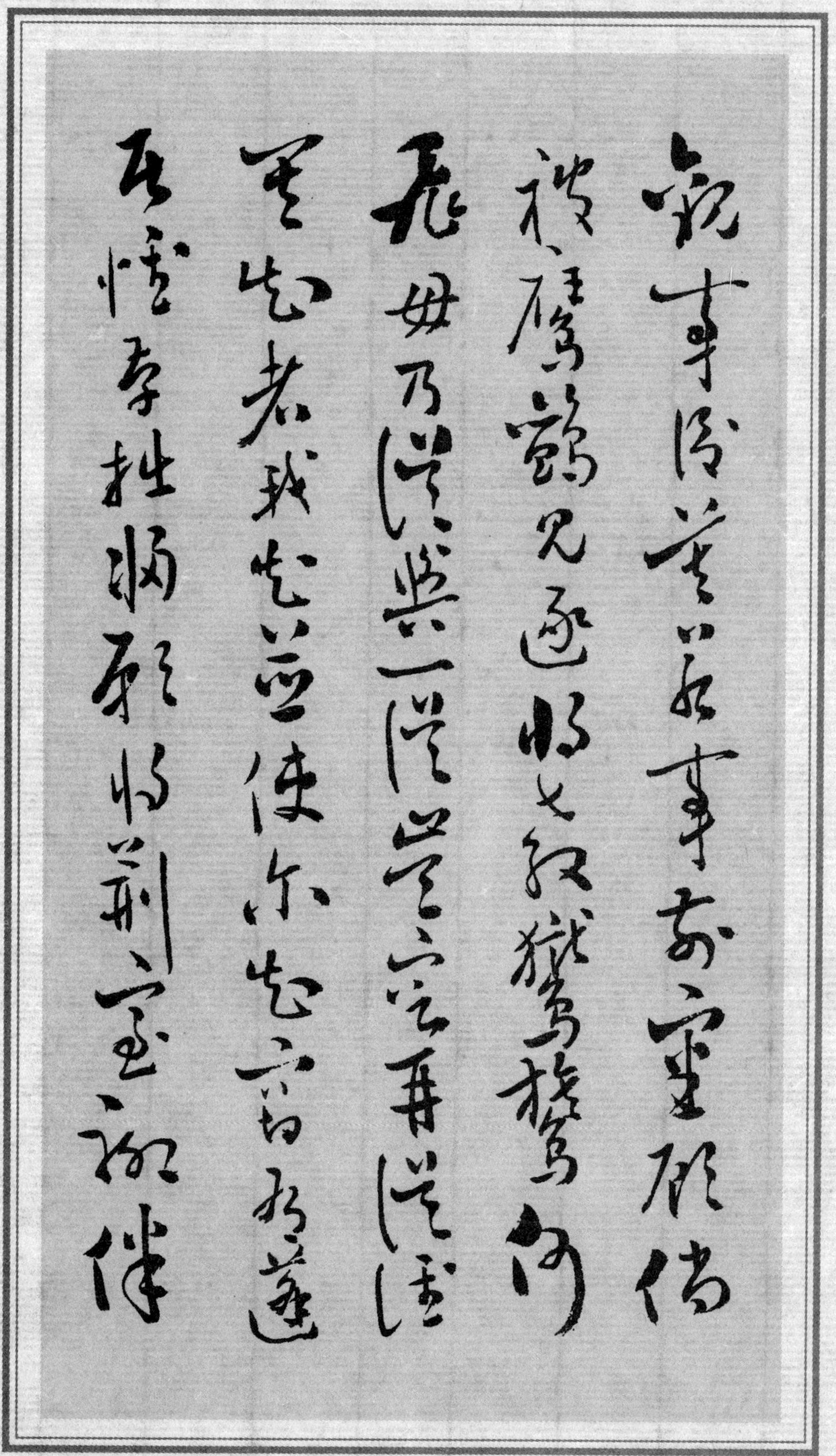

賢妹。子姑徐徐，事無汲汲。送君秋去，暫離鸞鳳之緣；待僕春來，定泛鴛鴦之水。重圖後會，不亦宜乎；再續前緣，未爲晚也。時二人者，如夢始覺，似

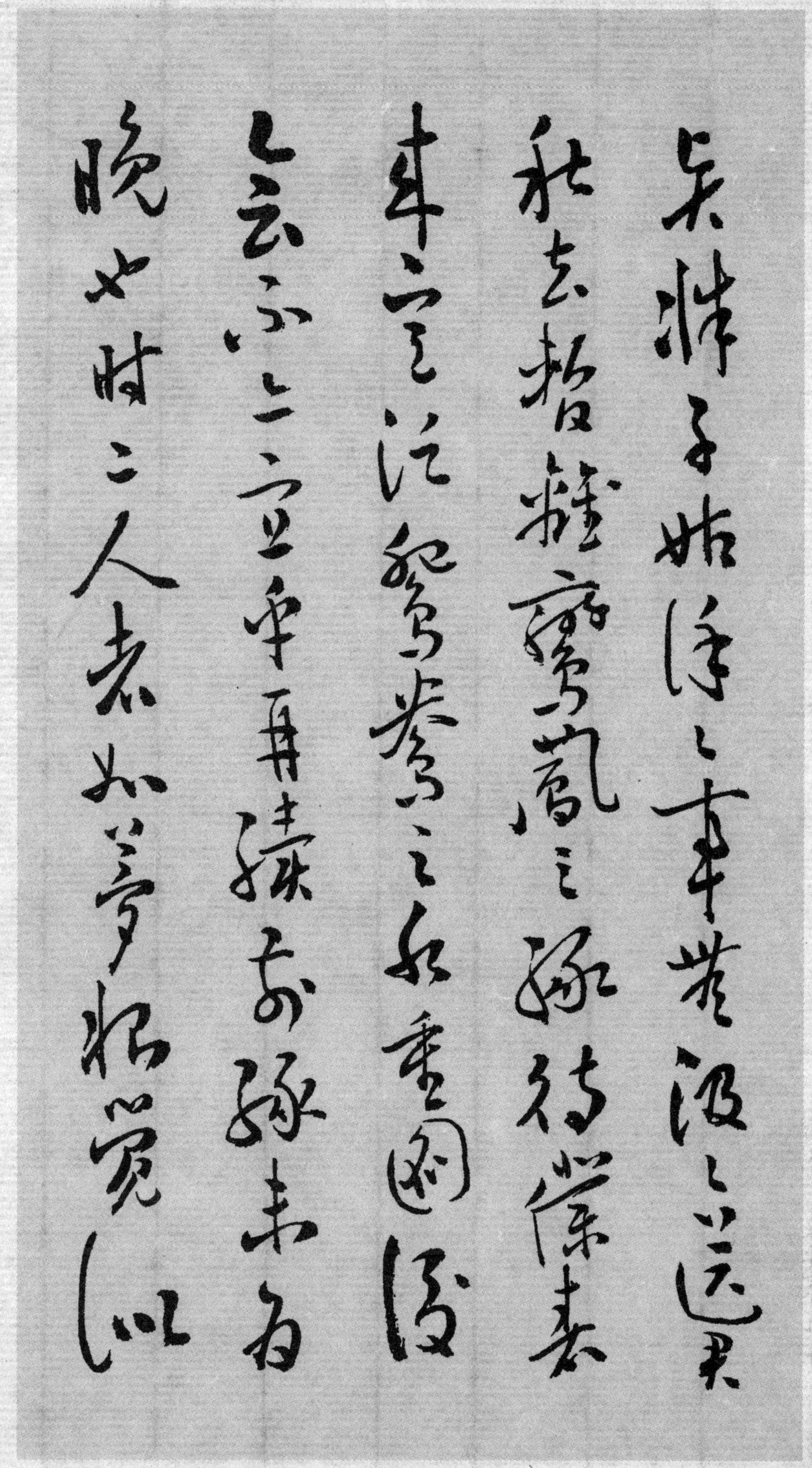

醉方醒。心服之餘，俱爲首肯；機投之下，豈僅面從。乃復燭剪西窗，尊傾東浦。纔進拂塵之盞，又開餞道之筵。露白葭蒼，酒紅燈紫；話長夜短，

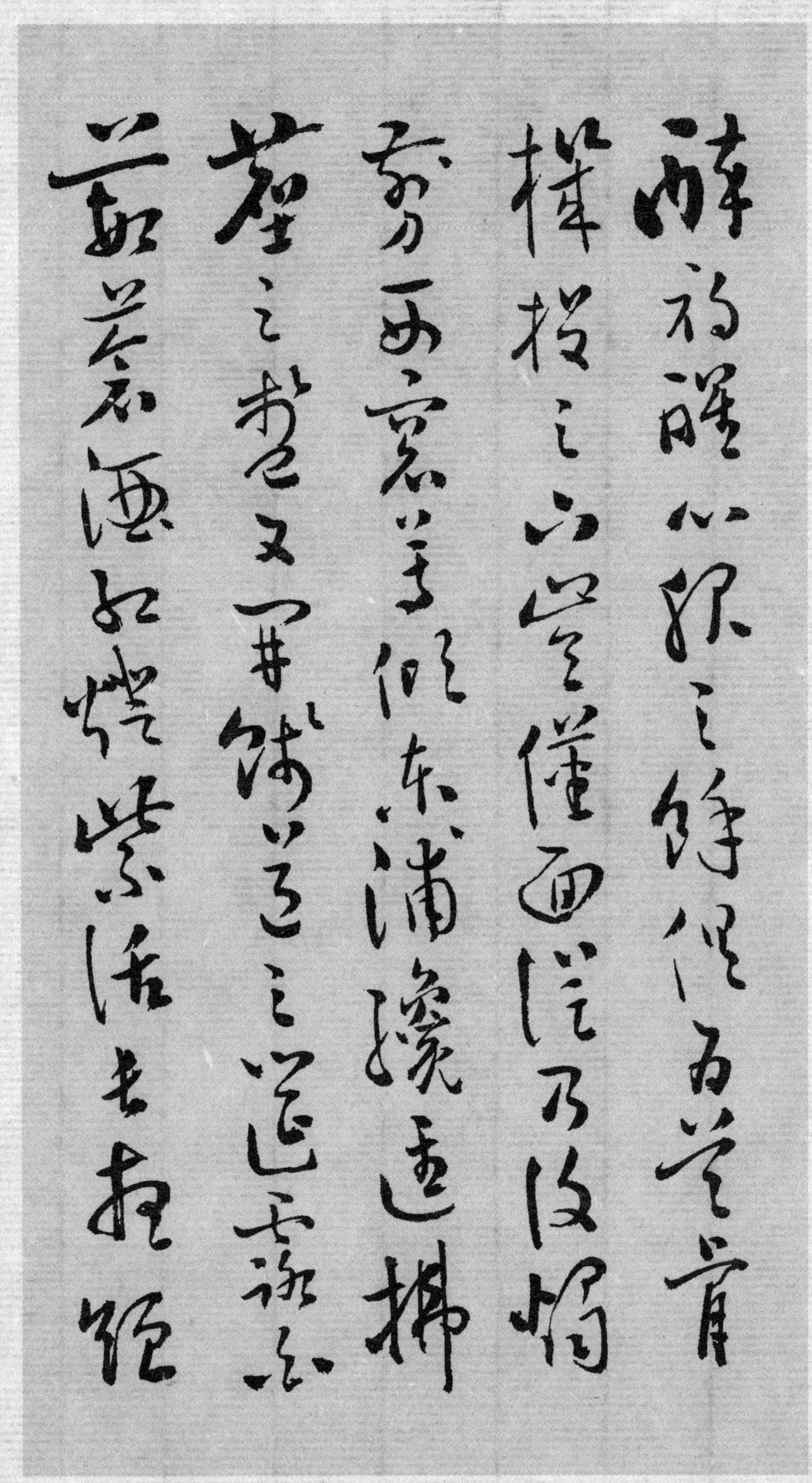

漏盡天明。山上復有山，客中更送客。鶯喧蝶鬧，院姬歡挽文軒；浪靜風恬，舟子促登畫舫。難將過客頻留戀，纔得逢君又別離。皓首理裝，姑

同劍俠而辭樂籍；黃頭操楫，生共榜人而就征途。別淚盈盈，不減一江秋水漲；離愁疊疊，何殊兩岸亂山多。桂棹夷猶，詎停客路；蒲帆安穩，直抵

鄉關。白沃祠前，爰返求凰之侶；紅薇館內，旋回駕鶴之人。爾時，家悉康寧，翁尤矍鑠。安居名教，樂敘天倫。涼軒燠館之中，鞠躬溫清；淨几明窗之

下，抱膝吟哦。幸得小休，生固深思夫養志；欣逢大比，父尤切望其成名。龍甲飛騰，睛須筆點；魚鱗變化，尾待雷燒。長日愛椿闈，頗游佳境；

香風探桂苑，還俟捷音。不圖賀未至門，吊先在室。厄值龍蛇之運，禍歸父母之年。少孰駐顏，老誰換骨。百歲之駒陰易逝，莫覓神丹；一時之龜息失

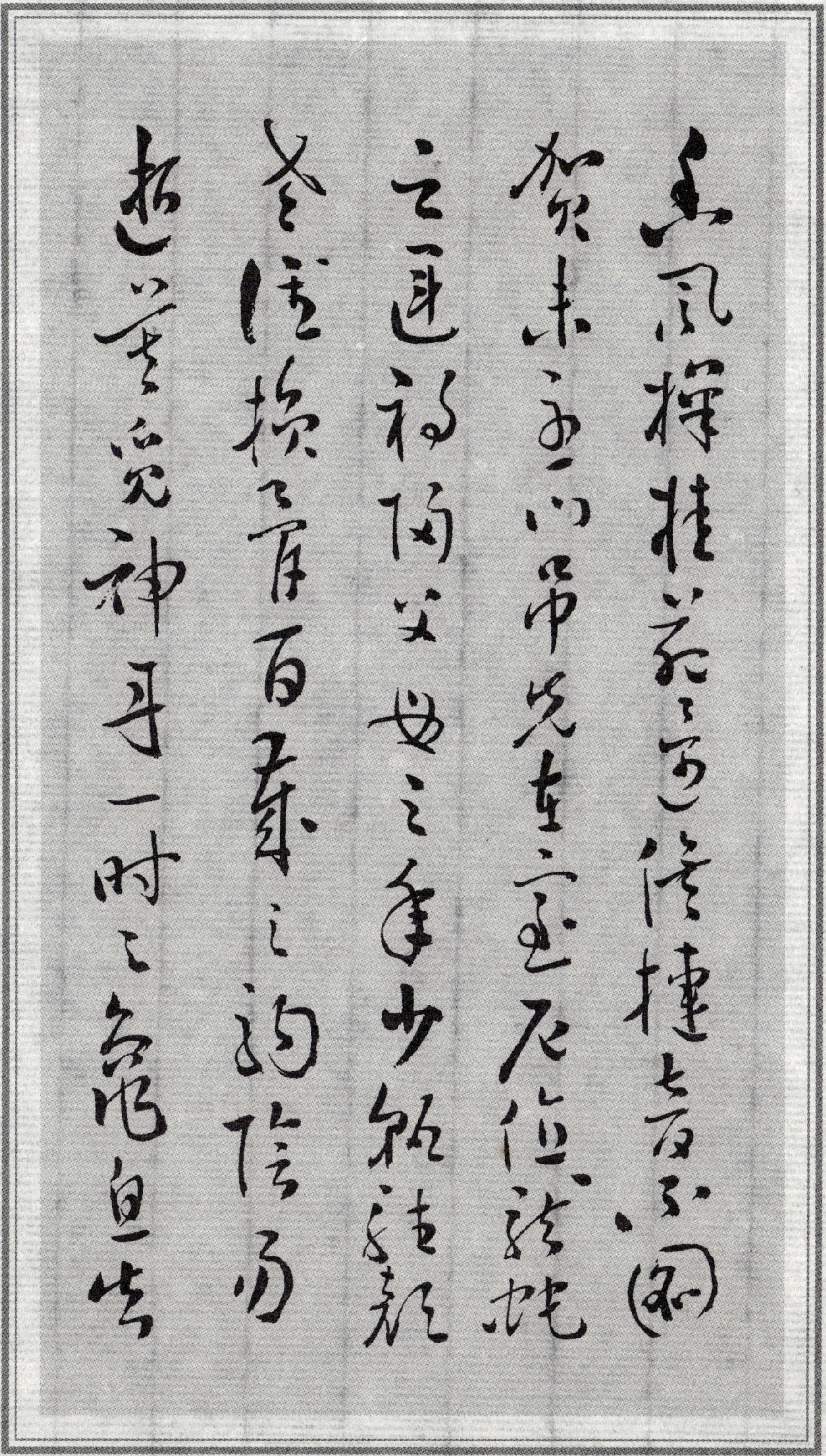

和，遽登鬼録。哀哉，生也，悲深風木，痛切蓼莪。和嶠居艱，毀將滅性；臯魚奉諱，哭不成聲。乃即寄語故人，備言斯事。我生不幸，業當素韡

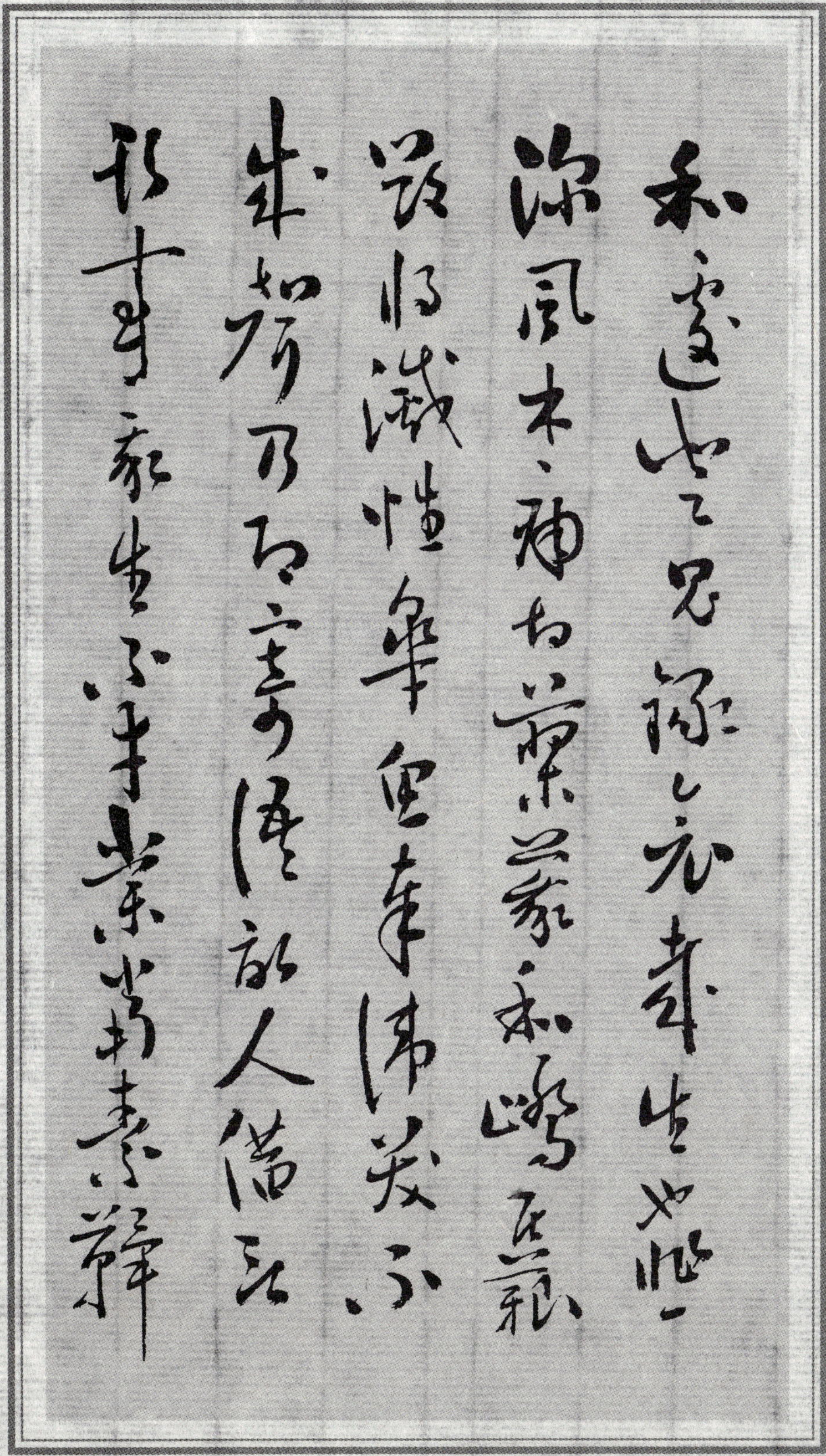

以居憂；父死謂何，敢納明妝而致誚。因是馬子，在三春之候，不將紅袖攜還；從千里而來，祗具白冠作吊。嗟乎，春鵑秋蟀，家無丸藥之人；落月停

以居憂父死謂何敢納明妝而致誚因是馬子在三春之候不將紅袖攜還從千里而來祗具白冠作吊嗟乎春鵑秋蟀家無丸藥之人落月停

雲，廬有枕苫之子。誠孝思之克盡，亦友誼之無虧也。迄乎身常依墓，鶴亦來翔；人偶至家，犬反迎吠。霜零露墜，居喪之逝景如波；火改穀登，

雲廬有枕苫之子誠孝思之克盡亦友誼之無虧也迄乎身常依墓鶴亦來翔人偶至家犬反迎吠霜零露墜居喪之逝景如波火改穀登

守制之流波似箭。三年讀禮，已鼓祥琴；兩地馳情，還求故劍。生乃魚牋雙遞，雁札分投。一向東江而接取小妻，一從齊右而迎歸大婦。將使白玉爲堂，并

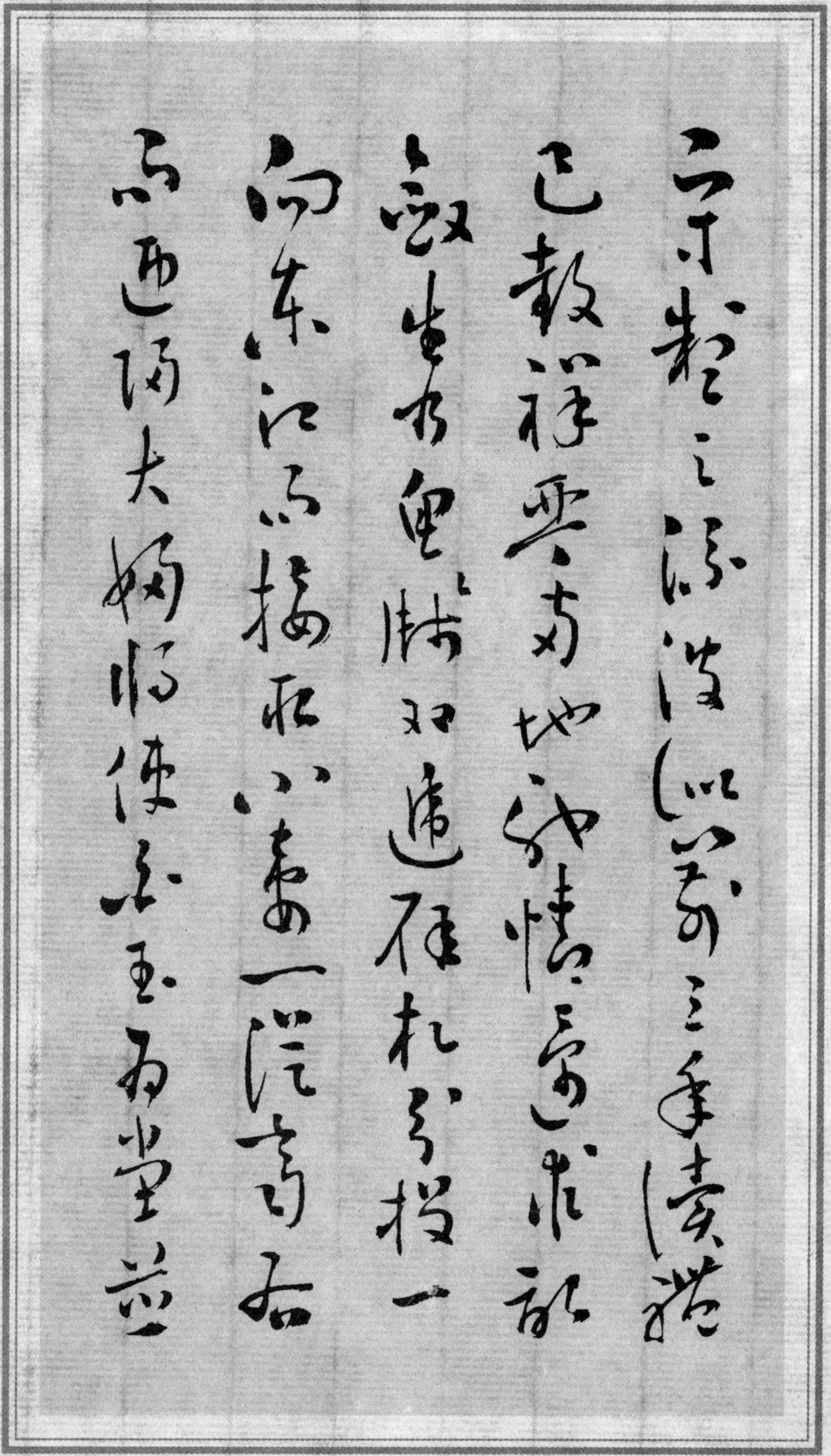

貯南妹北媛；黃金作屋，共藏妹眷良姻。二女苟得同居，兩賢自無相厄。鴛機佐讀，極忘窺圃之心；蕙帳聯吟，永作杜門之計。此身自適耳，於世何求焉。

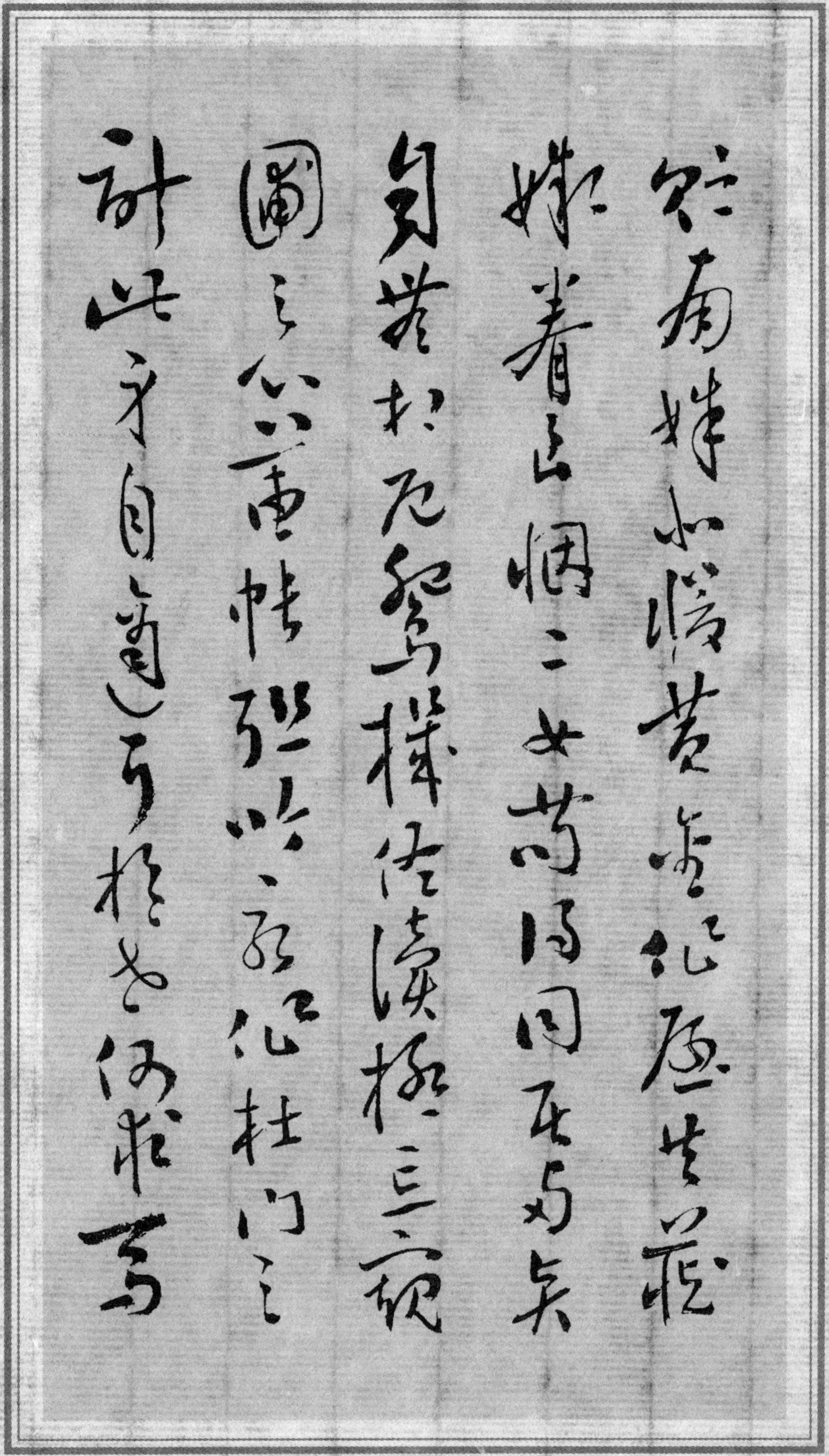

詎知笑口難開，虛脾徒掉。此寄洪喬之字，未去投波；彼傳柳毅之書，先來擊樹。緘封尺素，遞浙水之游鱗；峰別丈人，恃泰山而壓卵。蜉羽何能撼

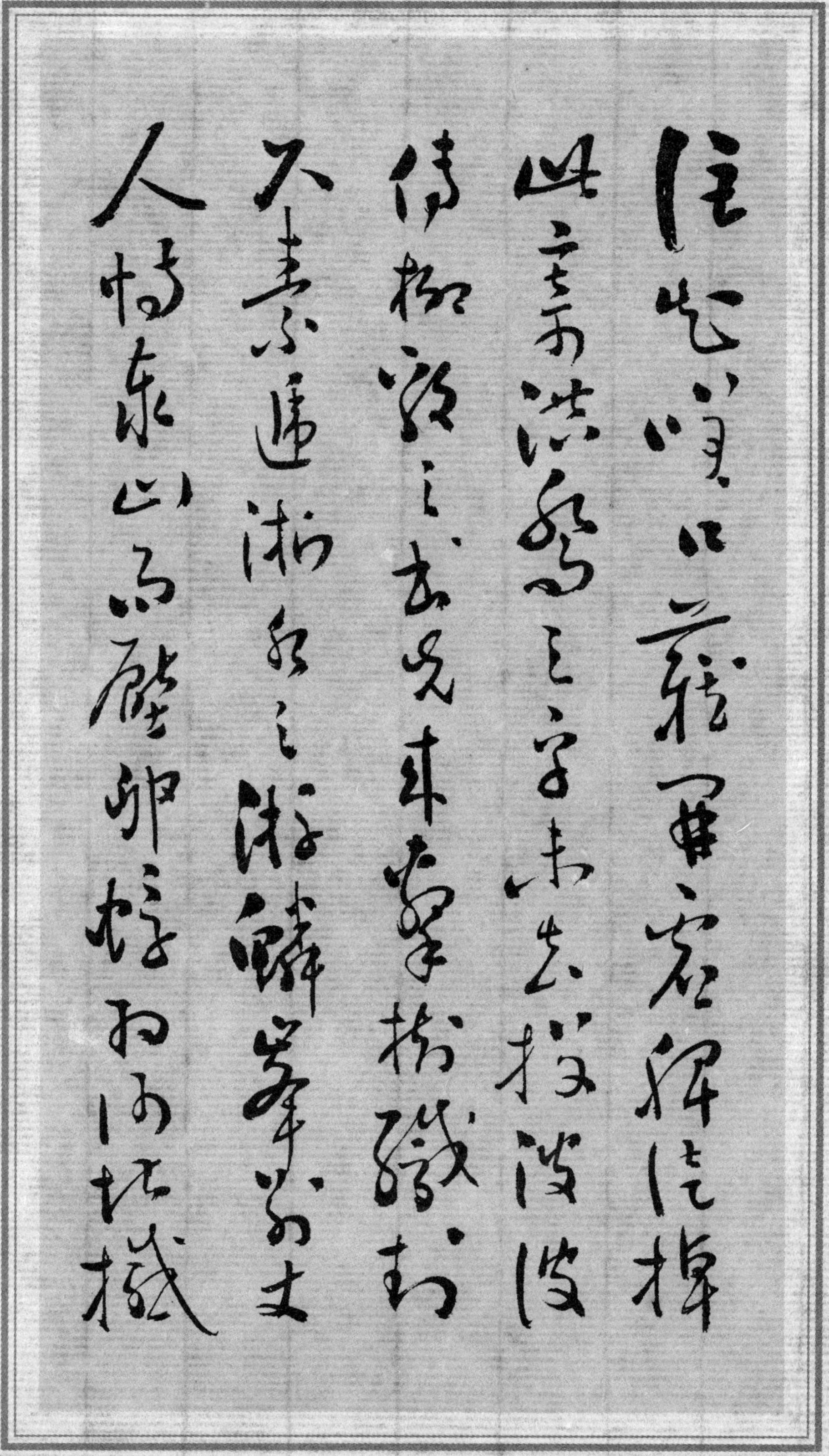

樹，螳臂莫可當車。業經贅屬外黃，身乃不容自主；輒復憂生內顧，事尤難與人言。家素高明，室防鬼瞰；貲殊富厚，篋恐盜胠。何辭千里

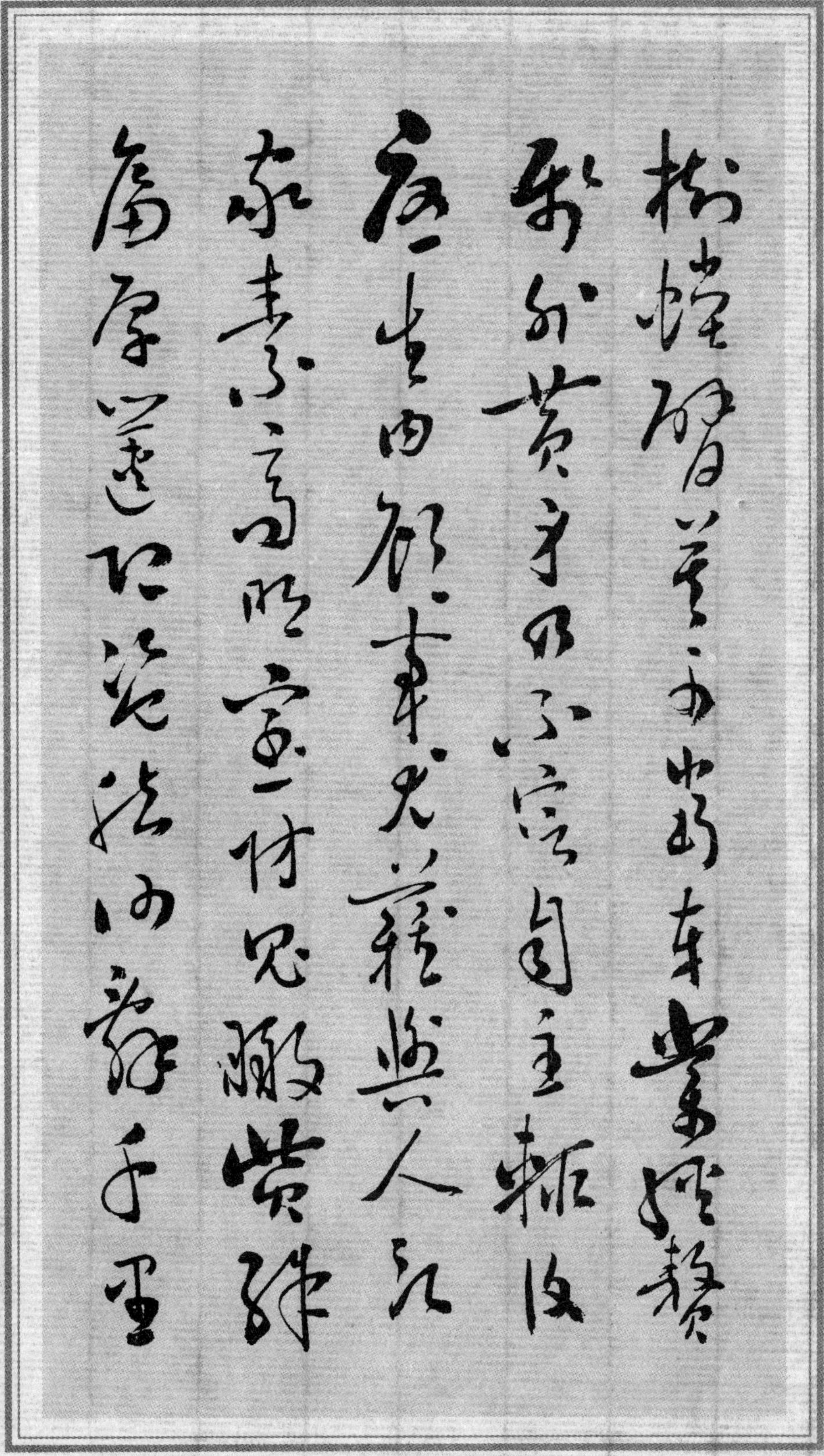

之情，馳驅作客；只患一家之政，倚托無人。適有寡兄，聯蓴枝於二世；雖非同父，長雁齒以十年。壁素通光，竈常因熱。庖内頻頻越俎，床頭屢使捉

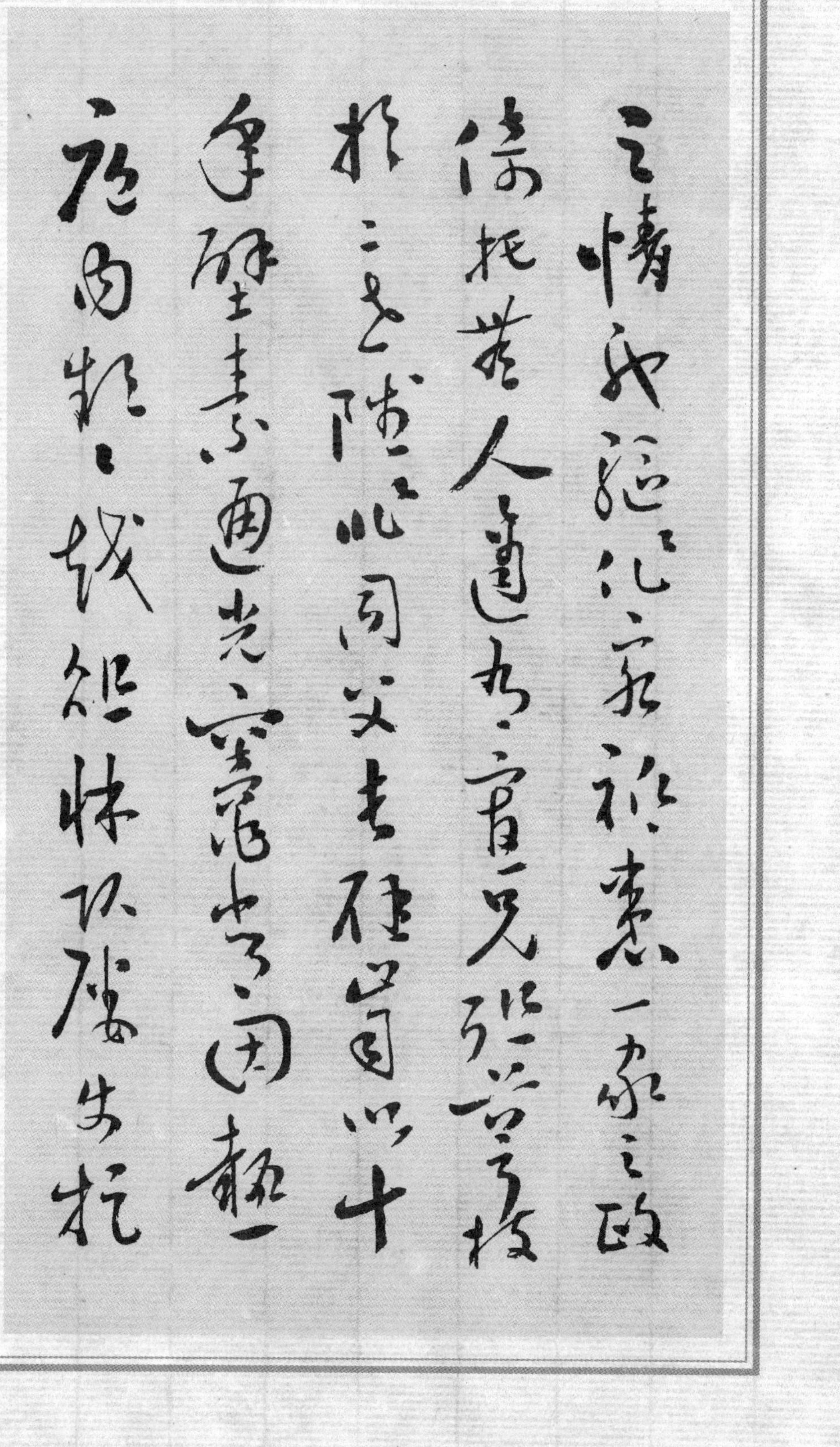

刀。遂將田圃倉箱，與夫米鹽布帛；牛羊幾許，僮僕若干；藉此族昆，代爲家督。以爲勝其任矣，乃即委而去之。生時由近及遠，自南而北。未問津

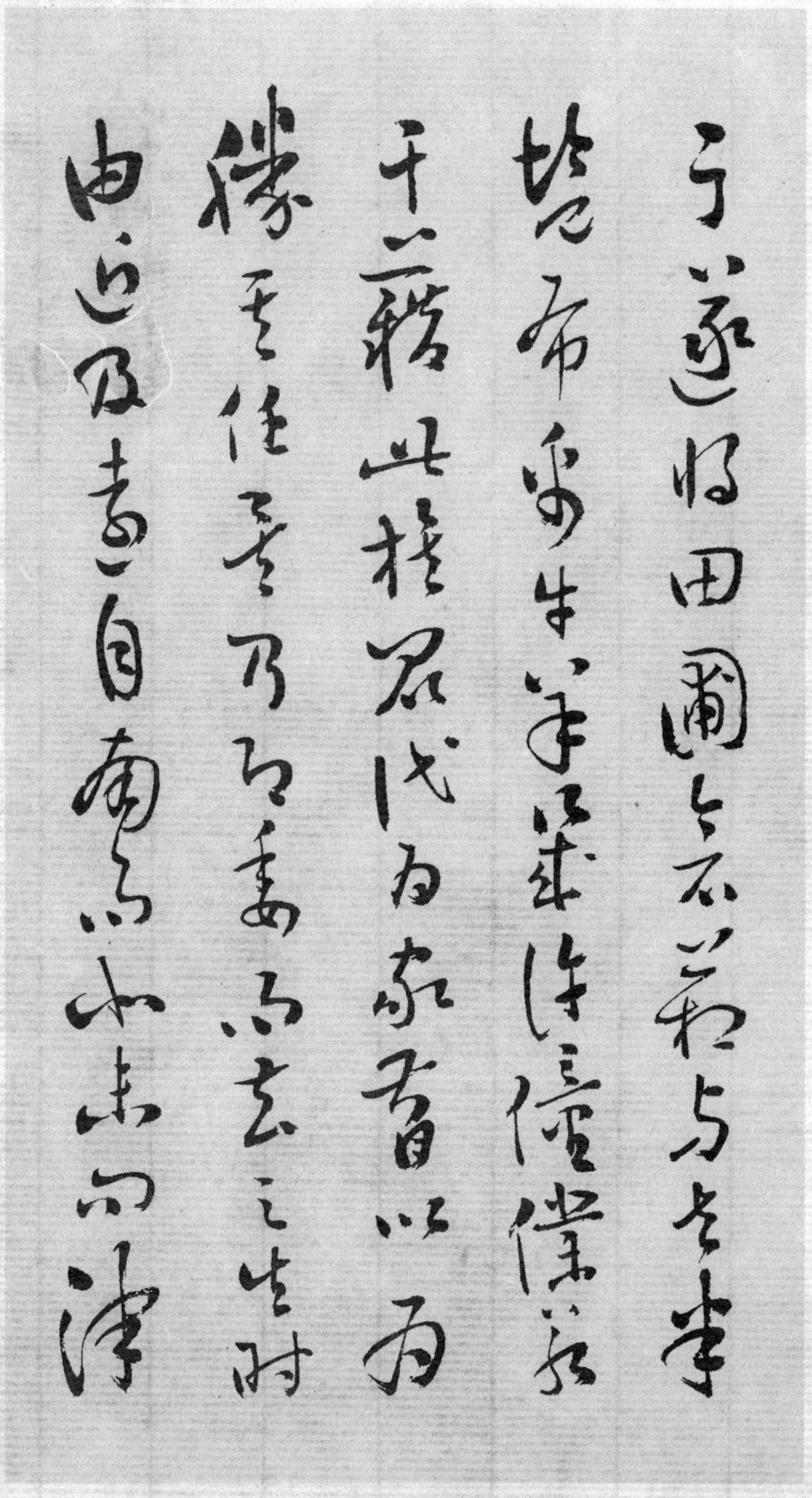

於青海，先取道於白門。彩鷁飛來，渡名桃葉；花驄踏去，冶號梅根。急思握鳳携鸞，遑恤鞭風泛雨。千家烟月臨歌院，一片江山入畫圖。頓消客思如

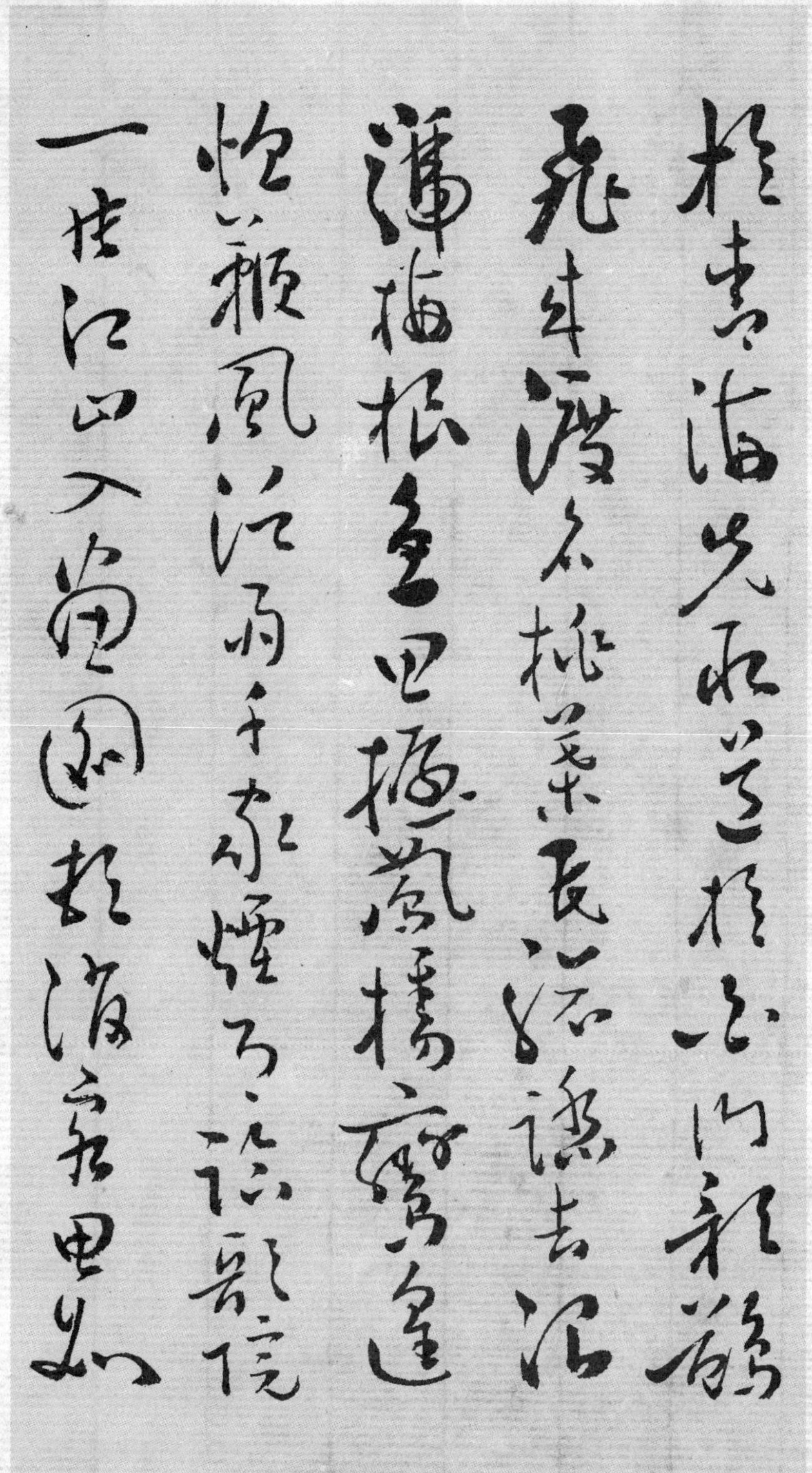

麻，但覺春光似錦。斯時，碧桃花下，宿雨初收；青粉墻頭，斜陽未盡。白鷳飛處，蘋灘之鱅響呷啞；黄犢歸來，柳徑之笛聲嘹亮。問牧兒兮前路，知俠友

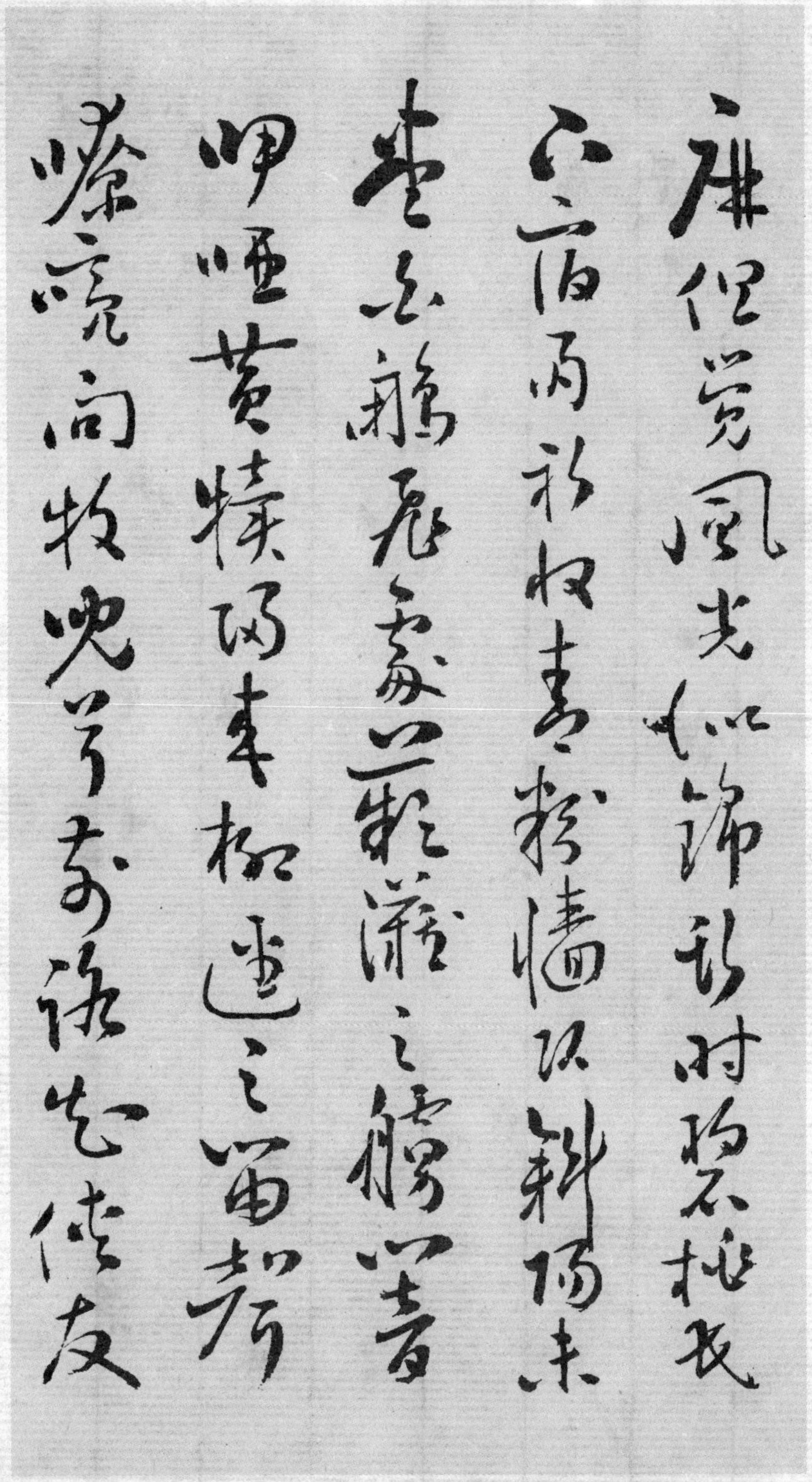

之故居。謝家選勝之場，只在烏衣巷裏；石氏藏嬌之地，不離白鷺洲邊。第見門庭整潔，竹樹清幽。院鎖碧烟，全遮蕉蔭；簾垂紅雨，半罩花枝。拂

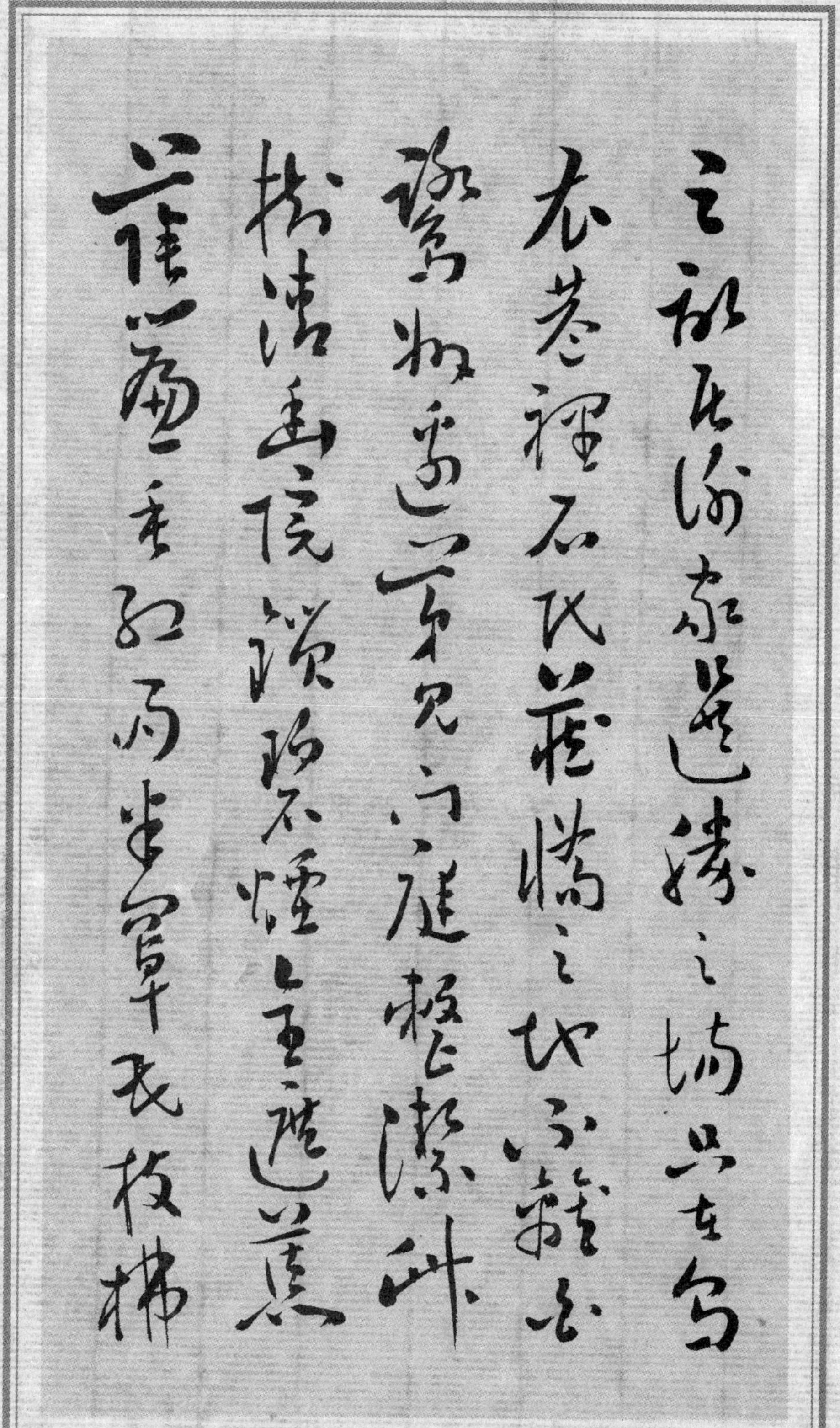

金鈴則黄耳迎賓，牽銀蒜則緑衣喚客。頃見丫角添香，雙鬟獻茗。問此翁之安在，方射虎於南山。訊彼美之奚爲，甫描龍（抽鸞）於牖（硯）北。姑時離腸欲斷，望眼將

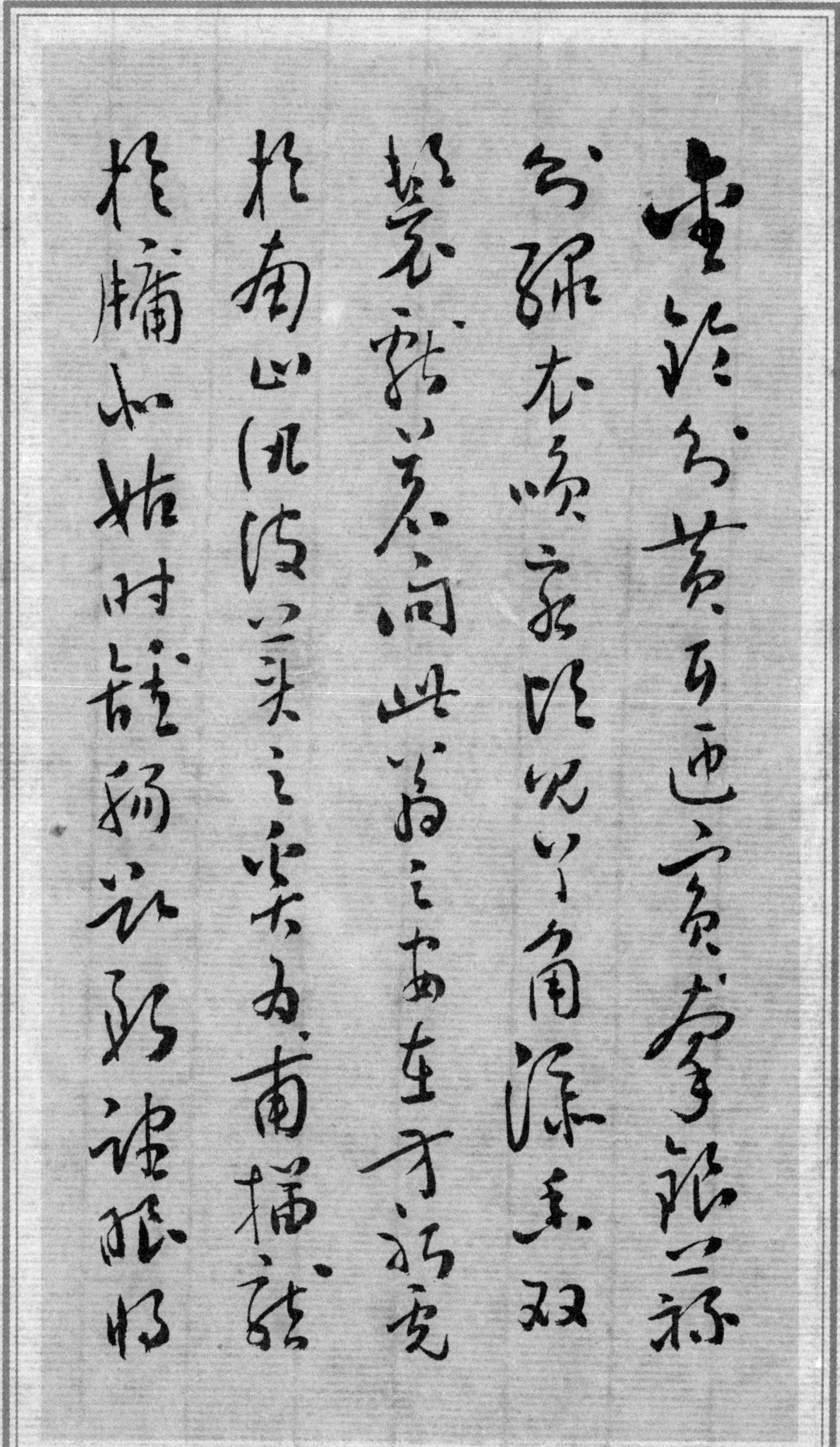

穿。門中人面如何，復至昔年崔護；觀裏桃花依舊，又來前度劉郎。愁同華峽之連綿，遽使巨靈劈斷；情若河源之深遠，恍從博望探還。未幾，青繞樹

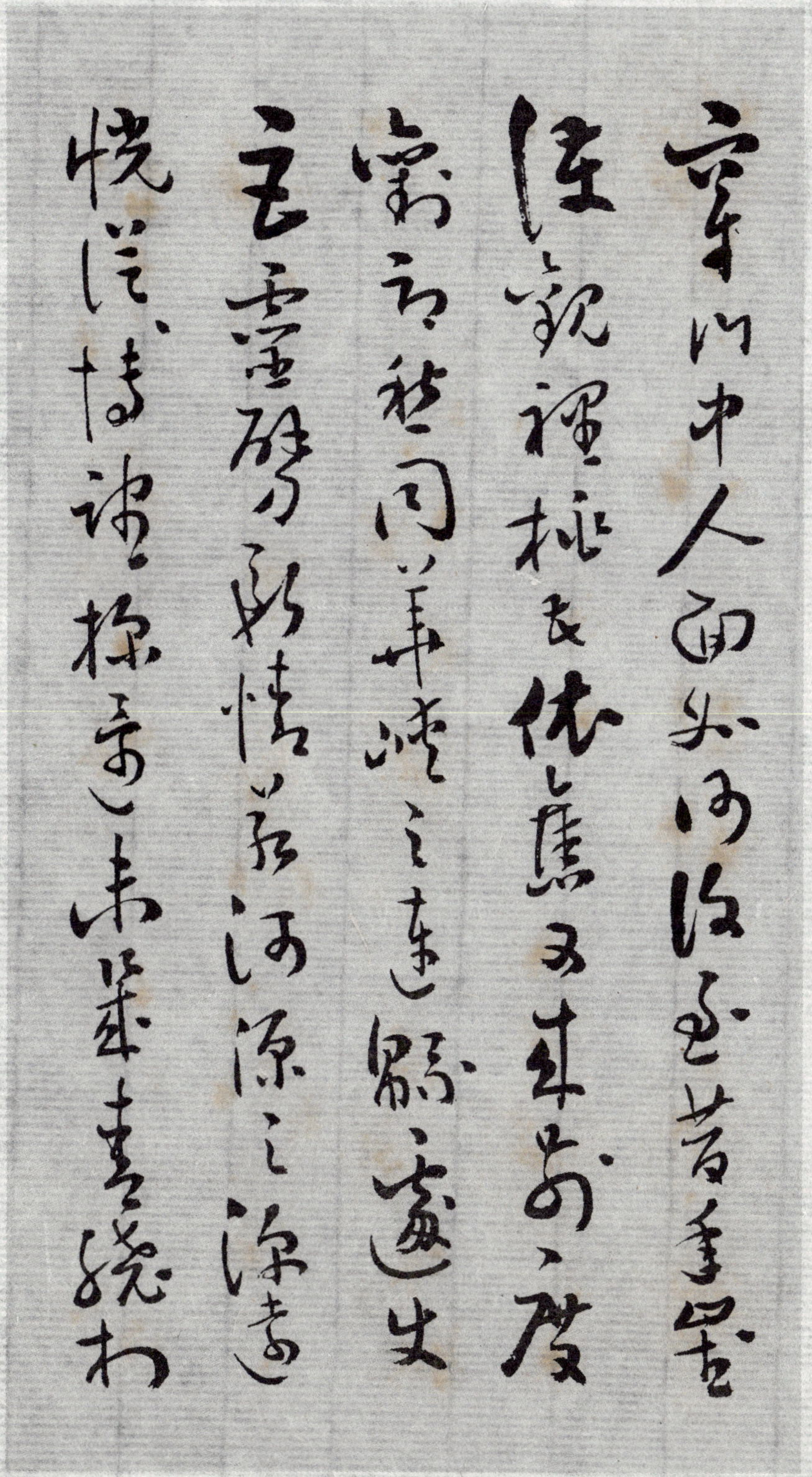

烟，漁燈乍起；紅騰野火，獵騎方回。美人纔款於閨中，壯士驟來於馬上。馬子戎裝赫濯，儼同灌口之神；竇生儒服幽閑，雅作江頭之客。歡復歡兮斯

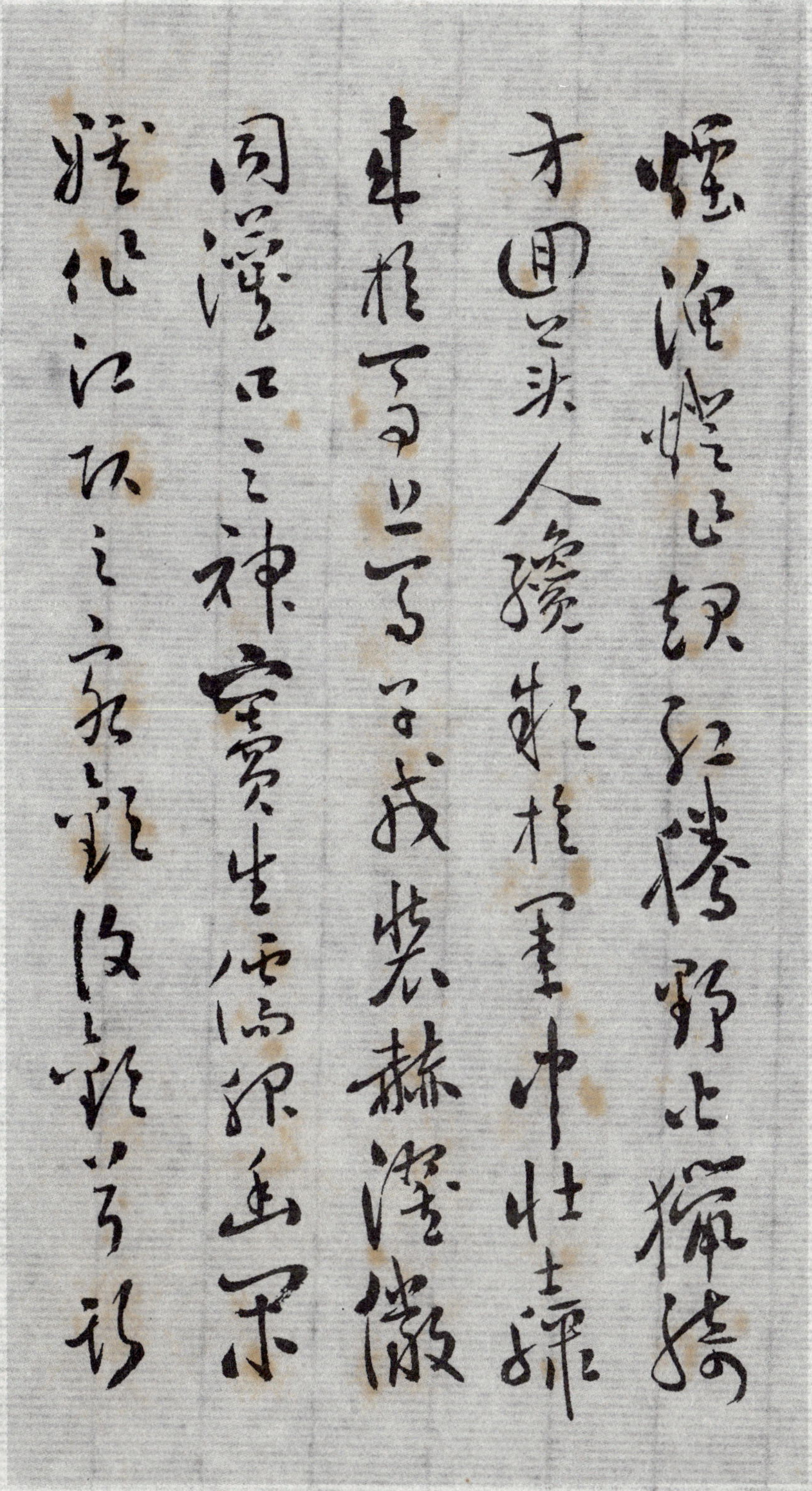

時再晤；快莫快於此日重逢。乃即大開東閣之門，暢敘西園之宴。長春圃內，蘭麝氤氳；不夜城中，魚龍絢爛。樓臺歷歷，院落溶溶。華燈與火樹齊輝，綵

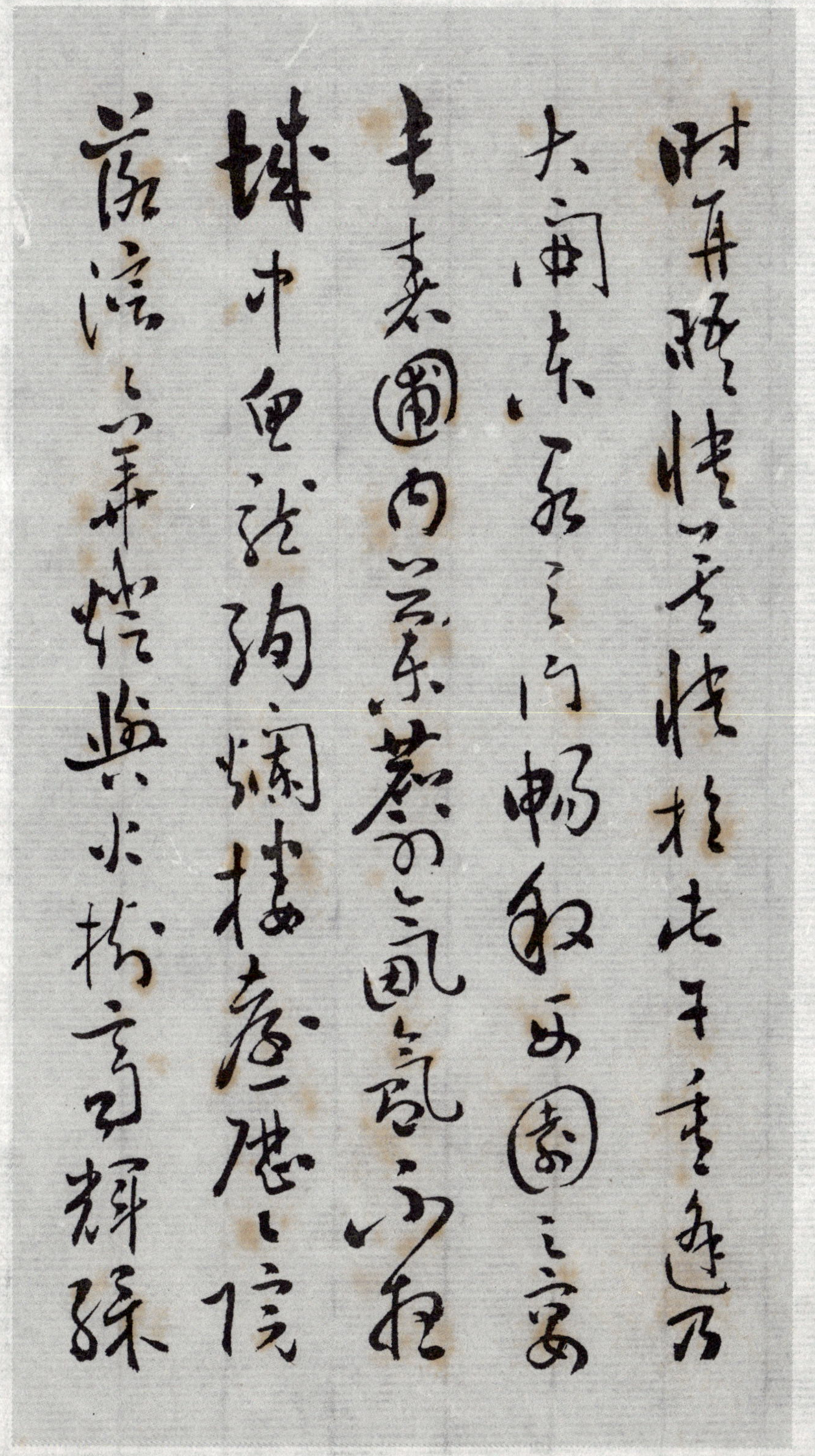

袖共芳樽一色。秦弦趙管，遍(召)名娘；銀膾金虀，廣羅盛饌。其人似玉美而艷，有酒如淮旨且多。柳枝詞，竹枝詞，纖韵繞喉間而流逸；小垂手，大垂手，

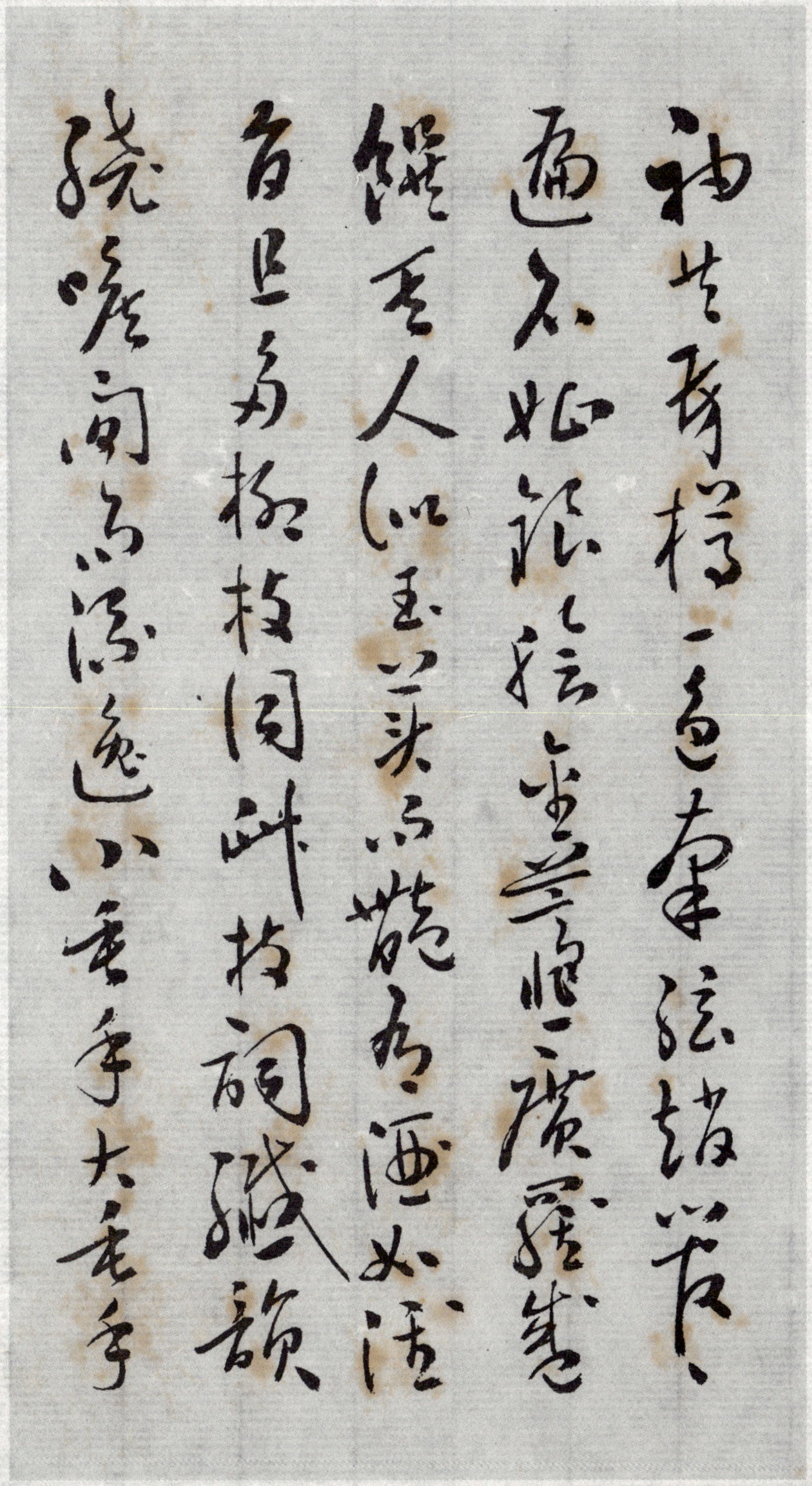

輕風翻掌上以悠揚。生乃致謝眾姬，轉辭賢主。處士不生巫峽夢，美人休唱渭城歌。則有茜袂成群，乞譜梨園之調；杏衫作隊，請填菊部之詞。生則綺

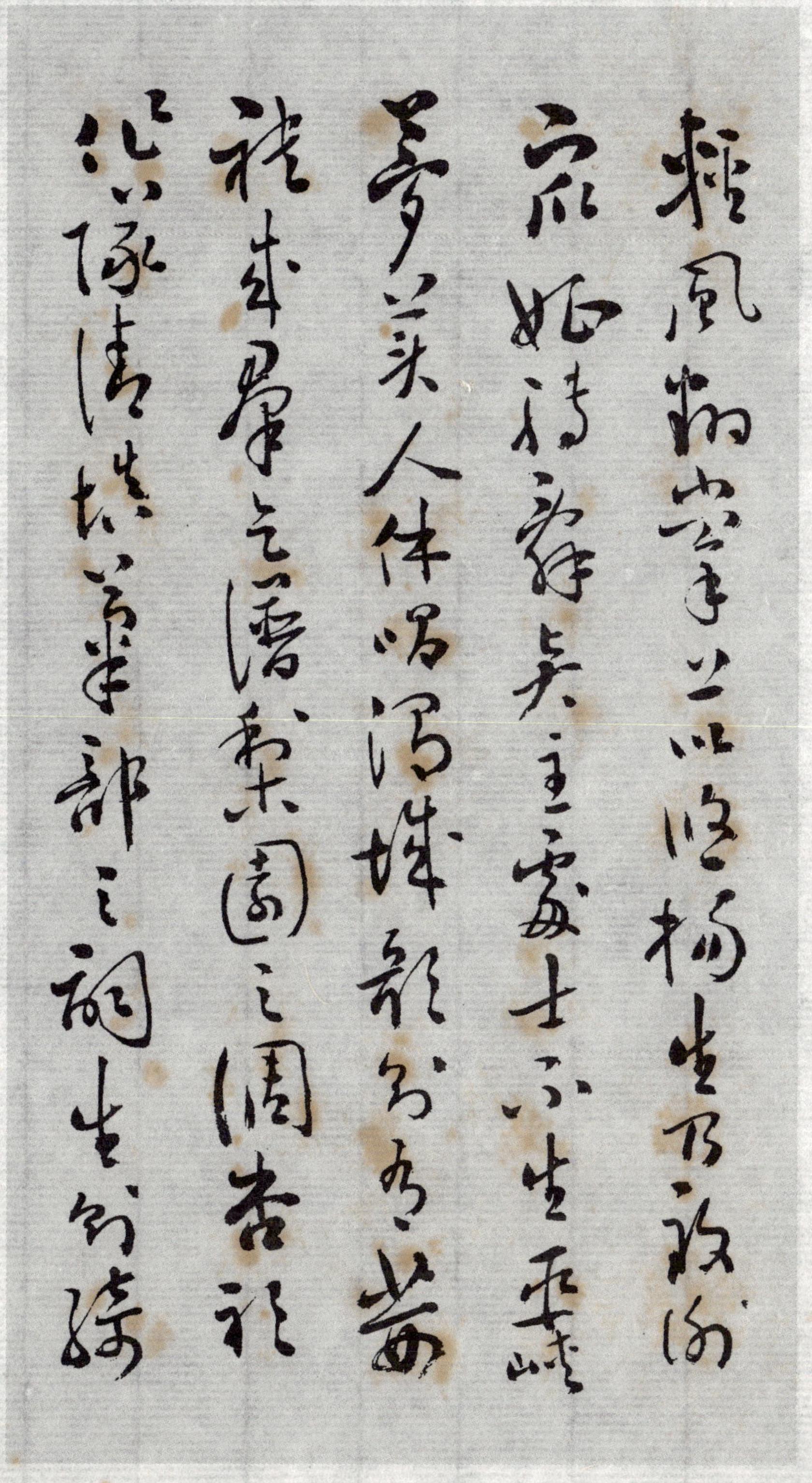

思不讓柳者卿，姑則麗製何殊李清照。紫霞觴畔，兔毫各自霏烟；朱窗烏前，鳳采交相爛錦。繡帕綴春燈之好句，羅裳聯秋月之閑吟。賀黃梅饒有

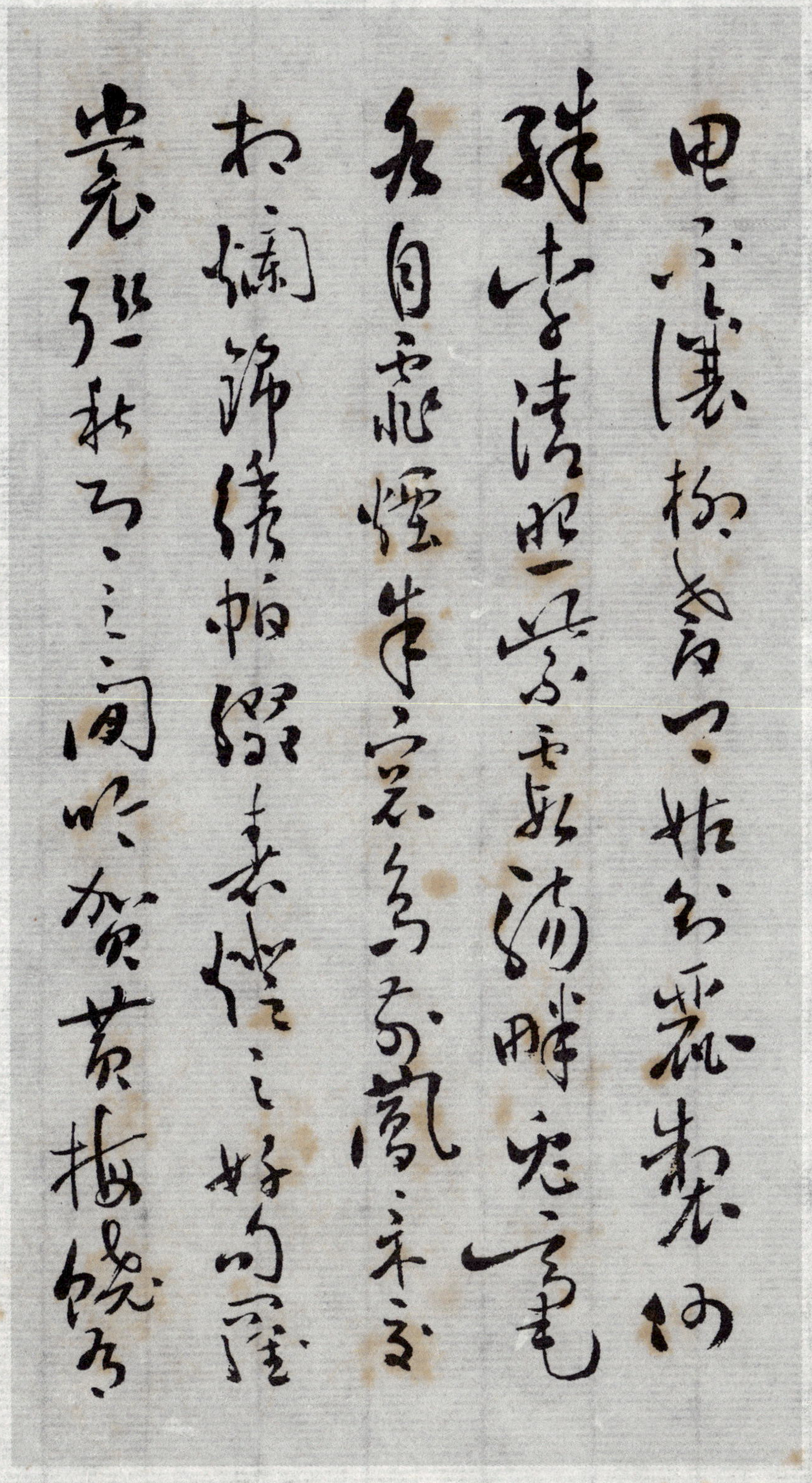

柔情，姜白石殊多逸致。搓酥滴粉，飛來淡碧之箋；殘月曉風，唱去小紅之曲，馬子醉餘耳熱，興到髯張。泉湧雲飛，音殊激楚；雷轅電劃，氣甚沈

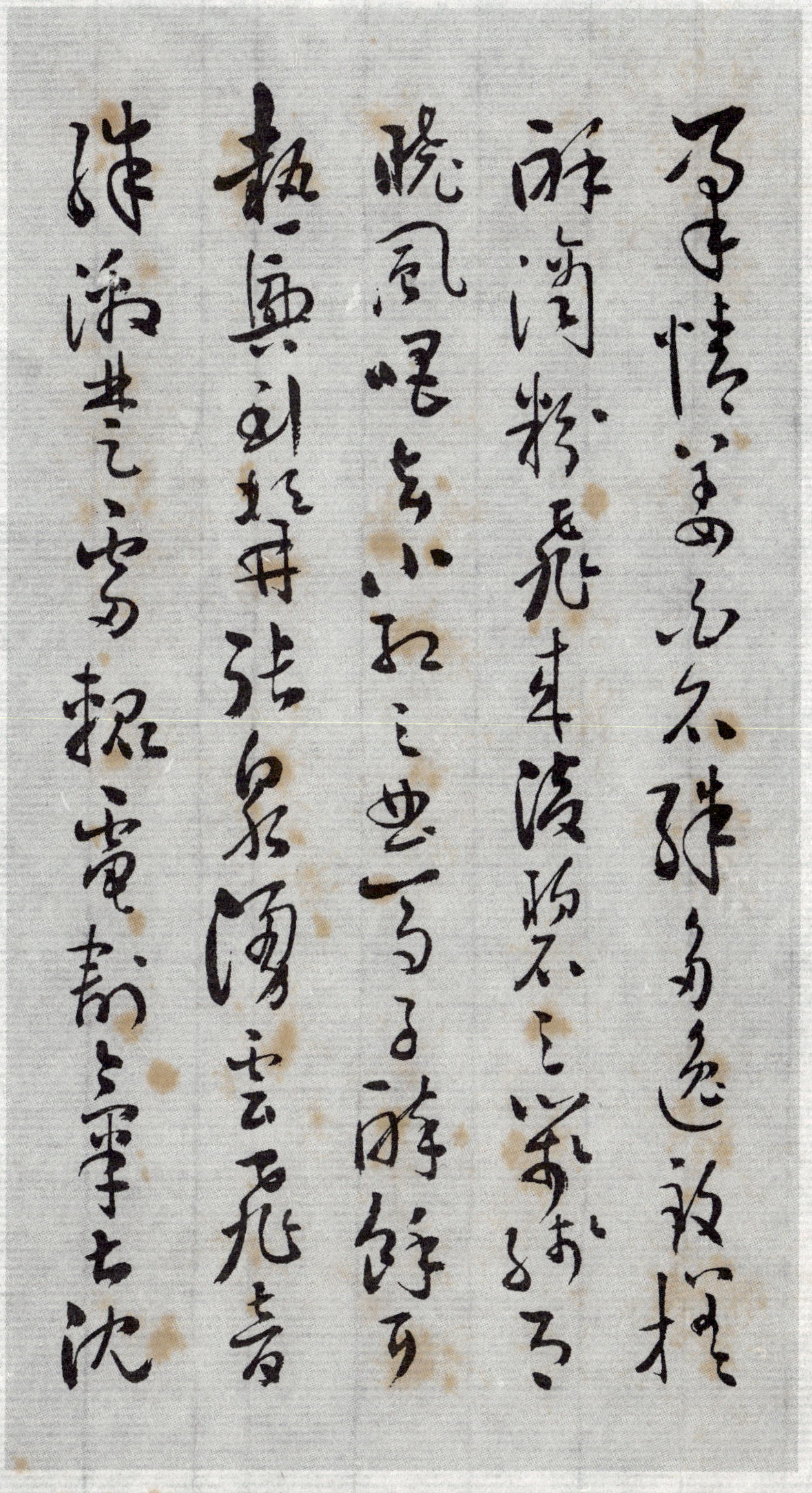

雄。競病獨諧，曹景宗偏工險韵；汪洋自喜，辛棄疾別著豪聲。斯時也，香氣襲衣，宛入眾香國裏；玉顏照座，恍游群玉山頭。燕燕鶯鶯，旋斟旋唱，花花

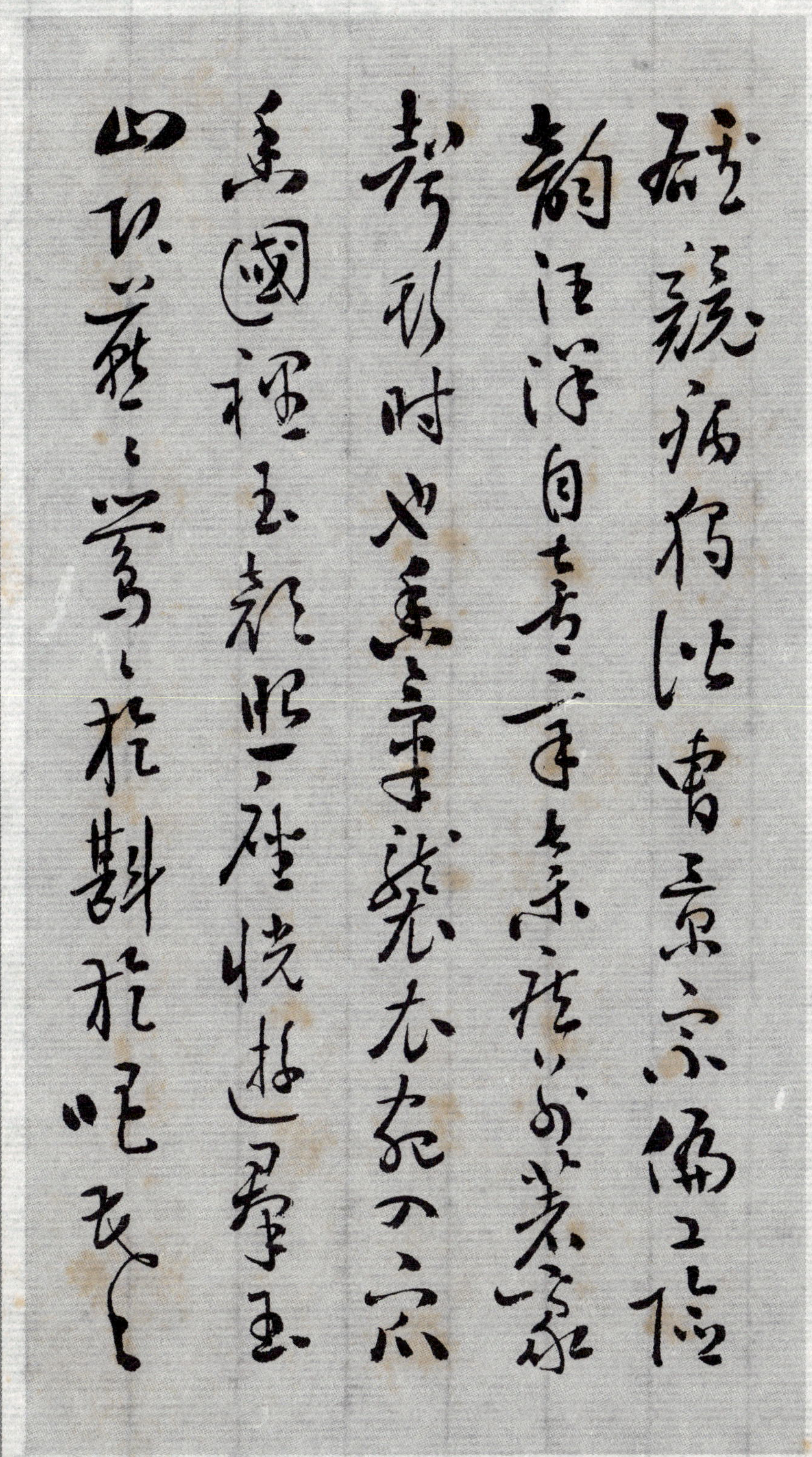

葉葉，相對相當。酒泛春醪，隨飲而不苛飲令；筆垂秋露，按歌而却合歌條。及乎更盡蝦蟆，舞停鸜鵒。滴殘虬箭，杯盤狼籍之時；燒短鳳膏，闌塞

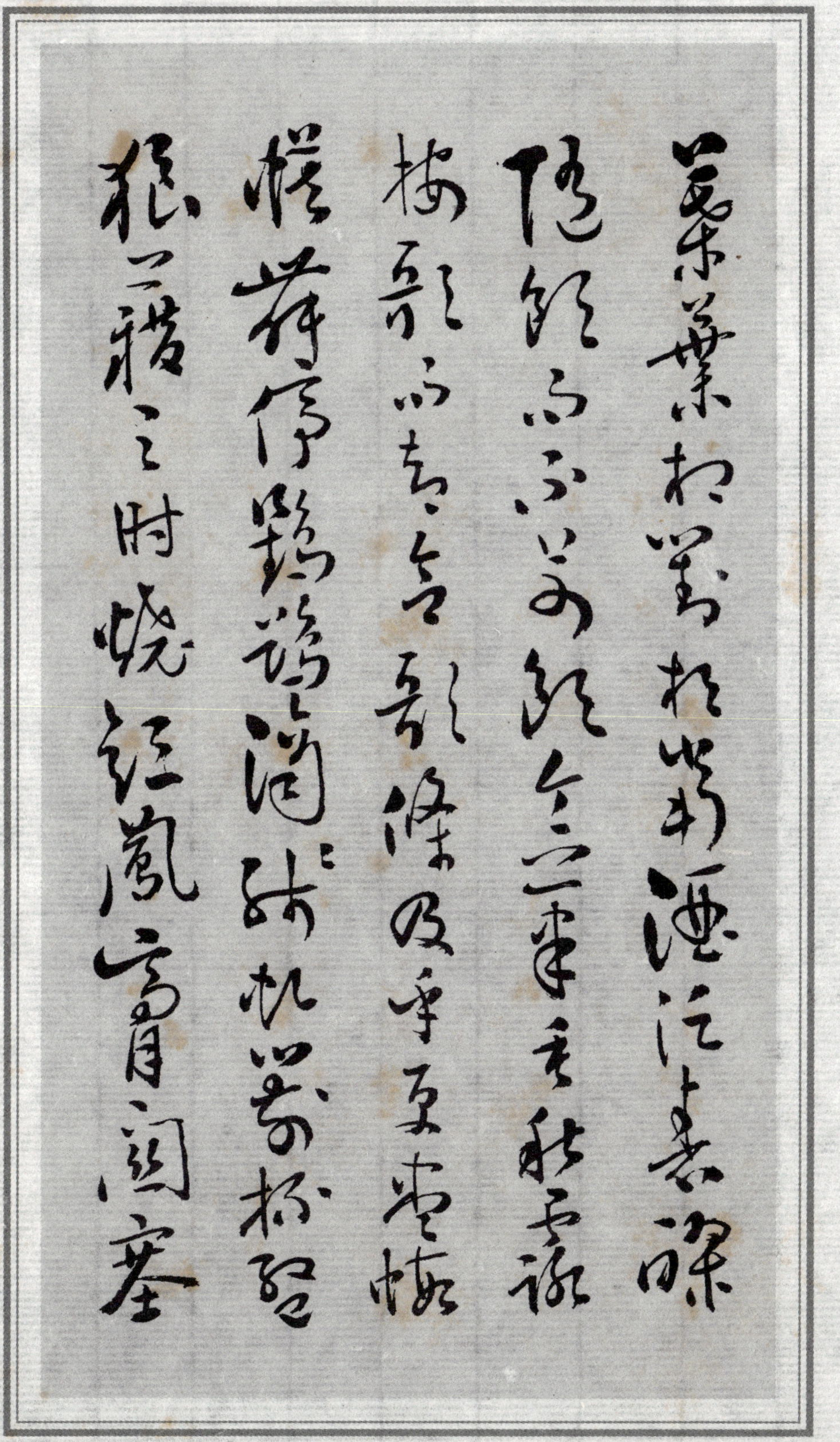

鷄鳴之候。華筵必散，爰知投轄之徒勞；佳客難留，任是絶裾而莫挽。唯是馬子之與生也，誼則合於通家，情復關乎一體。獨恐數奇李廣，未

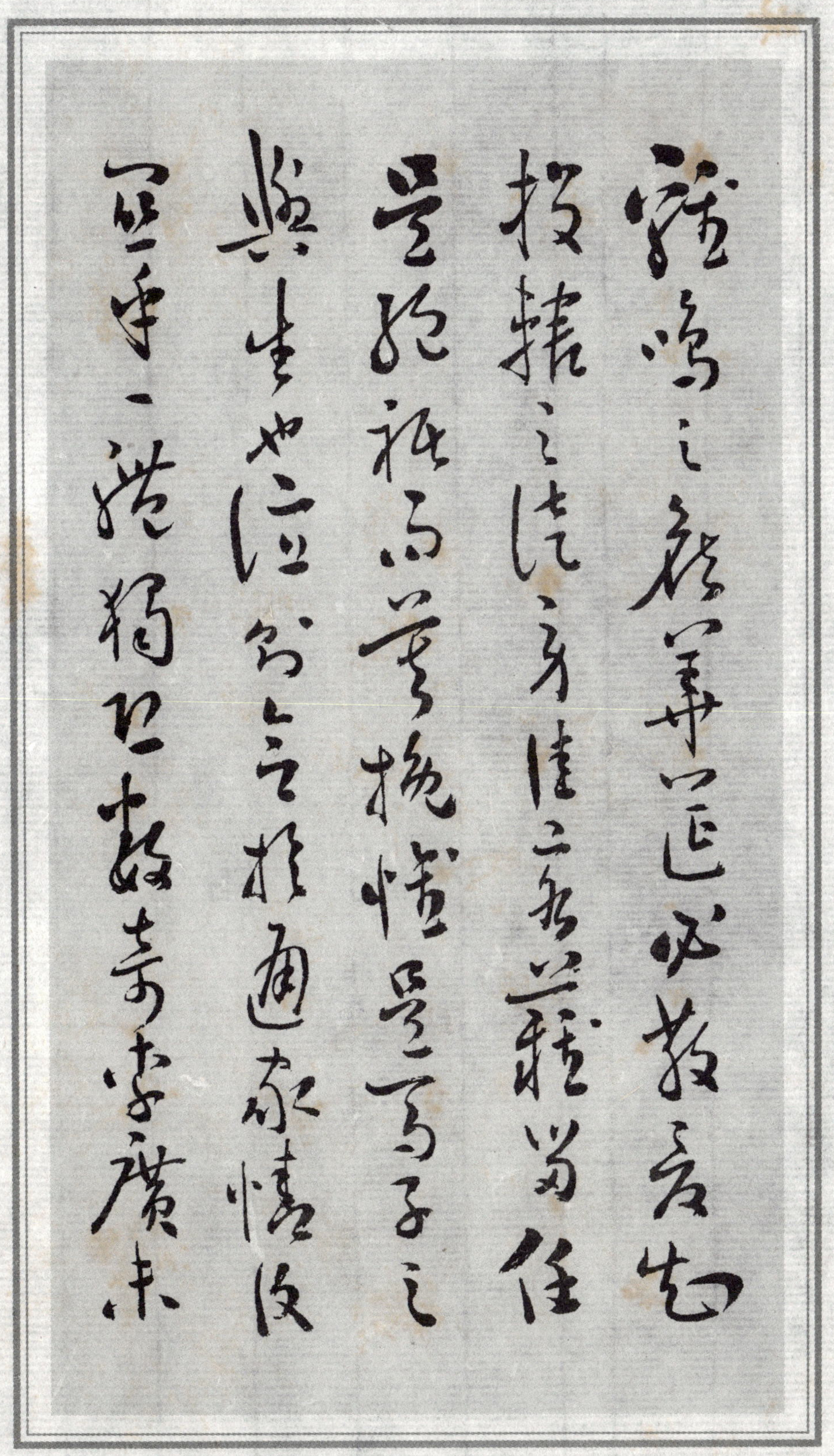

許通侯；還虞才厄禰衡，漫勞題賦。勸其退舍，出門未必有功；請即下帷，開卷決非無益。而况家中溫飽，何至依人；世上苦辛，莫如作客。巨鱗失水，定遭

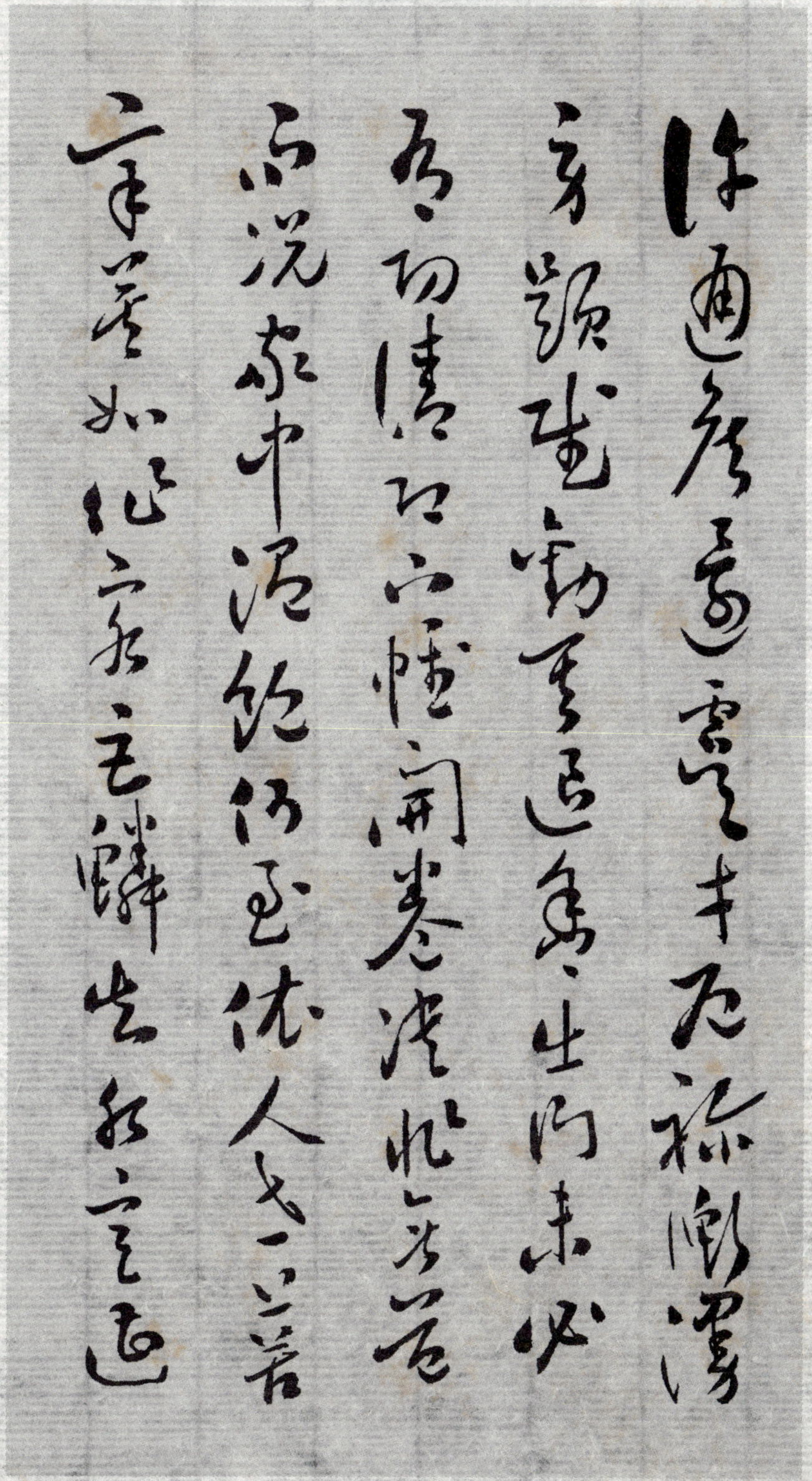

螻蟻相欺；蚓翮隕風，反被鶯鳩所笑。毋當失足，方悔噬臍。豈知告者情殷，行者志決。雖進萬言而何益，欲留一日而不能。於是，按轡并行，携樽遠送。兩人

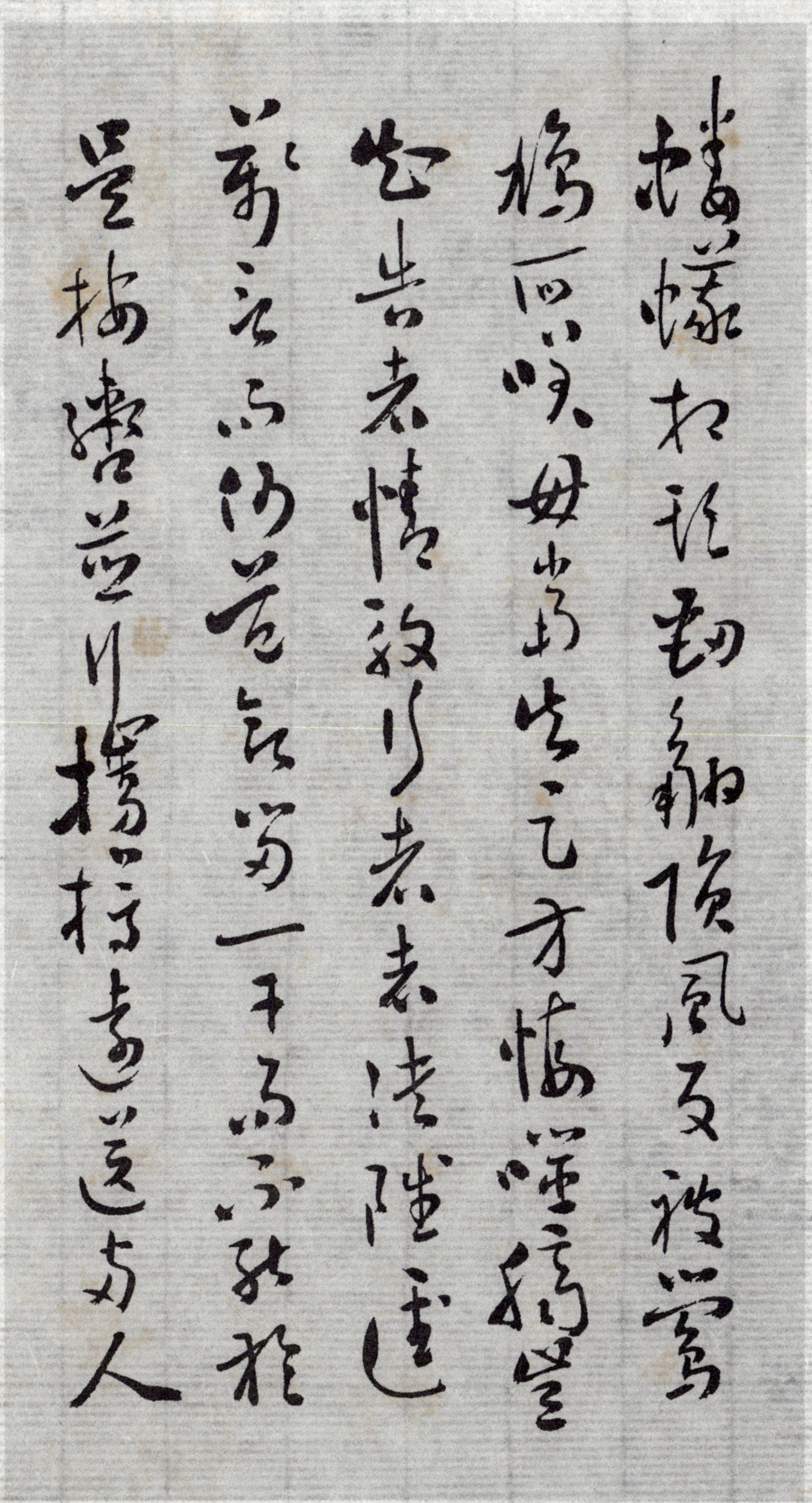

灑淚，渾忘路近路遥；千古傷心，都在亭長亭短。纔當歡會便分手，不是愁人也愁腸。傾餞酒而淳淳，唯有前言贈子；攬征衣而戀戀，更無他計留君。傷哉，

水帶離聲，山牽別緒。凝眸灞岸，何年逢驛使之梅；握手河梁，此日折臺城之柳。鷄聲乍唱，輪隨曉月以行；烏影初圓，鞭逐晨風而去矣。要之，馬子

之竭力挽留，苦心勸阻，豈不知丈夫之志，壯托桑蓬；而顧使男子之身，老死户牖耶。良以事不深謀，禍將旋踵；人無遠慮，灾必逮身。今實生牽小婦而居

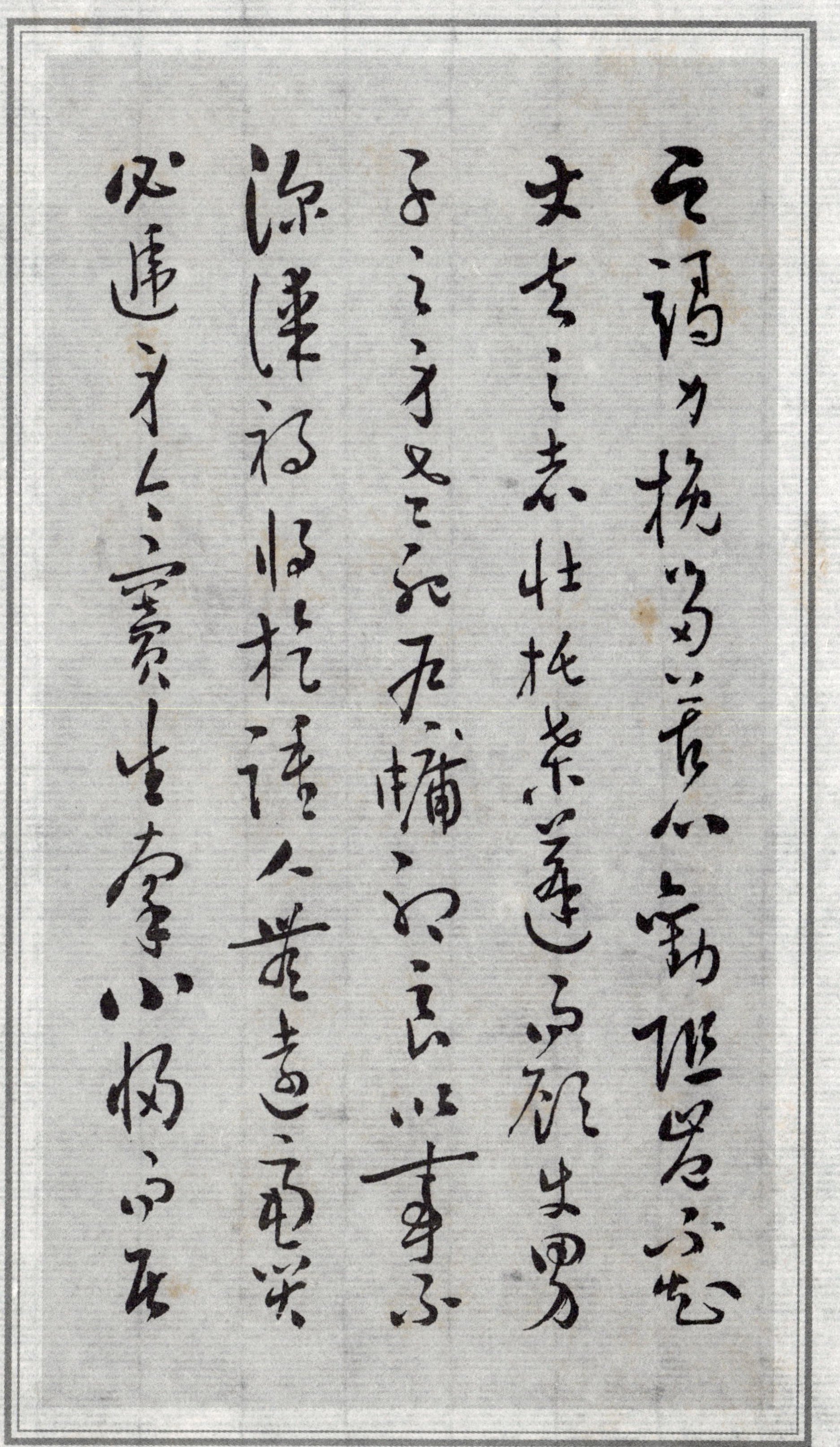

大婦之家，率舊人而入新人之室。無論拖雲帶雨，一時未便輕投；即令簇錦團花，兩美豈能驟合。常疑好事皆虛事，未必他心似我心。行將妒起入宫，剥

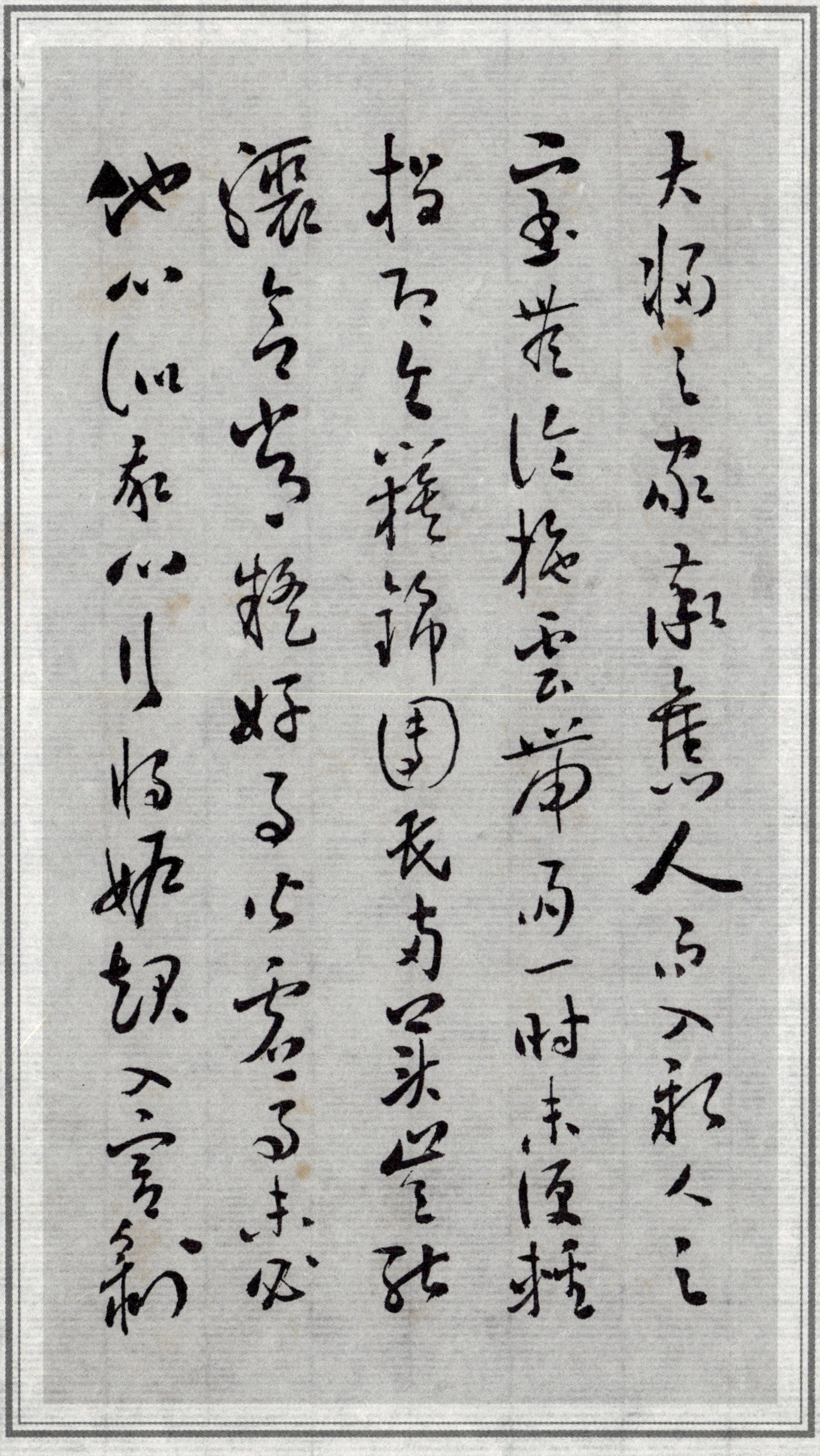

床可畏；抑且門興同室，脱輻何疑。馬子特以事係婚姻，詎可盡宣底蘊；人關閨闥，不宜顯露端倪。而語不支離，便同佛口；言無甘苦，悉見

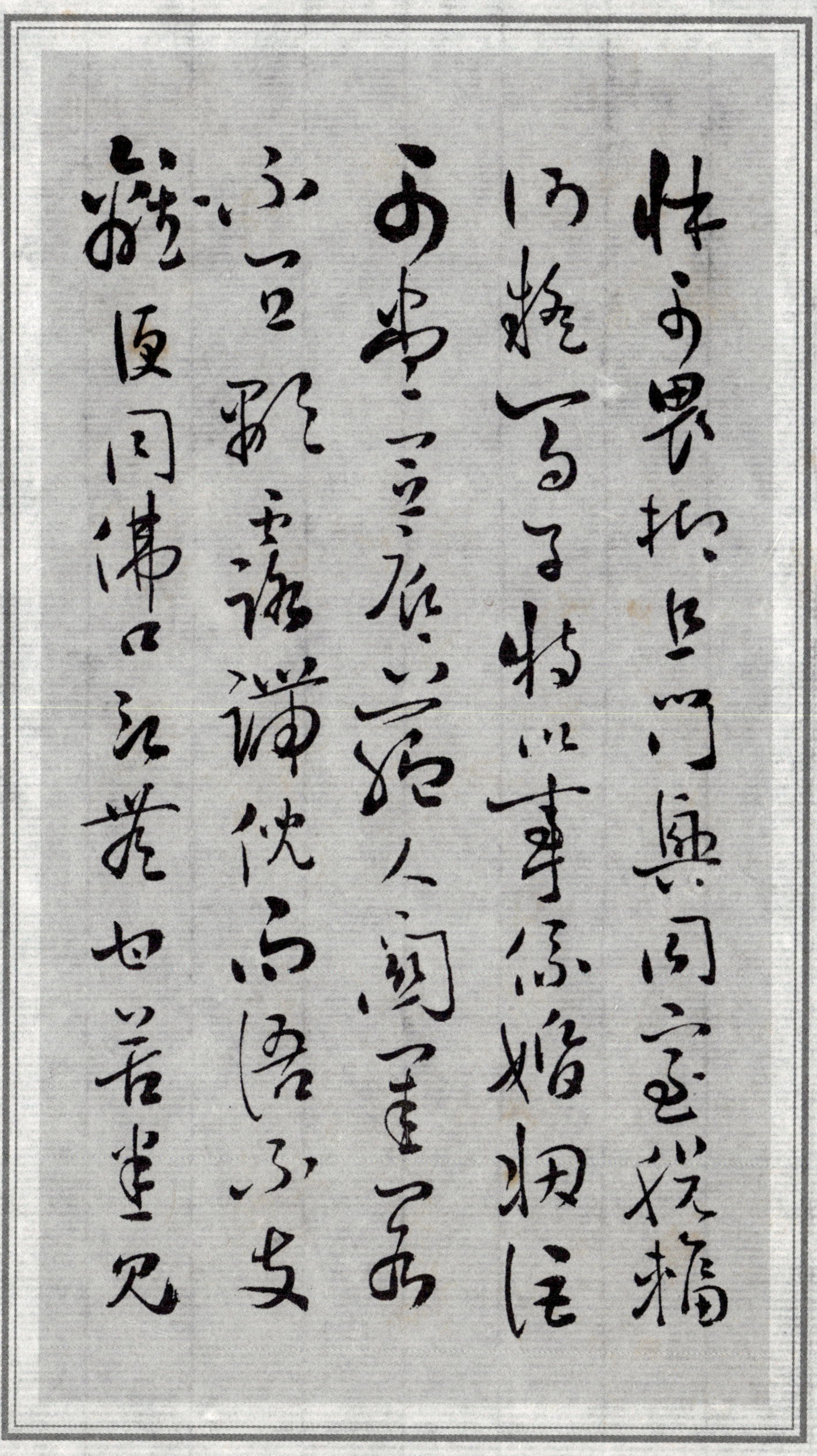

婆心。嗟乎，遠隨老馬之蹄，應知迷路；堅持羝羊之角，庶免觸藩。其如癖性莫回，空言何補。情既難於坐視，甯易於立談。意在個中，不

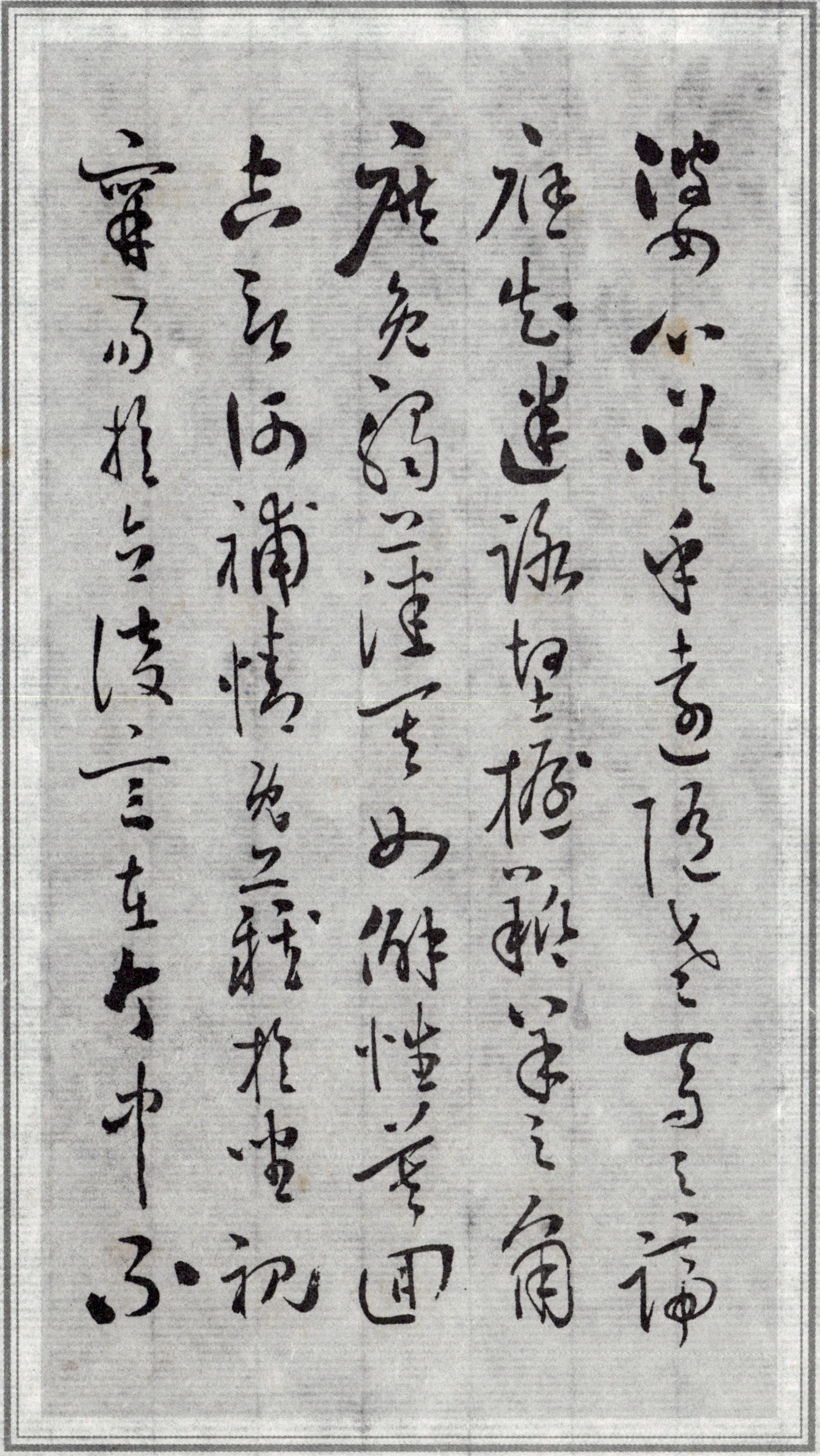

作同床之夢；音存弦外，何煩別調之彈。此識時者呼爲俊傑，知機者稱其神明也。乃有字昧魯魚，物迷璞鼠。面上塵蒙三斗，俗不堪醫；

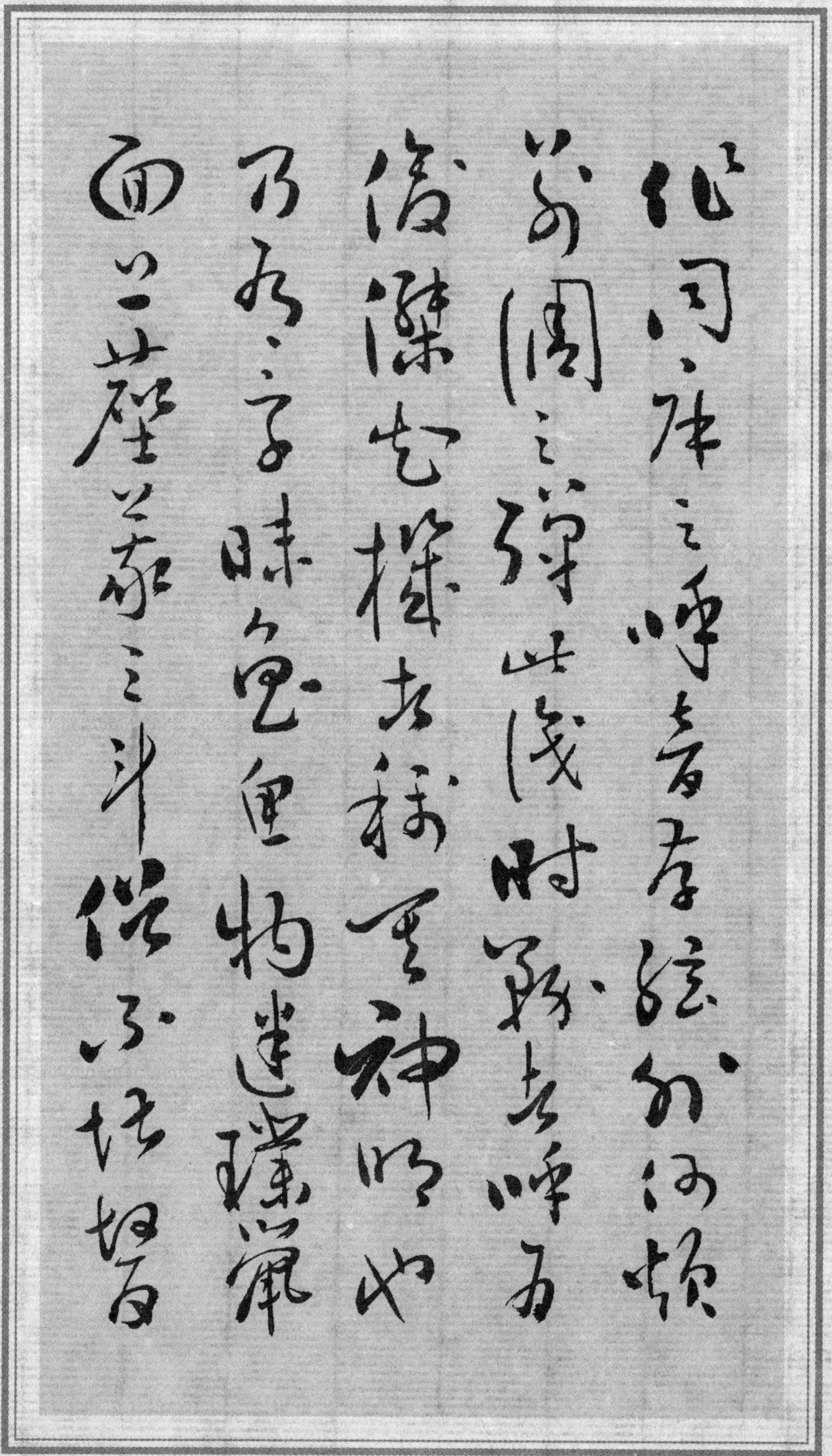

胸中茅塞一團，牢無可破。乃且劇談千古，武斷一鄉。嘖有煩言，强爲解事；卑無高論，妄作通人。輒謂馬子，問此姻緣，議其有干天理；

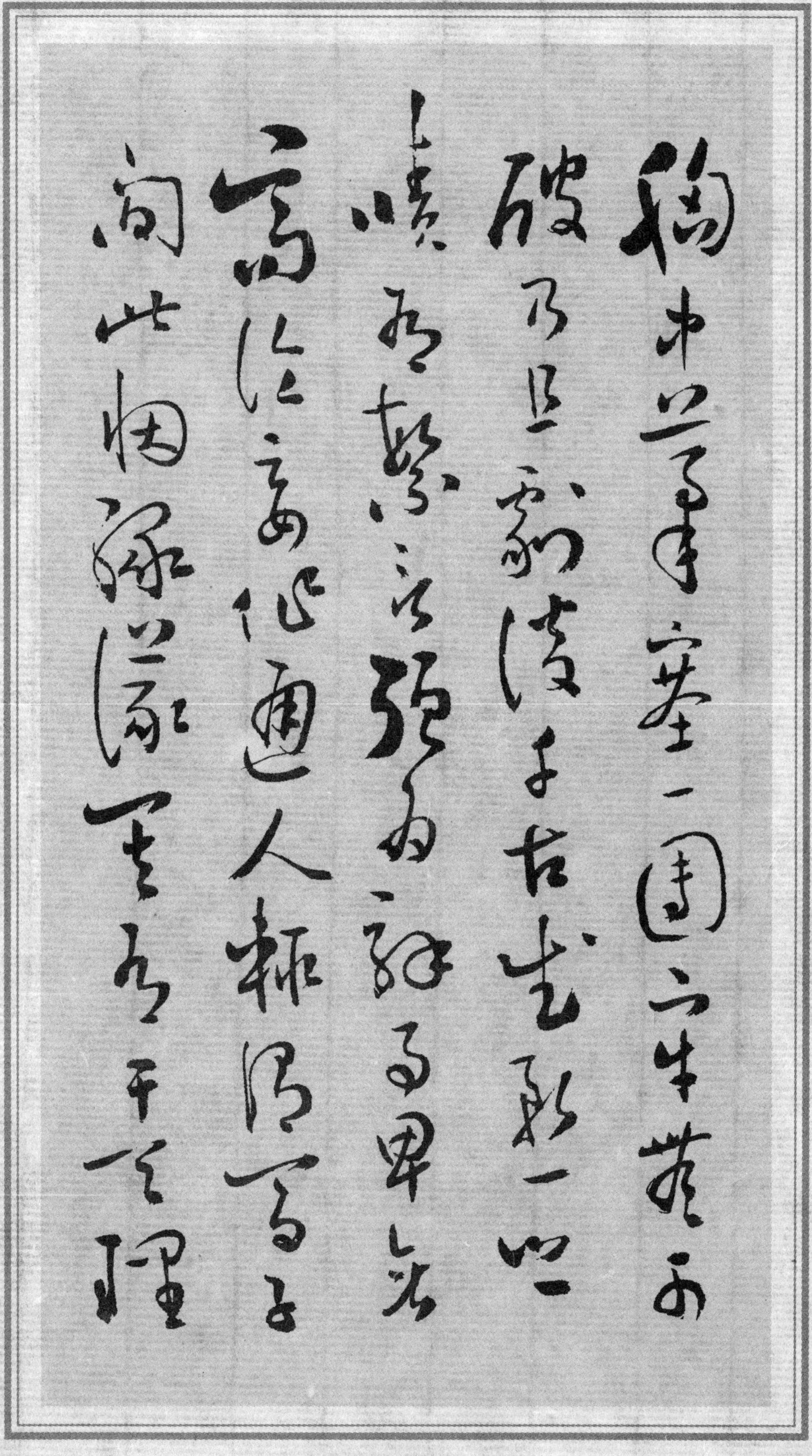

阻茲完聚，詆爲不近人情。噫嘻，下里浮談，識同籬鷃；庸流𪕋見，局等井蛙。人固不足重輕，言亦無關得失。此皮相之士耳，能心知其意乎。竇生自離友

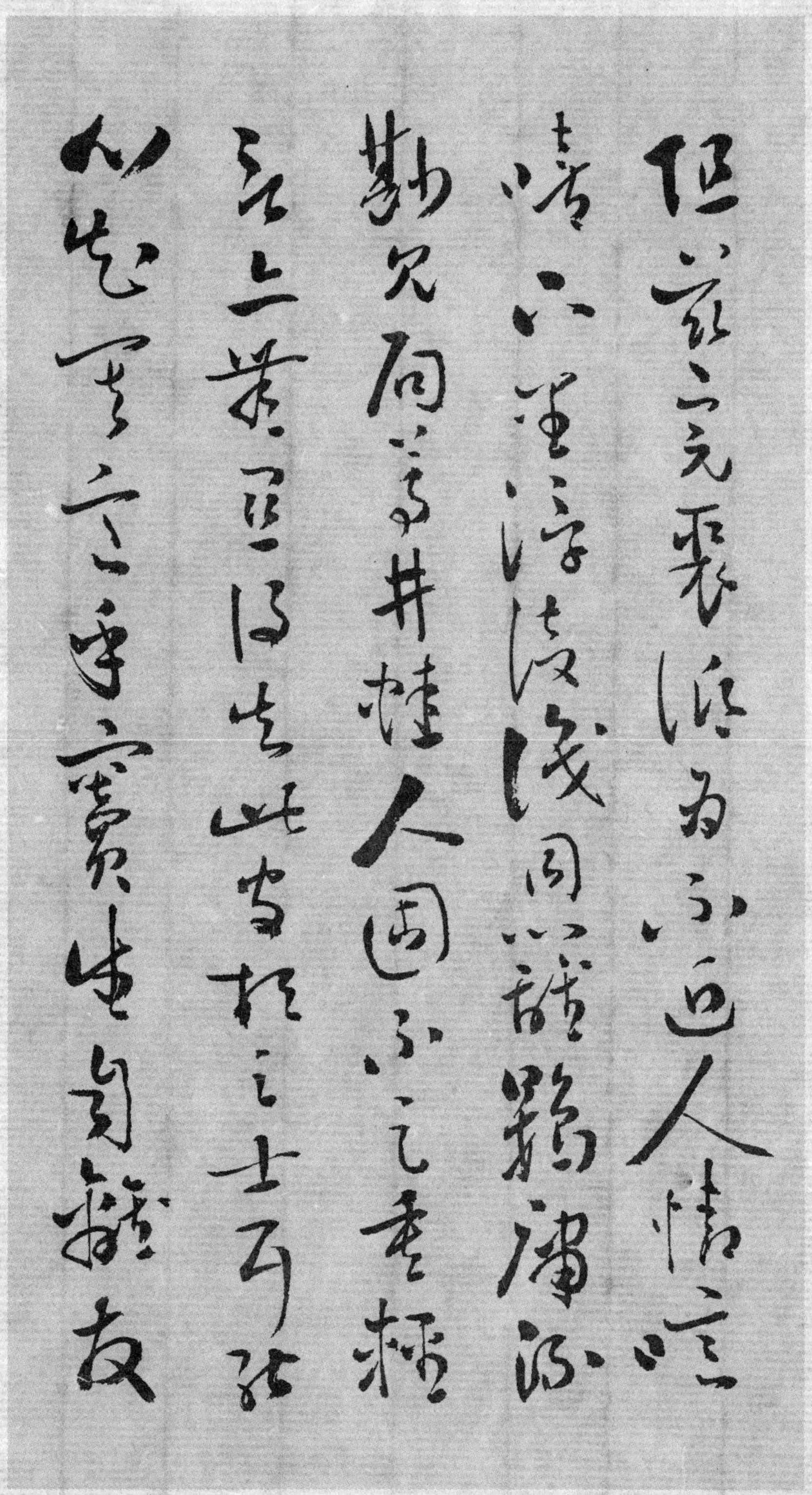

室，即往妻家。勢如渴驥奔泉，狀若飛蛾赴火。豈是少年喜事，漫不經心；亦非壯歲好游，絕無成算。明曉蛾眉必嫉，無如玉錦之難分；原知虎

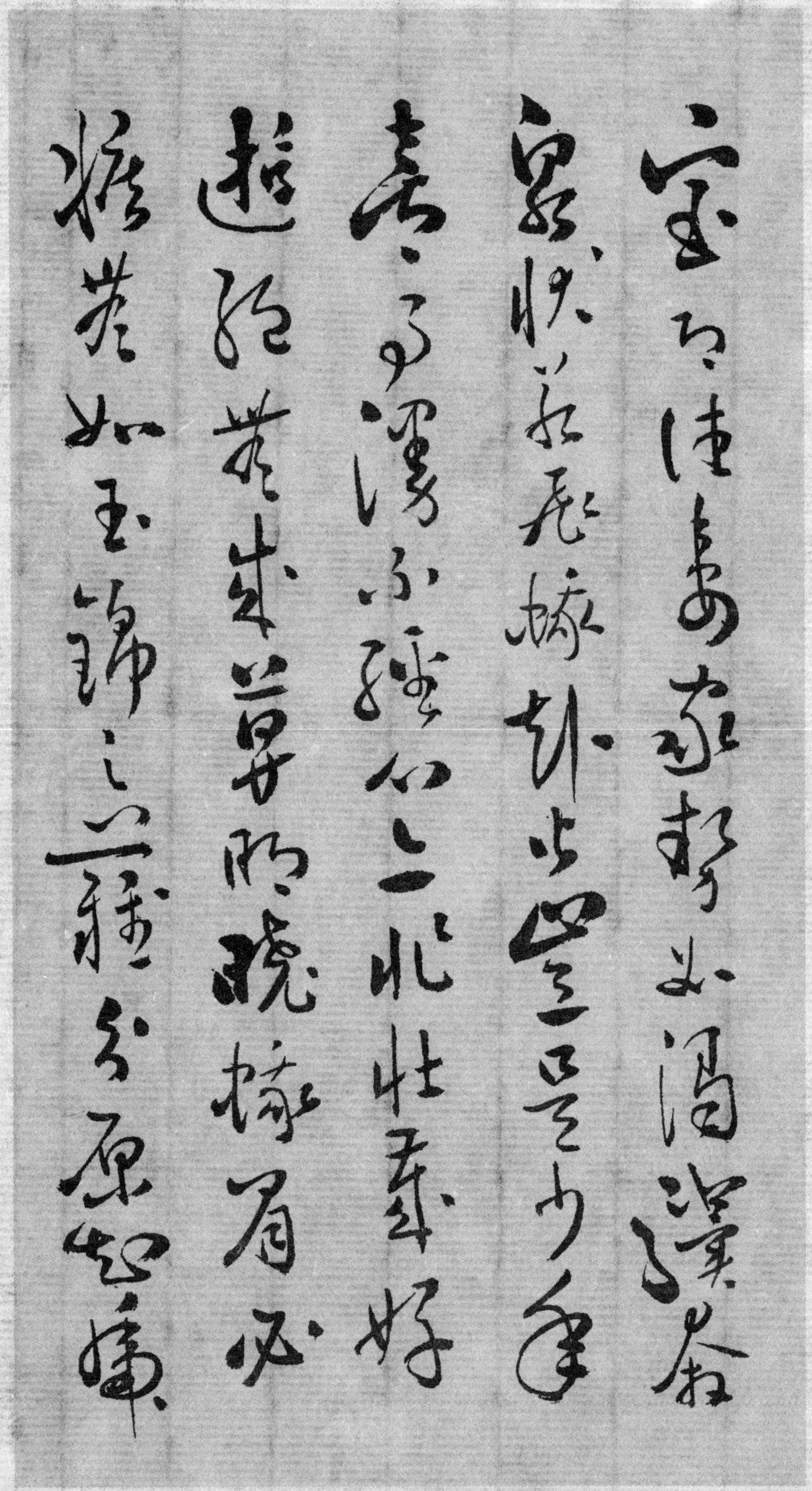

口莫投，可奈金牌之屢召。爾乃遠挈青蛾，同登紫陌。兼程以進，并日而行。泛南泠，驅西曲；出北固，入東阿。金勒飛騰，冠蓋重瞻王謝第；綵綸

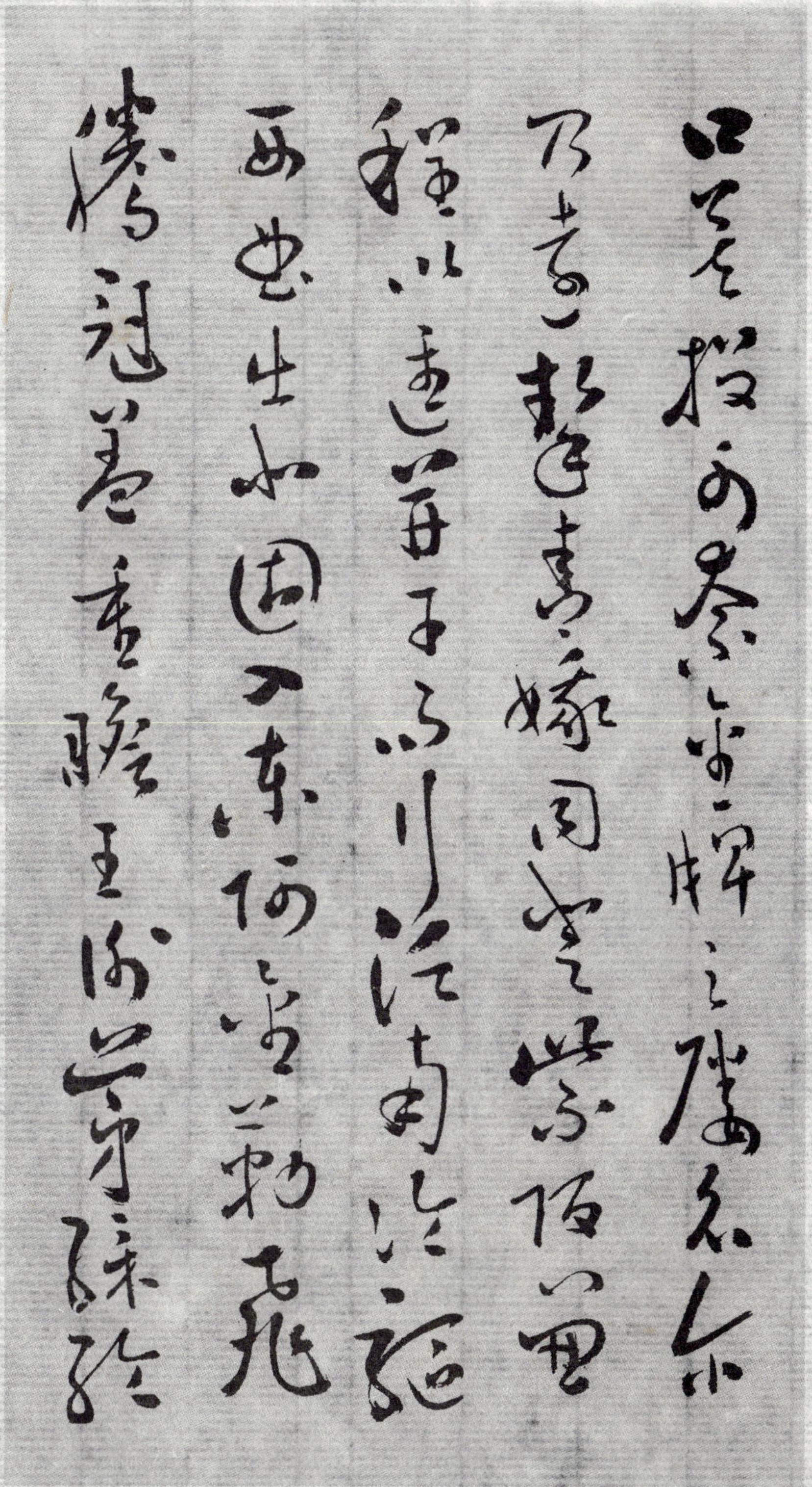

馳逐，鼎鐘復仰賣田門。一刺入投，群奴出迓。何來遠客，乃南國之才人；甚處嘉賓，即東床之快婿。其在妻父，方欣華厦落成，舊壘仍來舊燕；

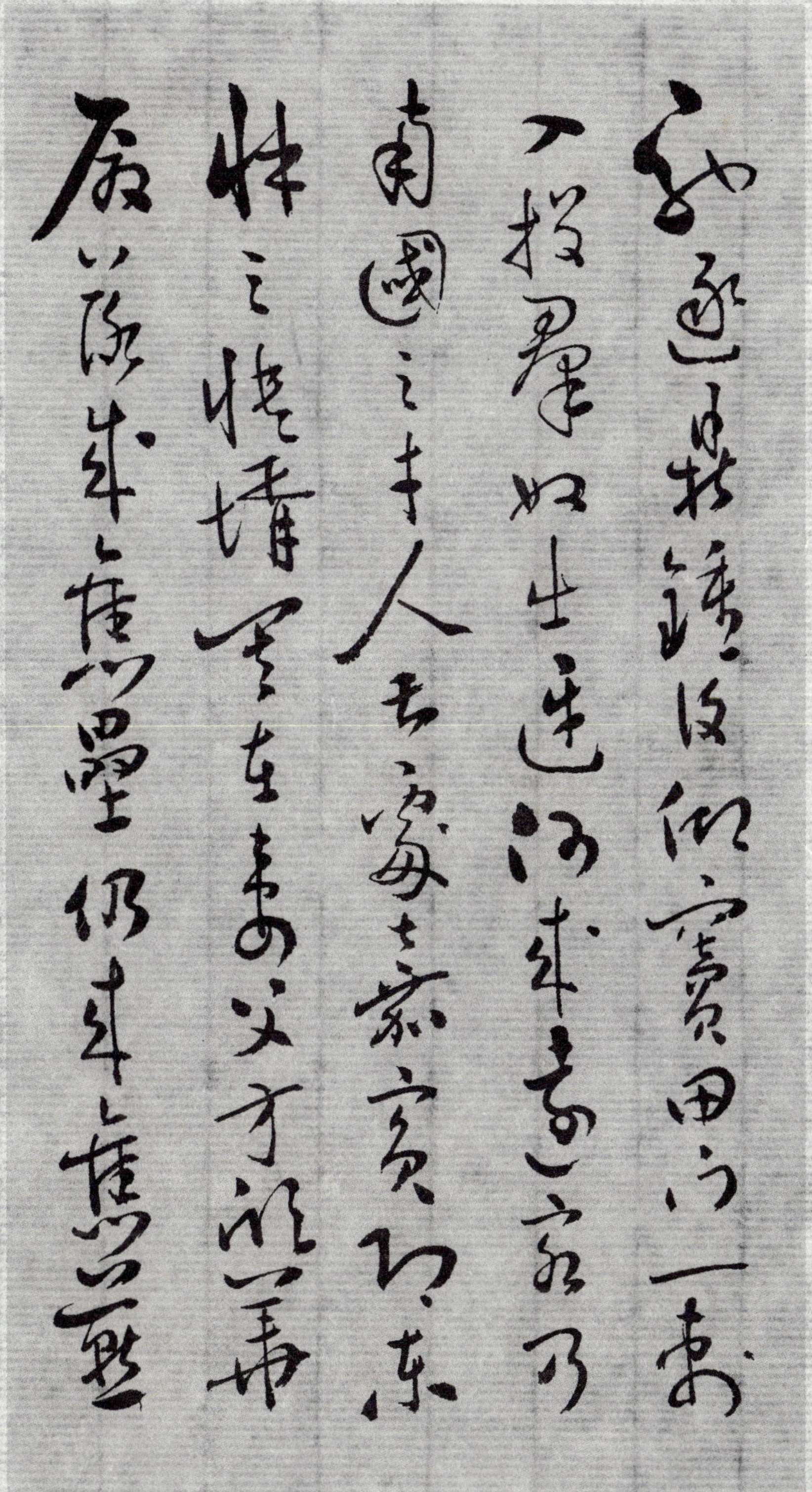

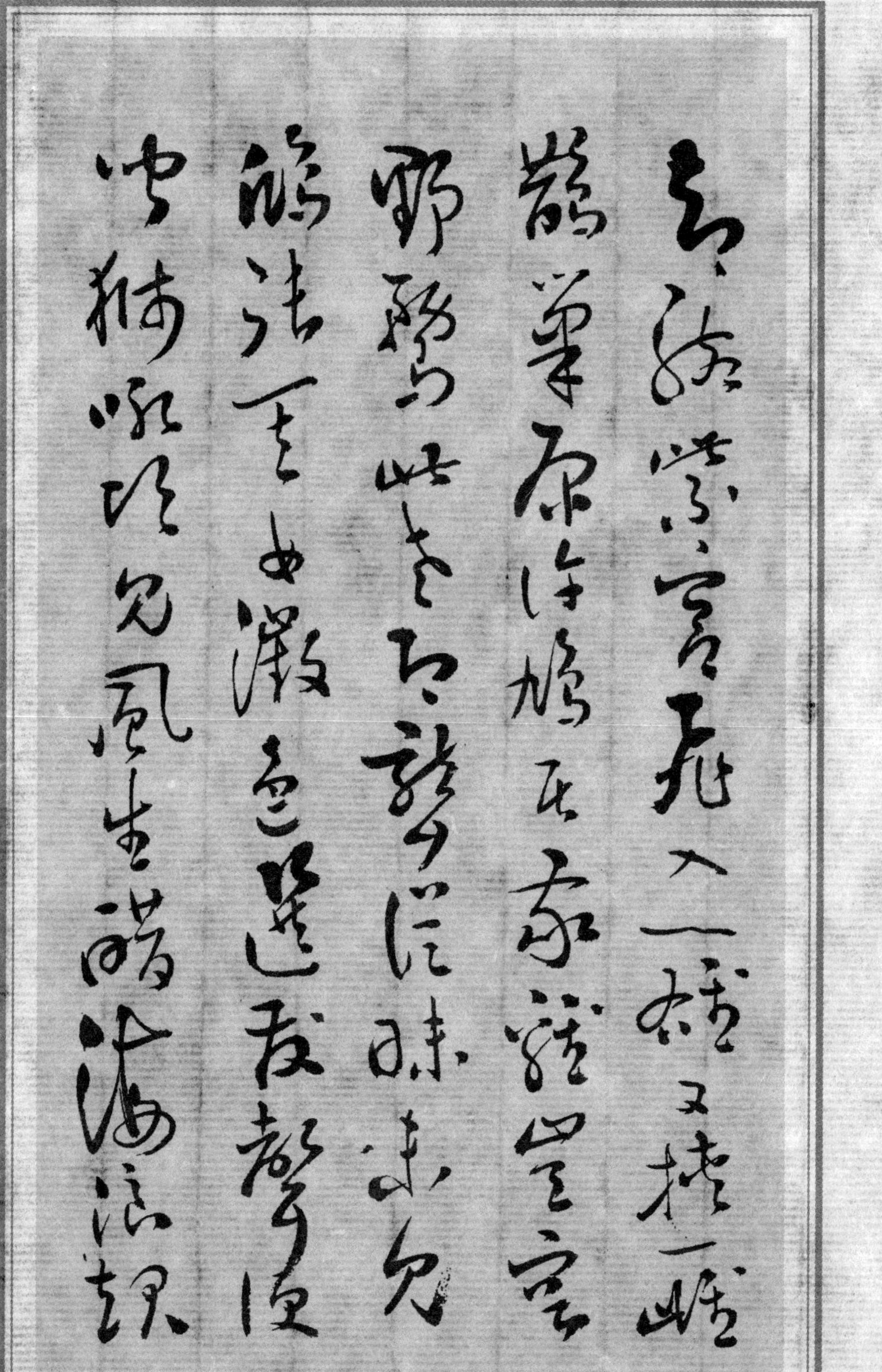

却駭紫宫飛入，一雄又挾一雌。鵲巢原許鳩居，家鷄豈容野鶩。此老即聾從昧，未見鴟張；其女徽色（選）發聲，便聞獅吼。頃見風生醋海，浪起

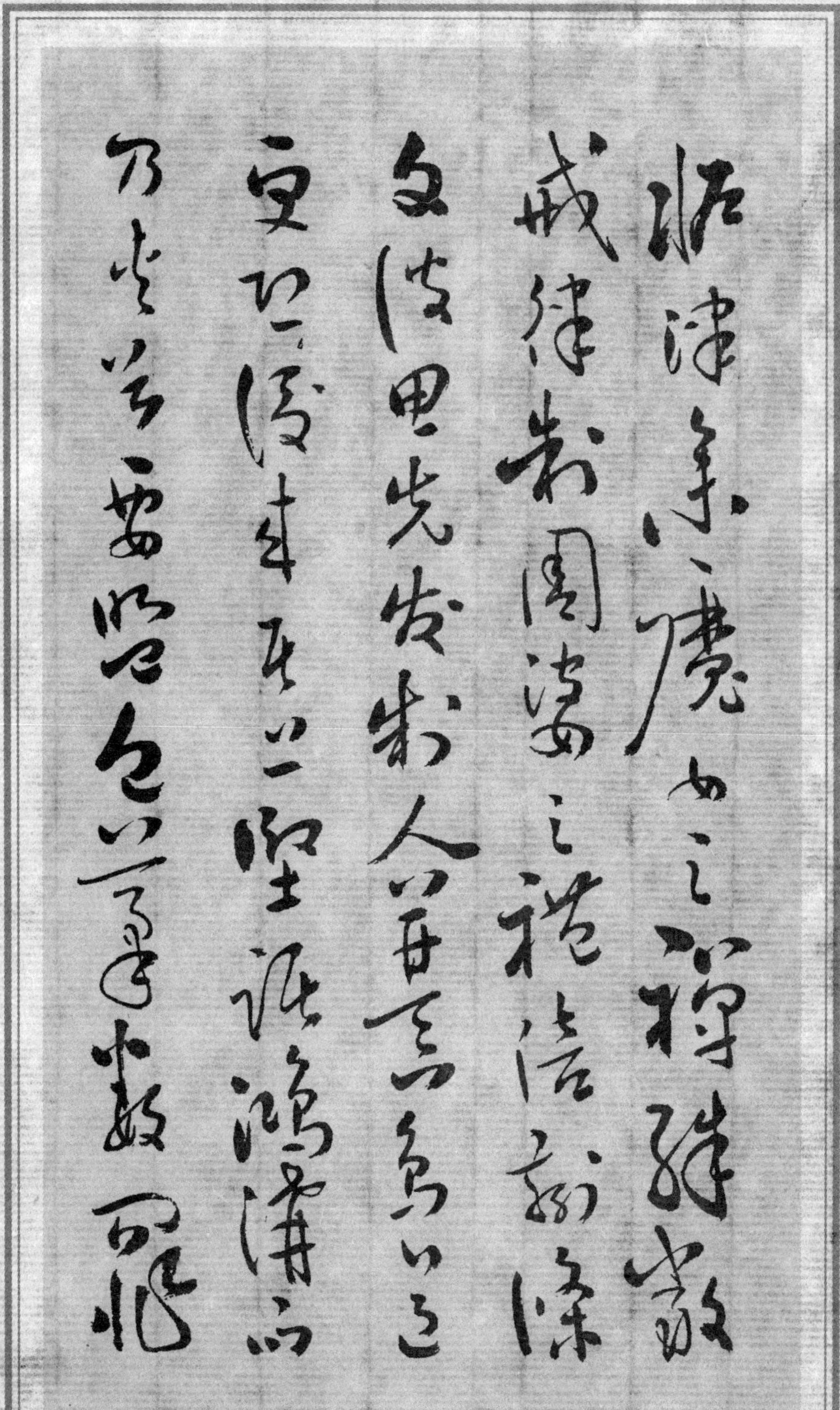

妬津。參魔女之禪，殊嚴戒律；制周婆之禮，倍刻條文。彼思先發制人，并吞鳥道；更恐後來居上，堅踞鴻溝。而乃夾谷要盟，包茅數罪。

誰家竈婢，輒作鵶奔；何物鰥生，漫爲鵲突。膝如不屈，閨中自有常刑；耳必言提，閫內引爲舊例。嗚呼，胭脂虎成負隅之勢，風嘯林嗥；猪

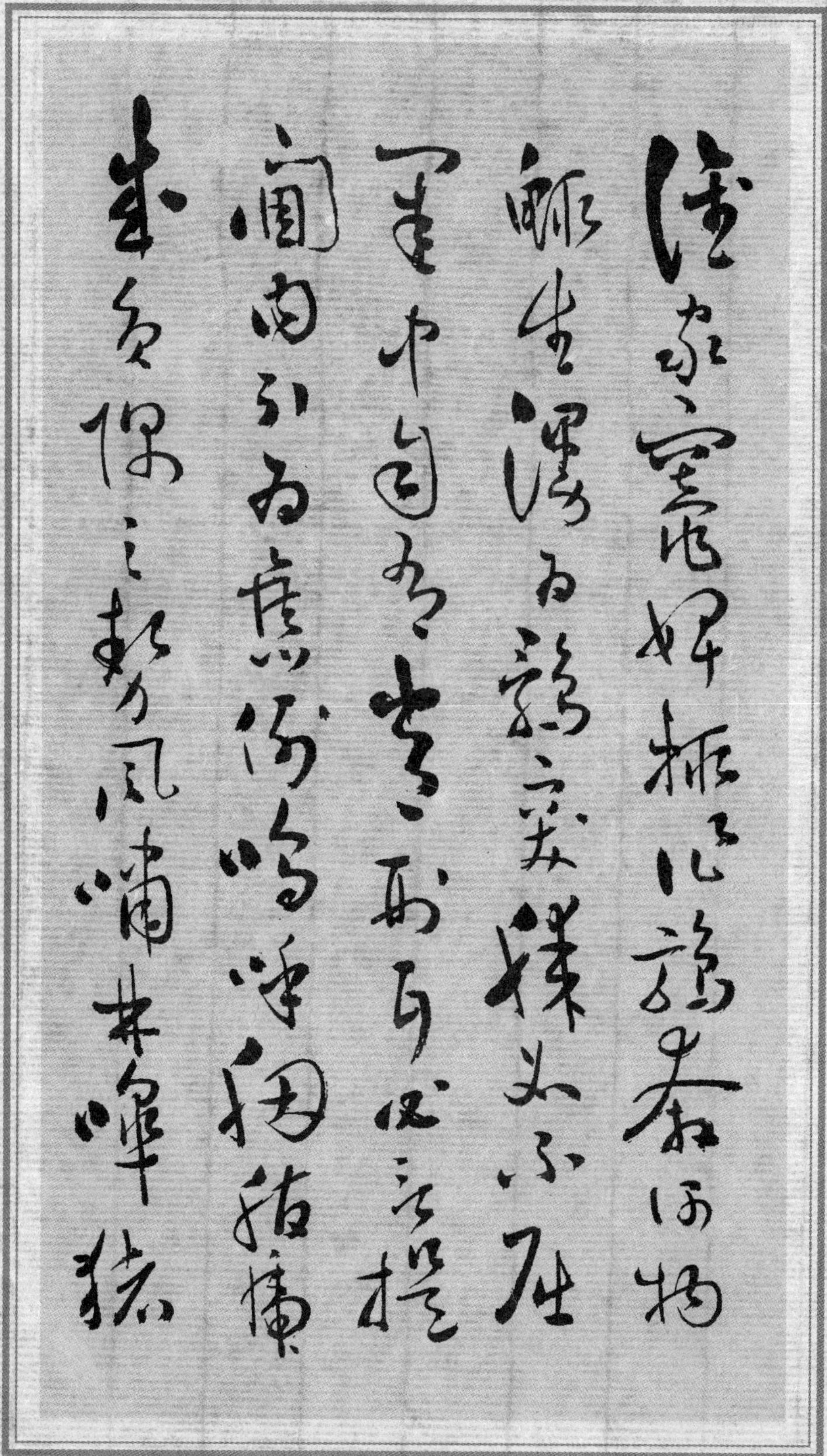

婆龍發超海之威，天昏地暗。杖揮落手，似火燎身；棒喝當頭，如雷灌耳。擲去雙龍明鏡，碎若椎環；揉來九鳳寶釵，毀同折罄。生驚捉跗，却成

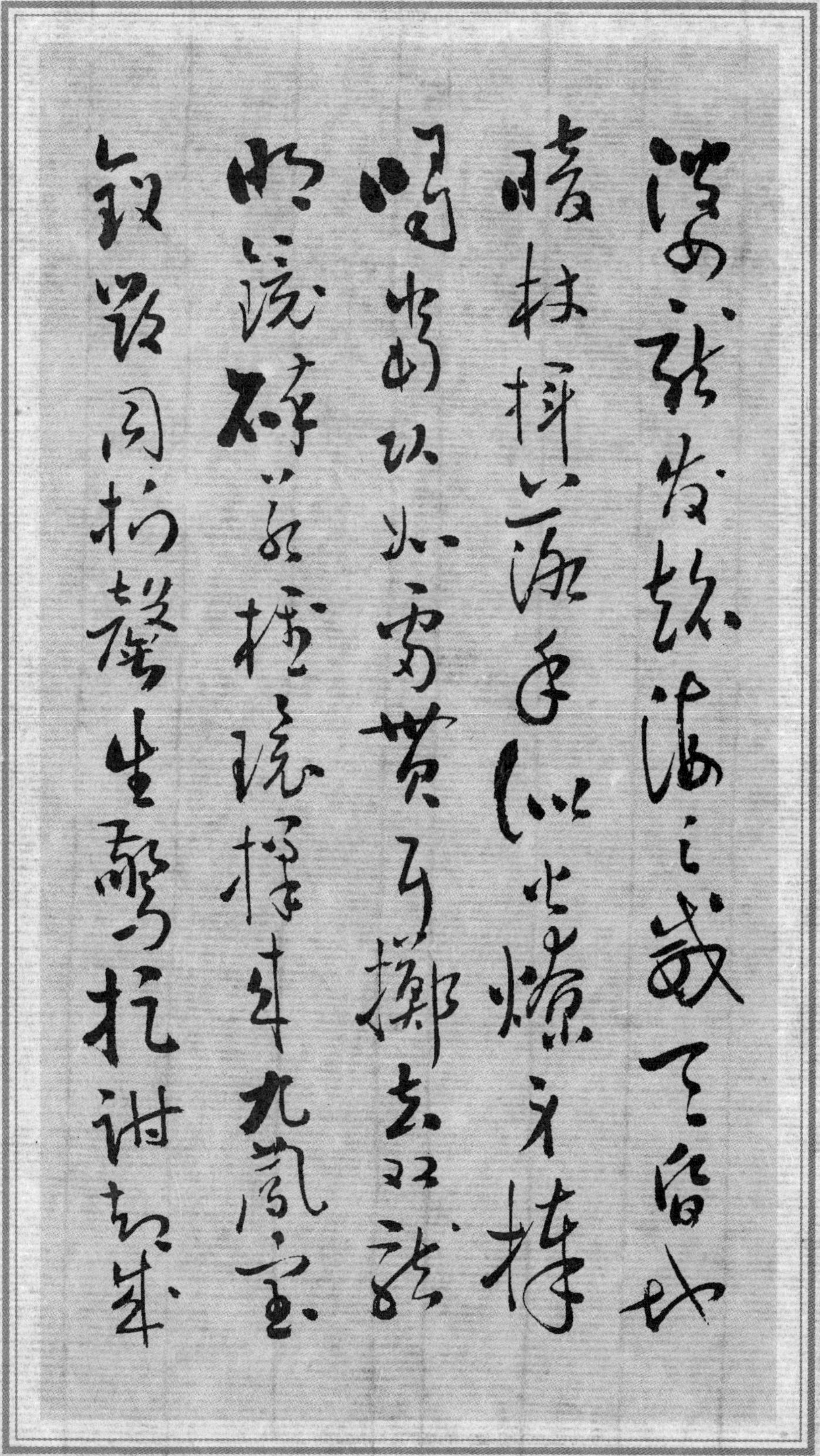

土木偶人；姑恐刻眉，那免奴顏婢膝。遂將姑也，去其明妝，投諸暗室。處積薪之地，即使卧薪；申禁火之條，不容厝火。面常對壁，纖步難移；頭若戴

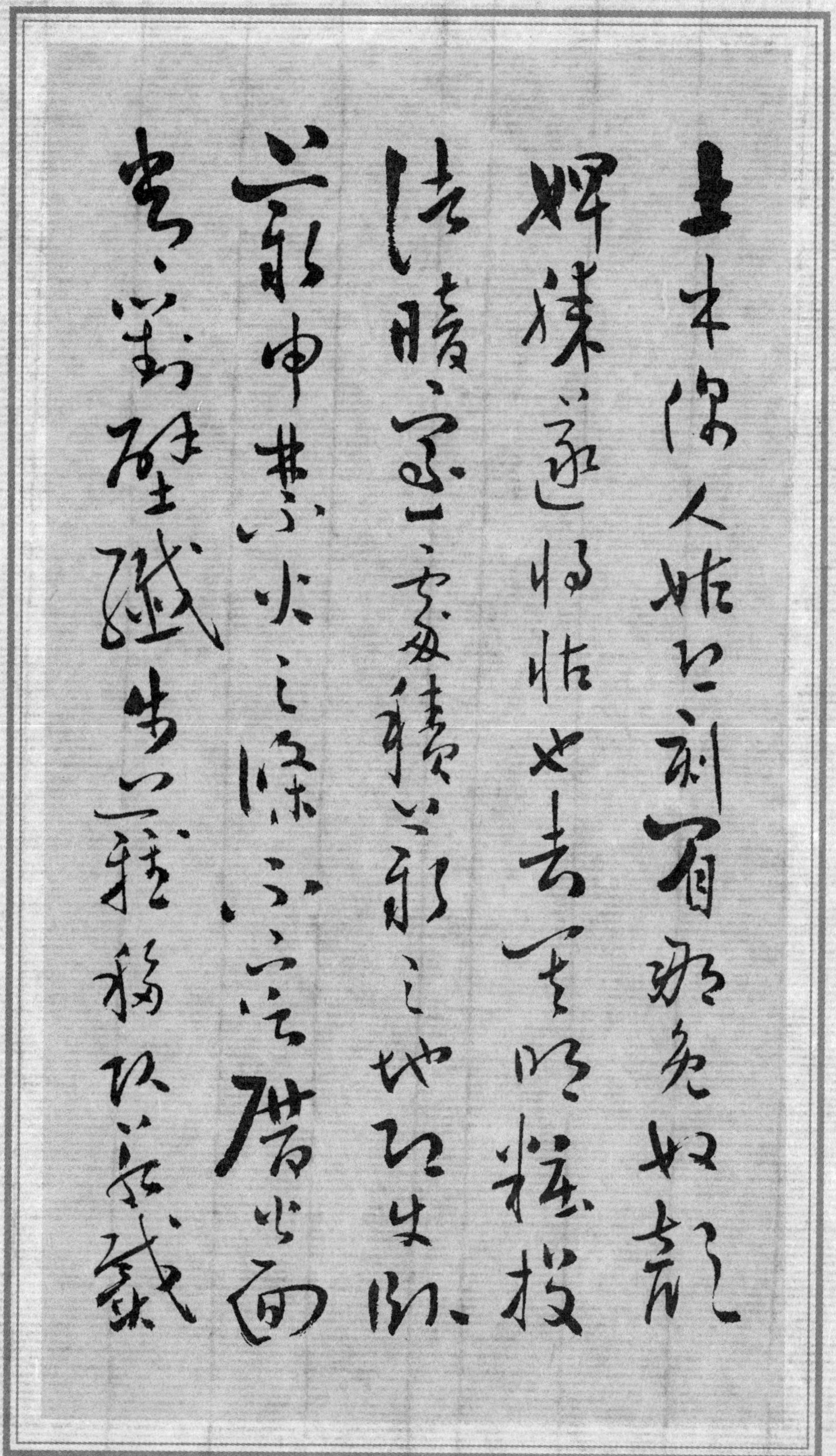

盆，容光莫照。加之豪奴悍婢，密錮嚴稽。鴉度長門，望斷朝陽日影；魚封永巷，聽殘暮院更聲。黑獄沈冤，料無異是；夜臺埋恨，諒不殊斯。傷哉

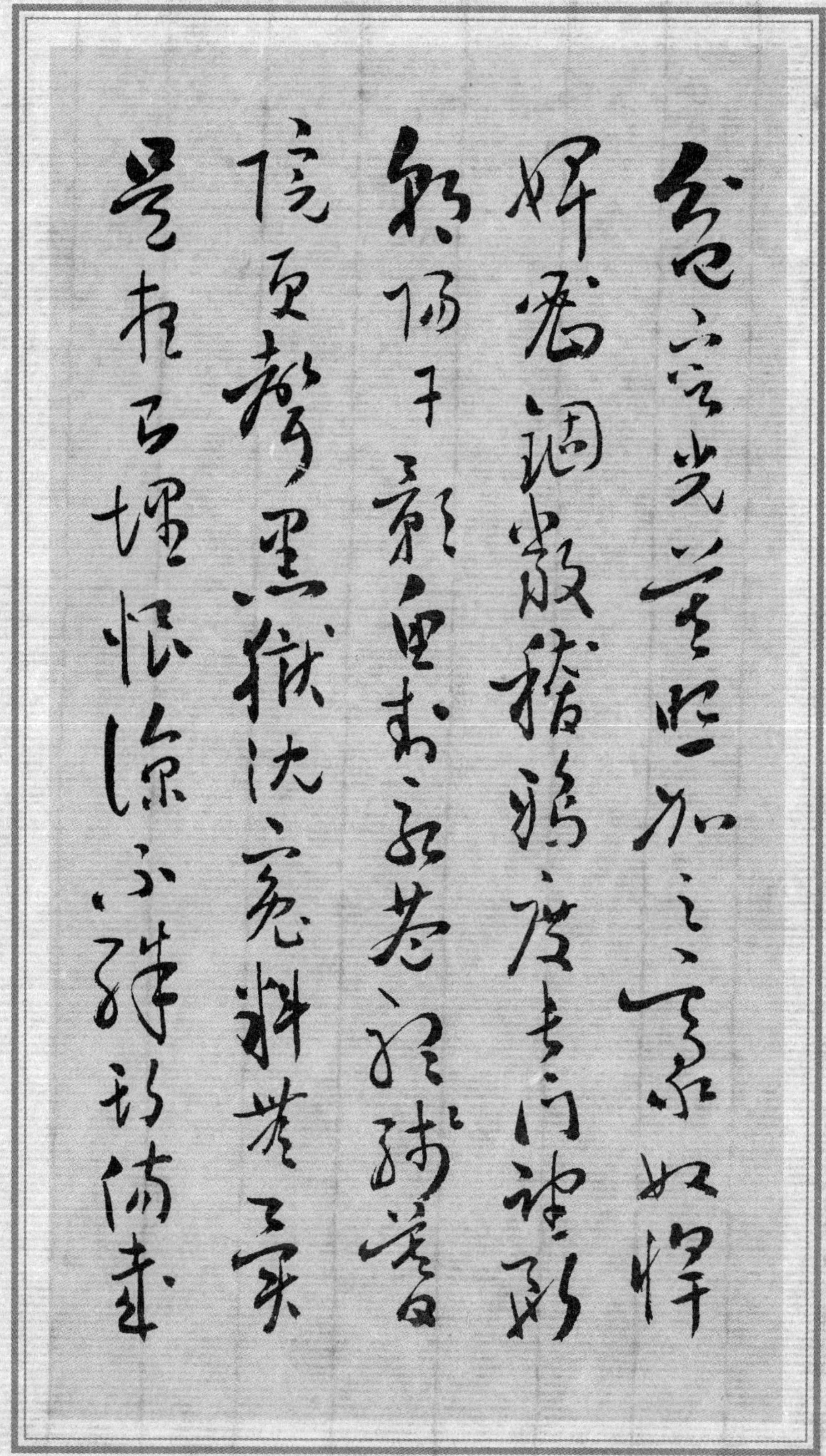

姑也，遭閔既多，受侮不少。叠遭鴆毒，屢欲雉經。而猶宛轉偷生，須臾緩死。祇念仲卿同處，何忍磨笄；還虞奉倩偕亡，未甘挂樹。珠思復貫，

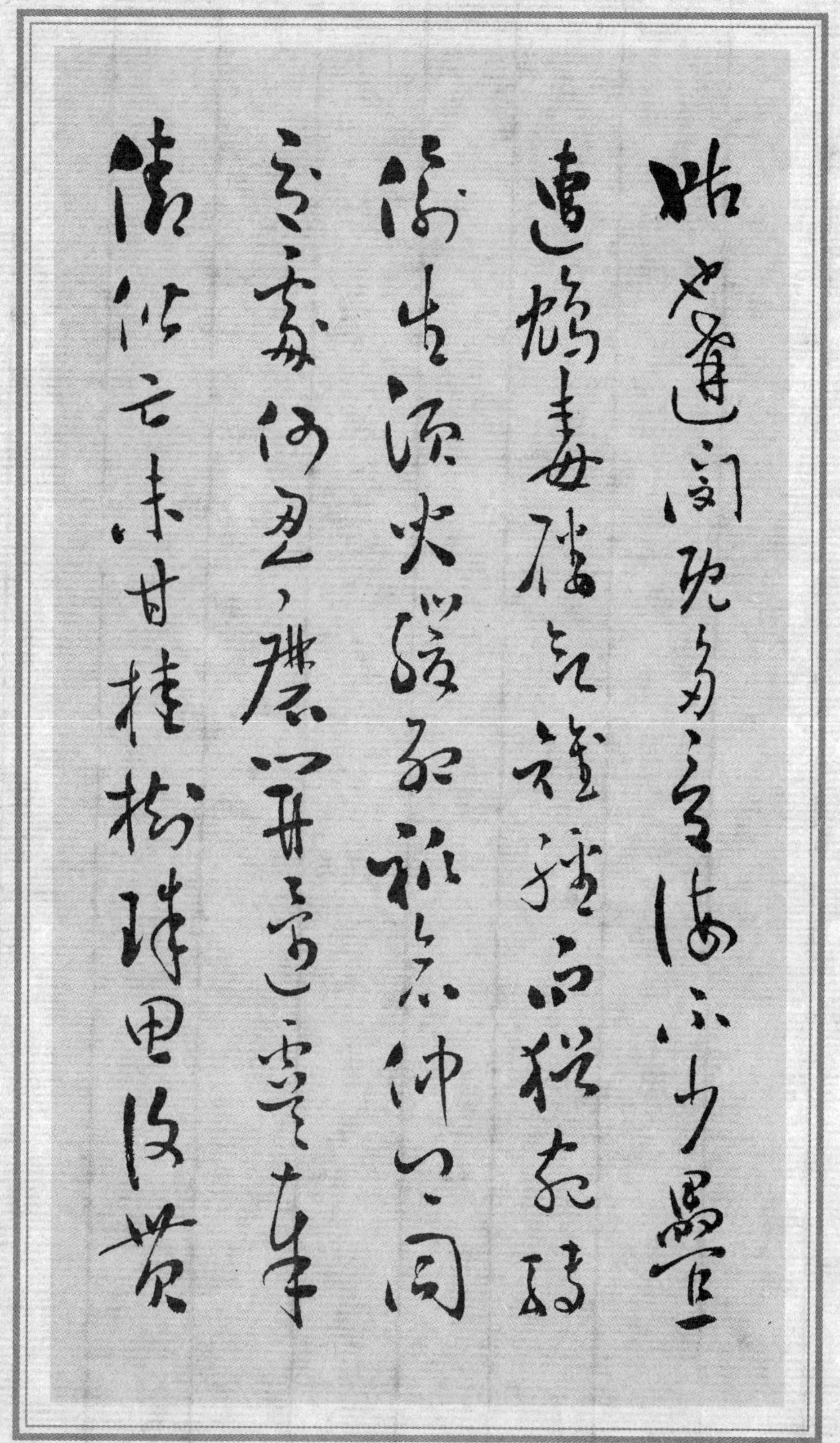

環欲仍連。故忍其辱而不辭，且留此身以有待耳。奈此婦更令生也，鏡照分鸞，琴彈別鶴。出則限香約水，入則扃户撒灰。嗟乎，風欺竹弱，揚猛

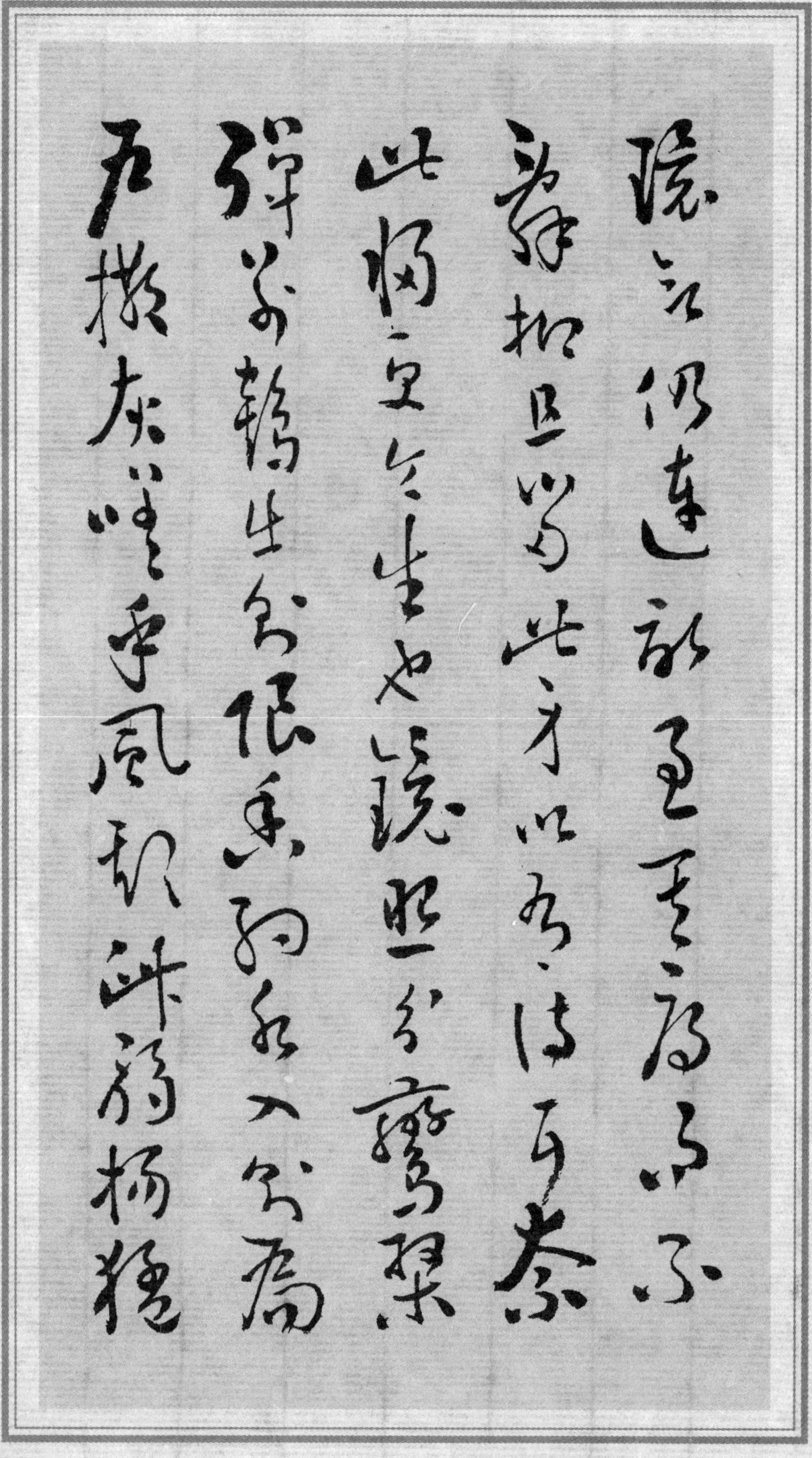

勢以摧殘；雪忌梅香，恃寒威而重壓。謹遵閫令，尚虞撥草尋蛇；倘犯閨條，不啻驅羊敵虎。鳳常被打，鸞每遭囚。業投羅刹之區，何異

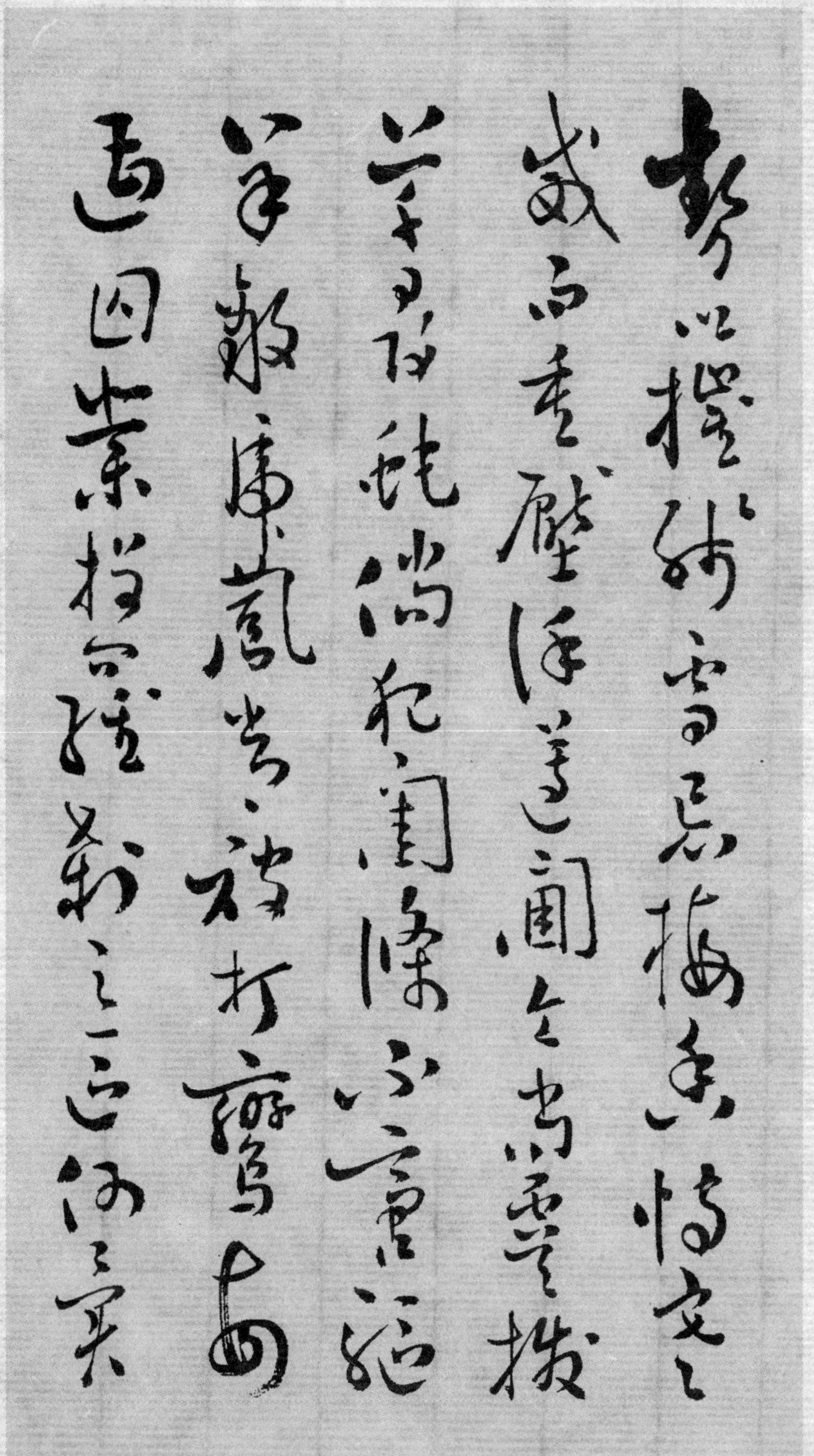

魚游釜底；難忍兜離之痛，終思兔脫罝中。第是門設千重，安得鑿環共遁；墻環百堵，烏能破壁同飛。幸值中秋，閤家聚飲；相邀子夜，各院徵歌。

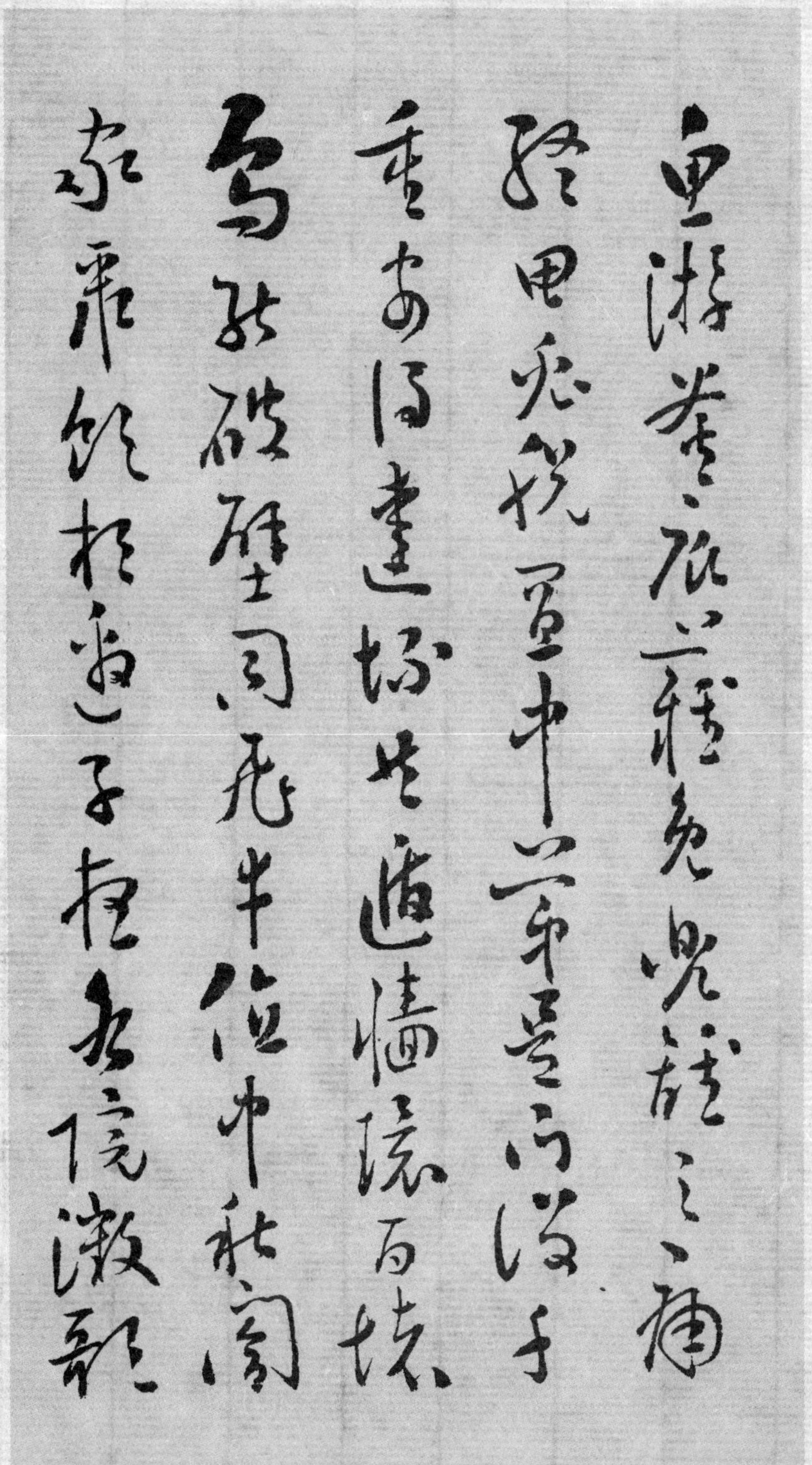

曲號莫愁，爵稱無算。天澄銀宇，群飛玩月之觴；人倦玉樓，共就游仙之枕。是夕生也，稱疾不從，避風而兀居甲帳；托眠未起，待漏而剛值子牌。乘萬

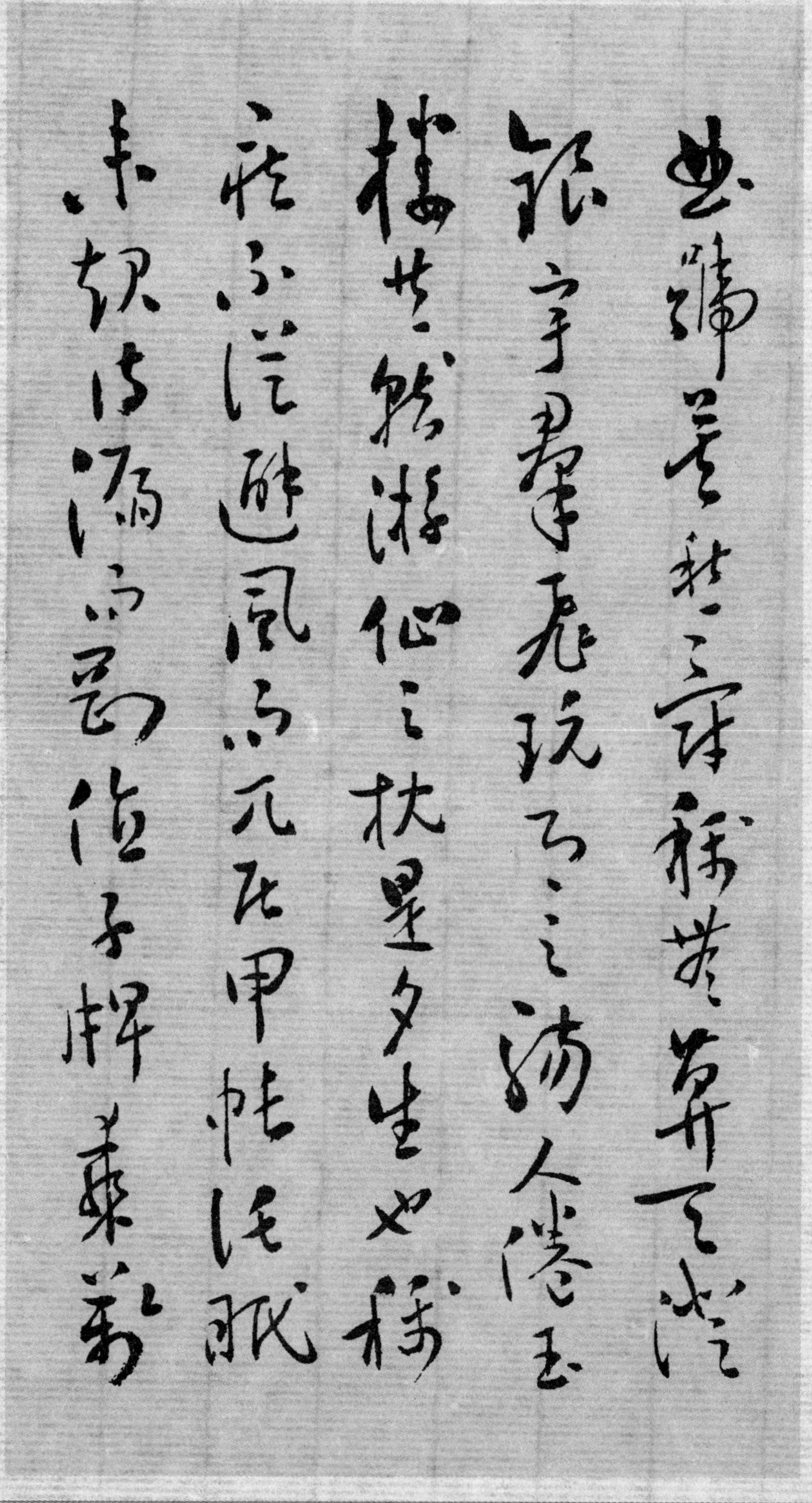

籟之無聲，輕移鶴步，趁一輪之有耀，偷入鸞巢。猧子認人，歡迎不吠；鸚哥曉事，佯睡無言。任教門上指彈，因得枕邊耳語。時哉莫失，行矣毋遲。潛移翠

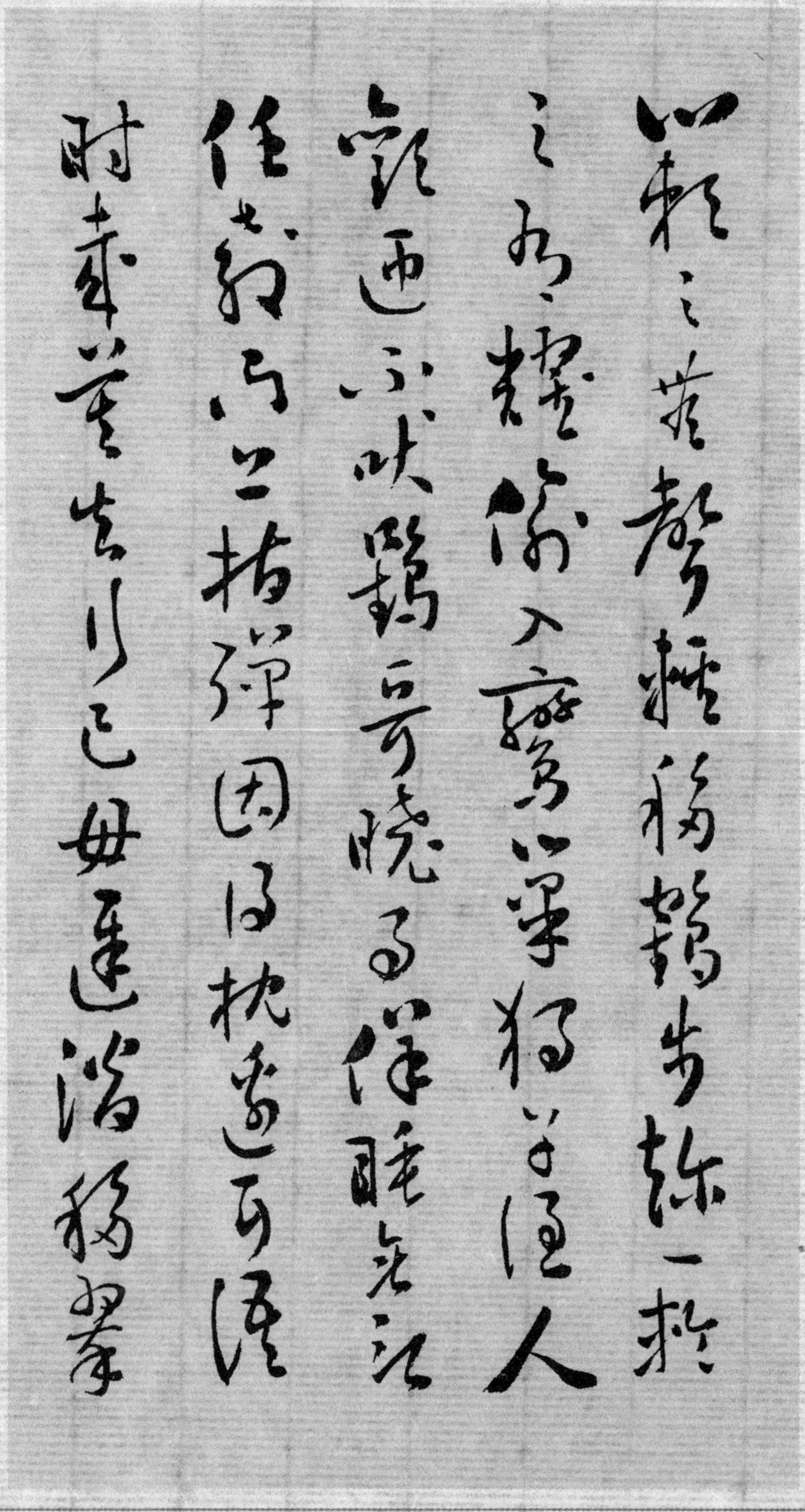

袂於幽隅，共窺青瑣；密啓朱門於寅夜，遂盜紅綃。虎穴纔離，落荒而走；鷹韝乍脱，越境如飛。當宿水餐風，殊多惘惘；況携雲握雨，倍覺勞勞。因而，

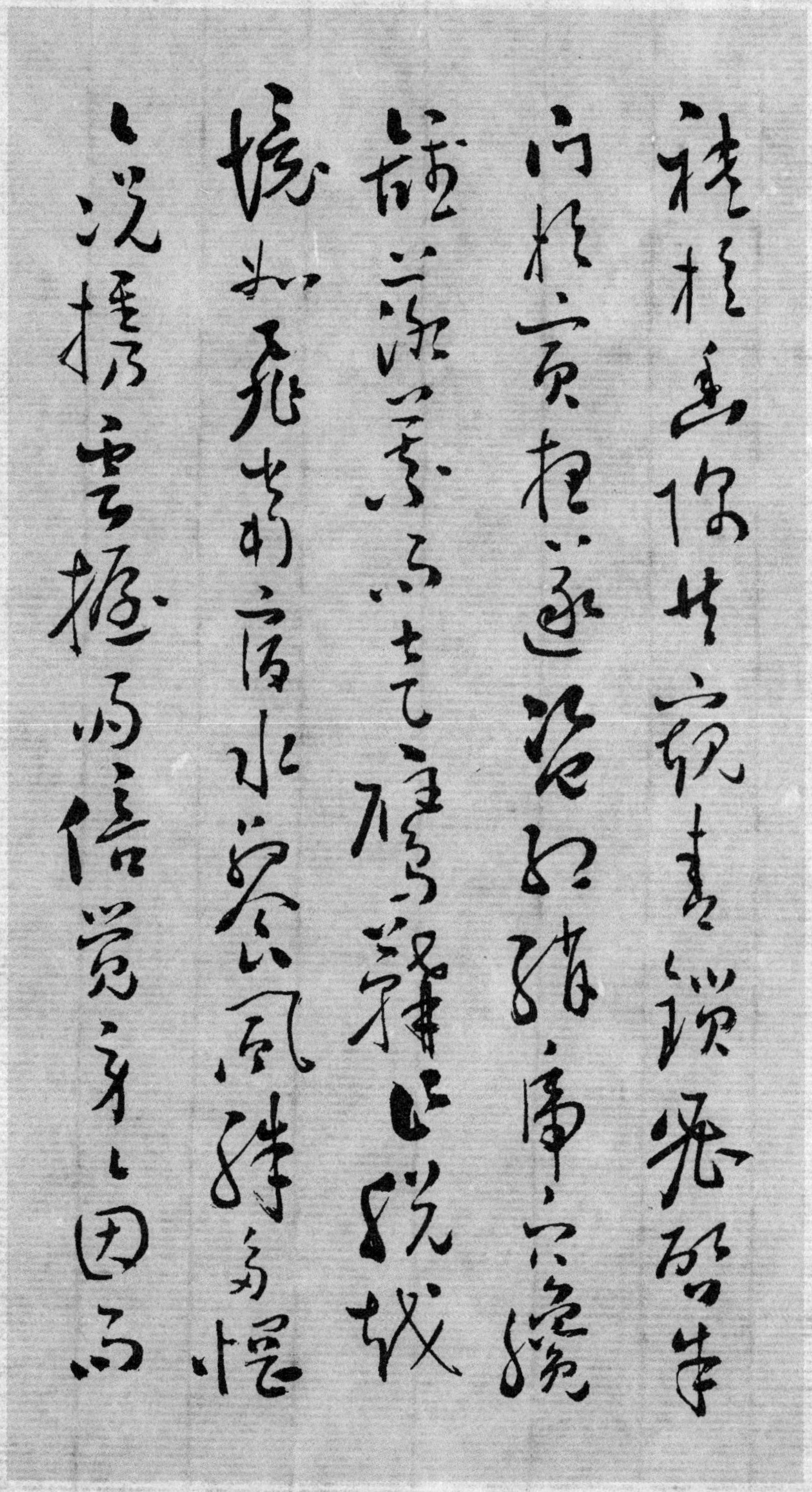

披茅店之秋風，暫停行轡；對芳郊之明月，稍拂征衫。野菽村醪，共進荒途之味；繩床竹榻，聊謀永夕之安。豈意天狼炳耀，參虎揚鉎。社鼠城

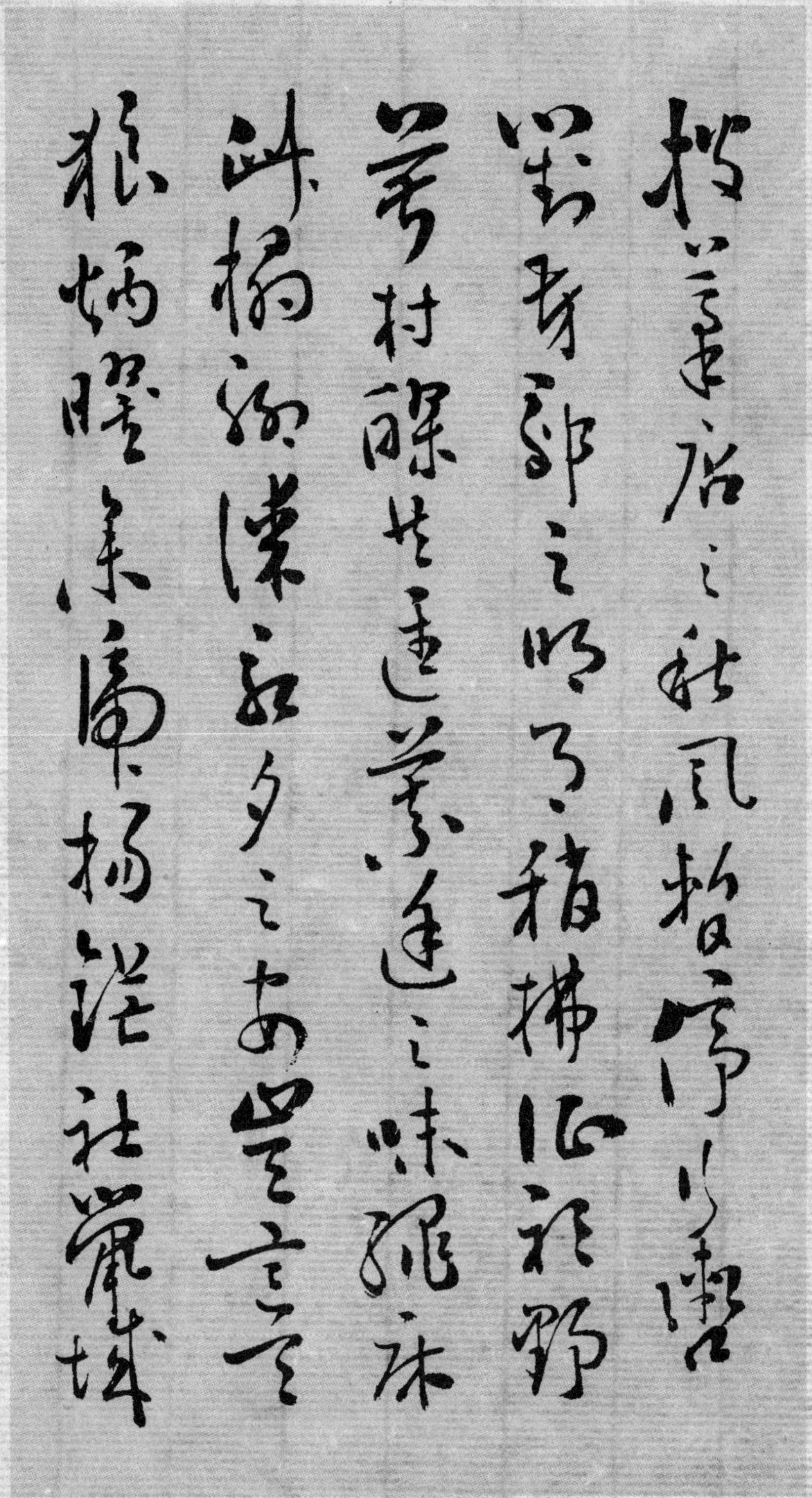

狐，乘時竊發；風聲鶴唳，到處皆驚。一軍刁斗争鳴，半夜羽書叠告。蜂屯蟻聚，鬼嘯神嗥。瞻烽火之轟天，光搖赤幟；駭妖氛之匝地，勢湧黃巾。

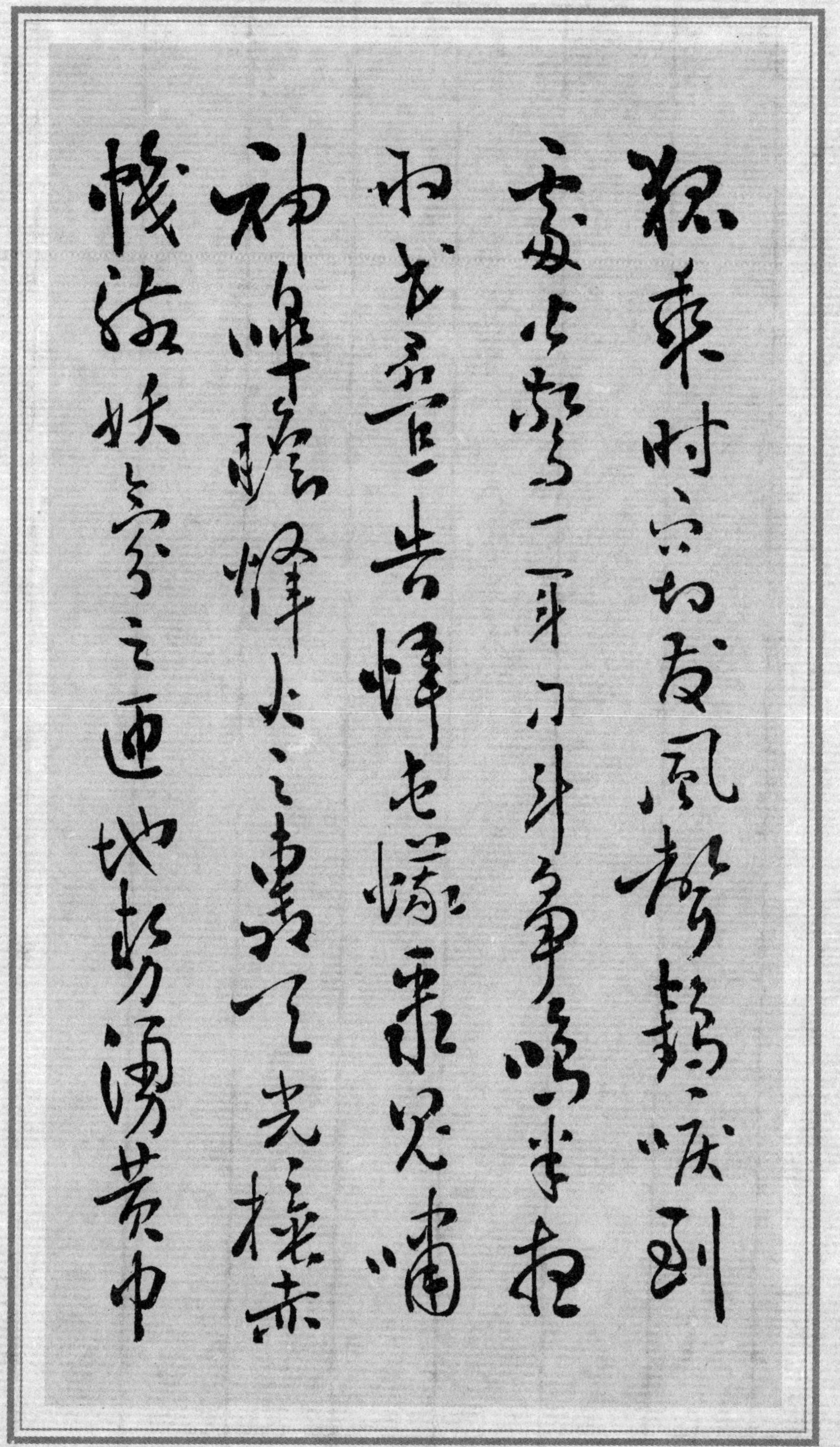

變起非常，禍生不測。當明成祖改元之後，正唐賽兒作亂之時。

卷五

原夫此妖婦者，生於蒲邑，嫁於麴傭。性若淫狐，行如狡兔。始爲倡樓女，破瓜

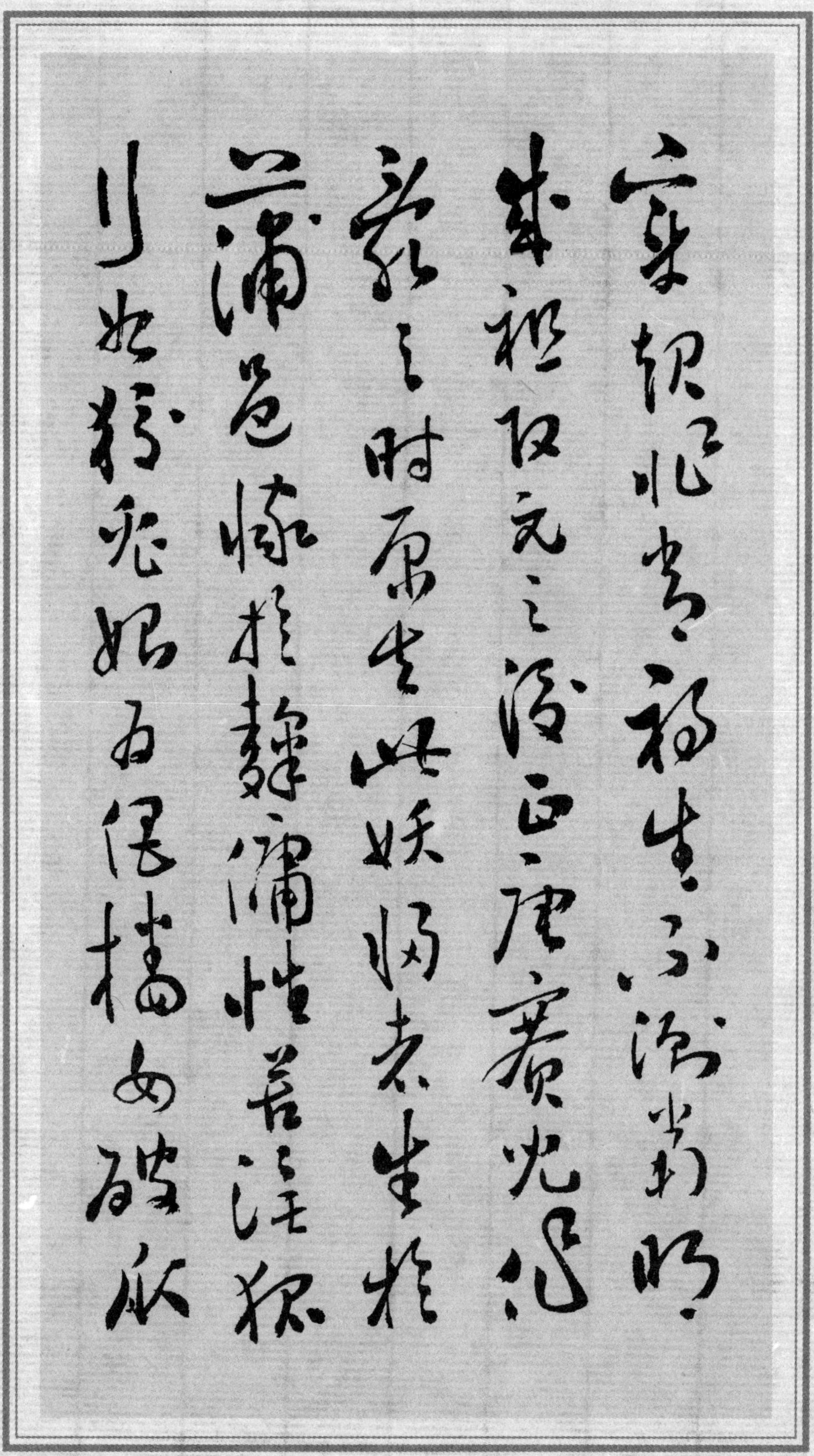

時滋蔓何堪；後做酒家傭(胡)，當壚日濫觴尤甚。其夫抱痾牖下，慘遭毒餔於驪姬；此婦往祭墦間，佯得秘書於元女。術比吞刀吐火，幻同牛鬼蛇神。潛蓄

異謀，釀成巨患。小醜作軍中之霧，陰旺陽虛；大王披帳下之風，雌多雄少。而乃萑蒲嘯聚，桑濮肆行。廣招蕩子從軍，呼男作妾；密遣健兒侍寢，喚

女爲郎。嫪毒大陰，頻試關車之技；昌宗貌美，極稱禁臠之珍。宜（宣）淫則游手俱歸，聚眾而禍心頓起。加之三年兩歉，十室九空。石壕之吏頻呼，監門

之圖孰繪。因匿灾而就斃，漠不上聞；即奉詔以賑荒，徒爲中飽。甚有桁楊不輟，只解苛徵；升斗未輸，便遭酷比。脂膏竭，而瘡難補肉；榜掠嚴，而臀

盡無膚。毒逾永野之蛇，猛過泰山之虎。嗟乎，官威太峻，民命何堪。薦饑莫恤天災，反有助天爲虐；掊克必干衆怒，能無結衆成仇。向存畏死之

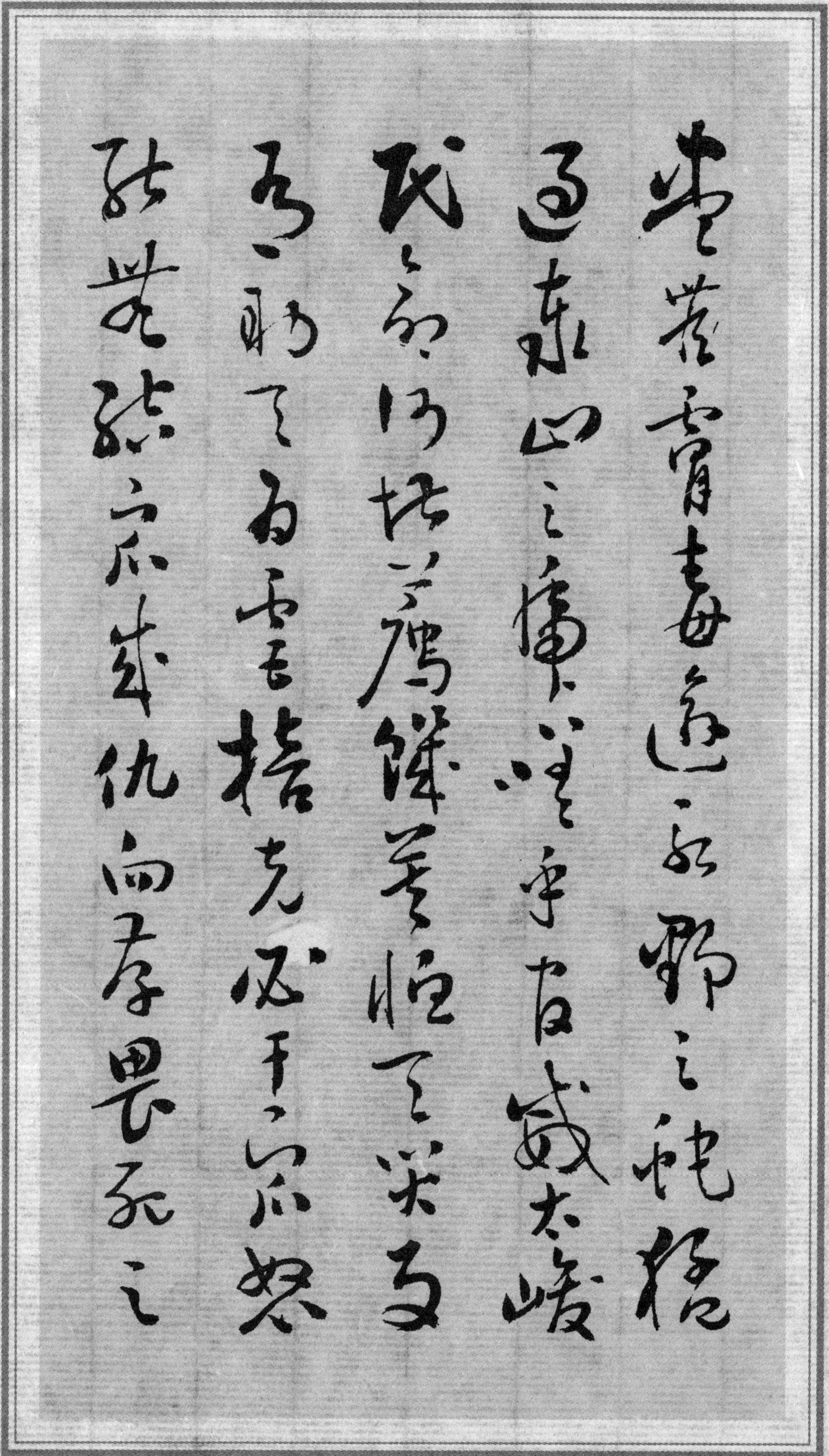

心，尚知法紀；今絕求生之路，豈顧身家。堤防失而驟至漂城，薪不徙而倏成焦土。有司不肖，平時之激變良多；無賴何知，此日之叛常特甚。驟見

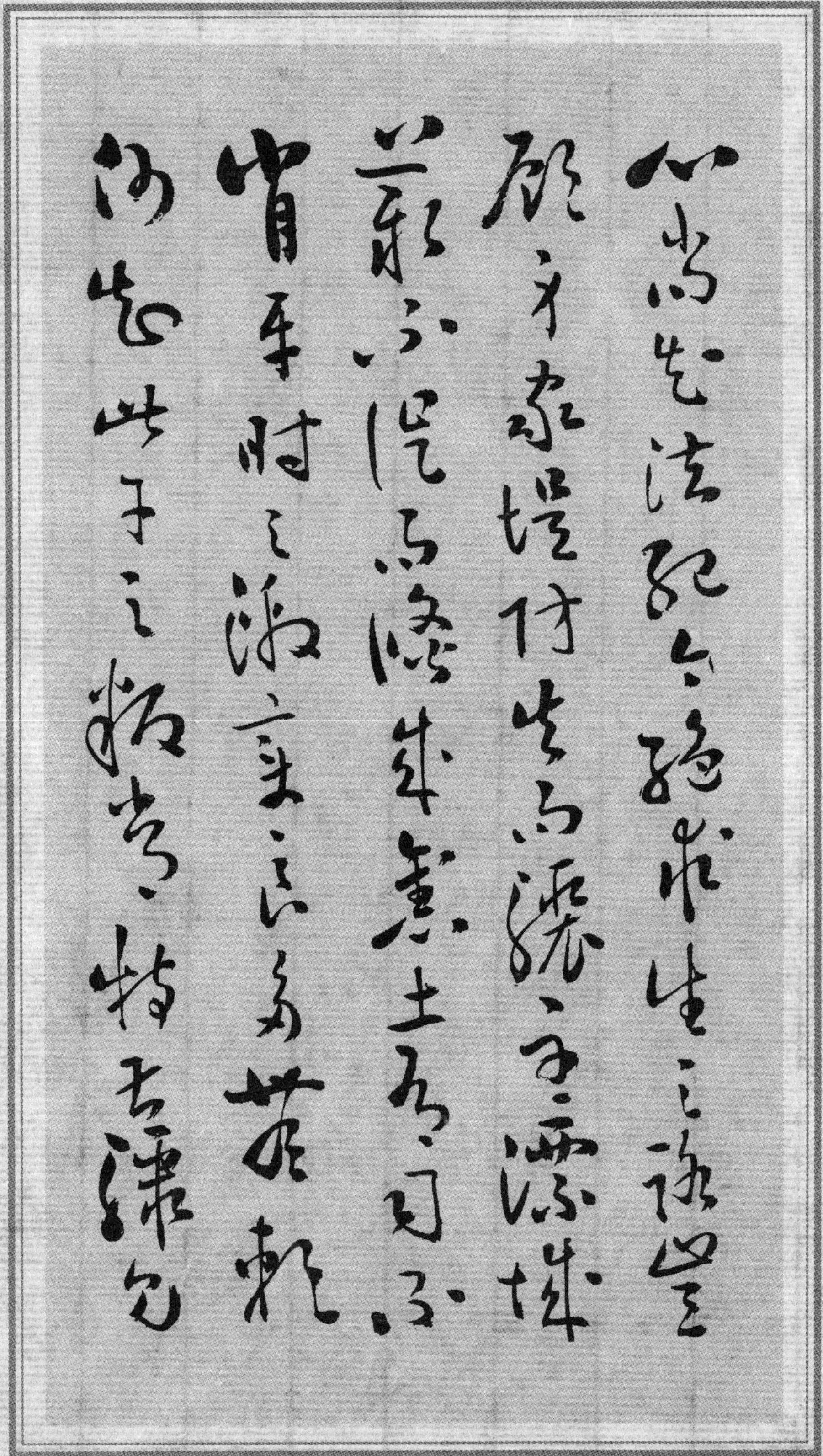

婦人立乘，甘隨鞭鐙以宣勞；忽聞女子談兵，願執斧斯而效命。爭鳴瓦釜，喧作鼓鼙；盡卸裾襦，燦成旗幟。桂花馬上，馳來美靨如花；細柳營

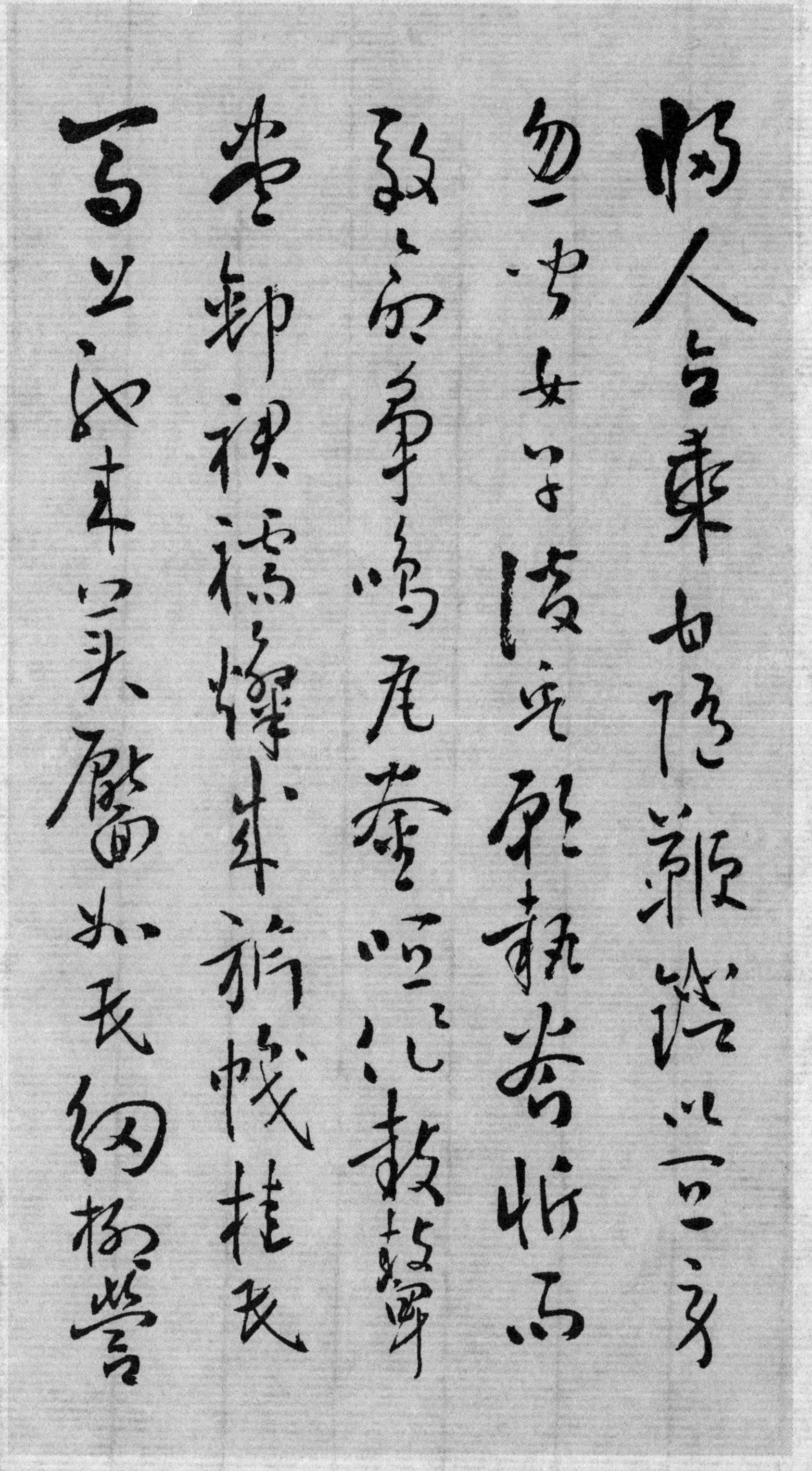

中，排出纖腰似柳。踼弓韡思翻地軸，持搗杵欲劈天關。擅興一旅偏師，直同兒戲；煽動三齊亡命，竟起女戎。是役也，伏莽猖狂，跳梁慓悍。

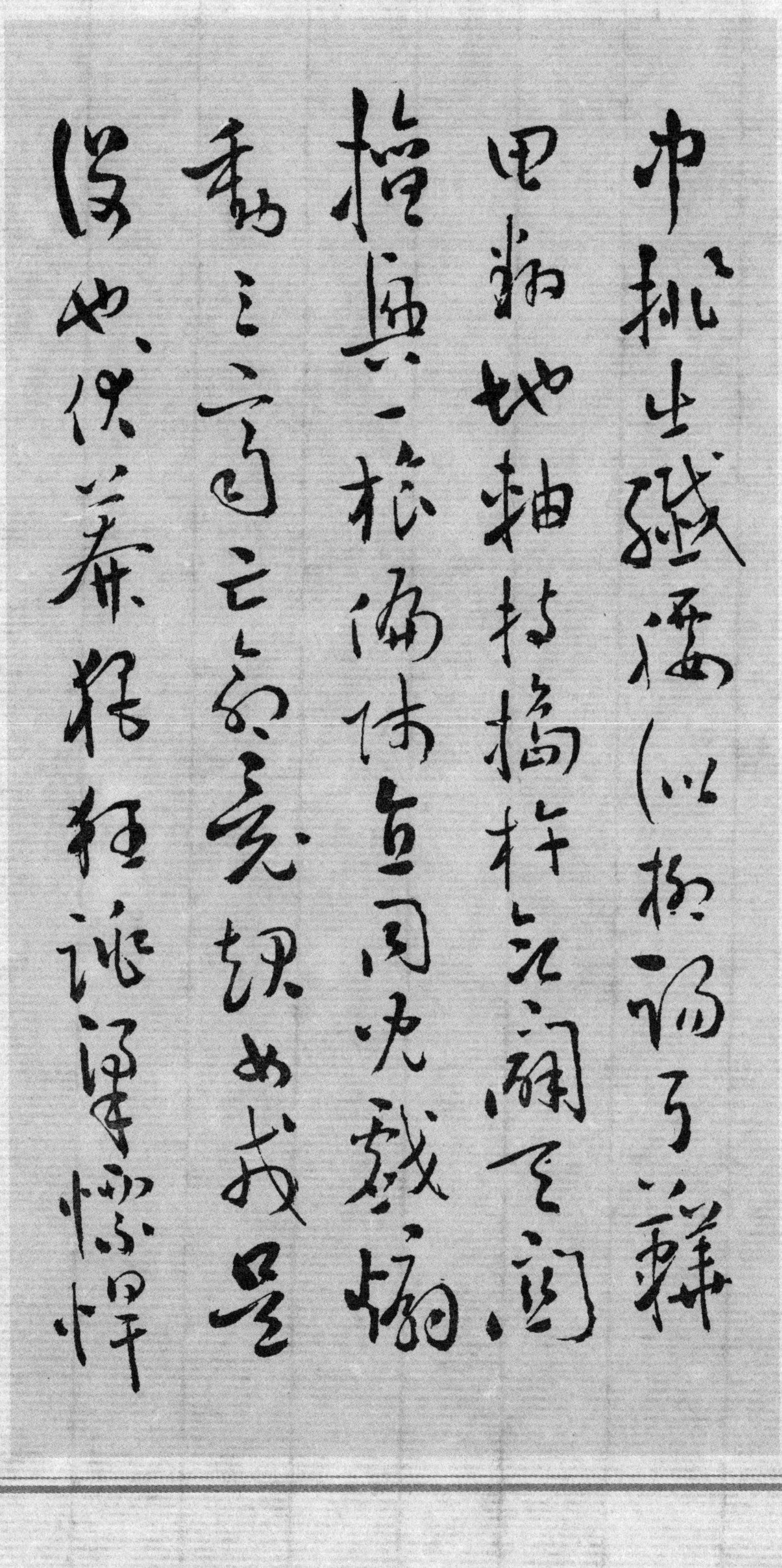

外連叛卒，争燃董卓之臍；内夾亂民，競啖周興之肉。乃有羸師不濟，將軍却懼斷頭；竊位無謀，守令但知袖手。寇方壓境，即棄甲以疾逃；賊未臨

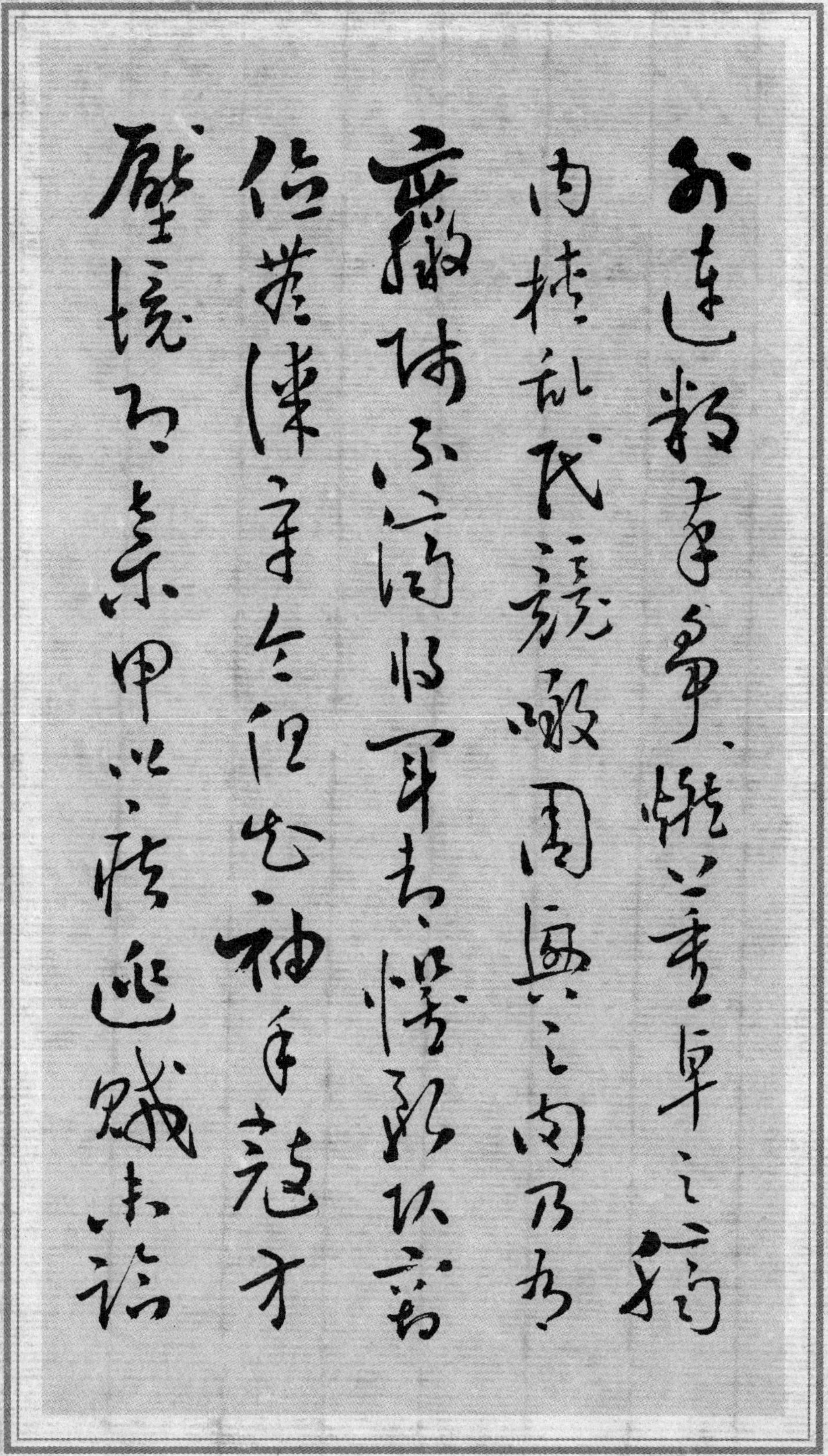

城，便挂冠而先遁。亦有危城糧絶，孤壘矢窮。祖孫皓之軀，甘投降款；斷齋雲之指，莫發援兵。遂使青犢横行，蒼鵝深入。千重繡鎧，營開娘

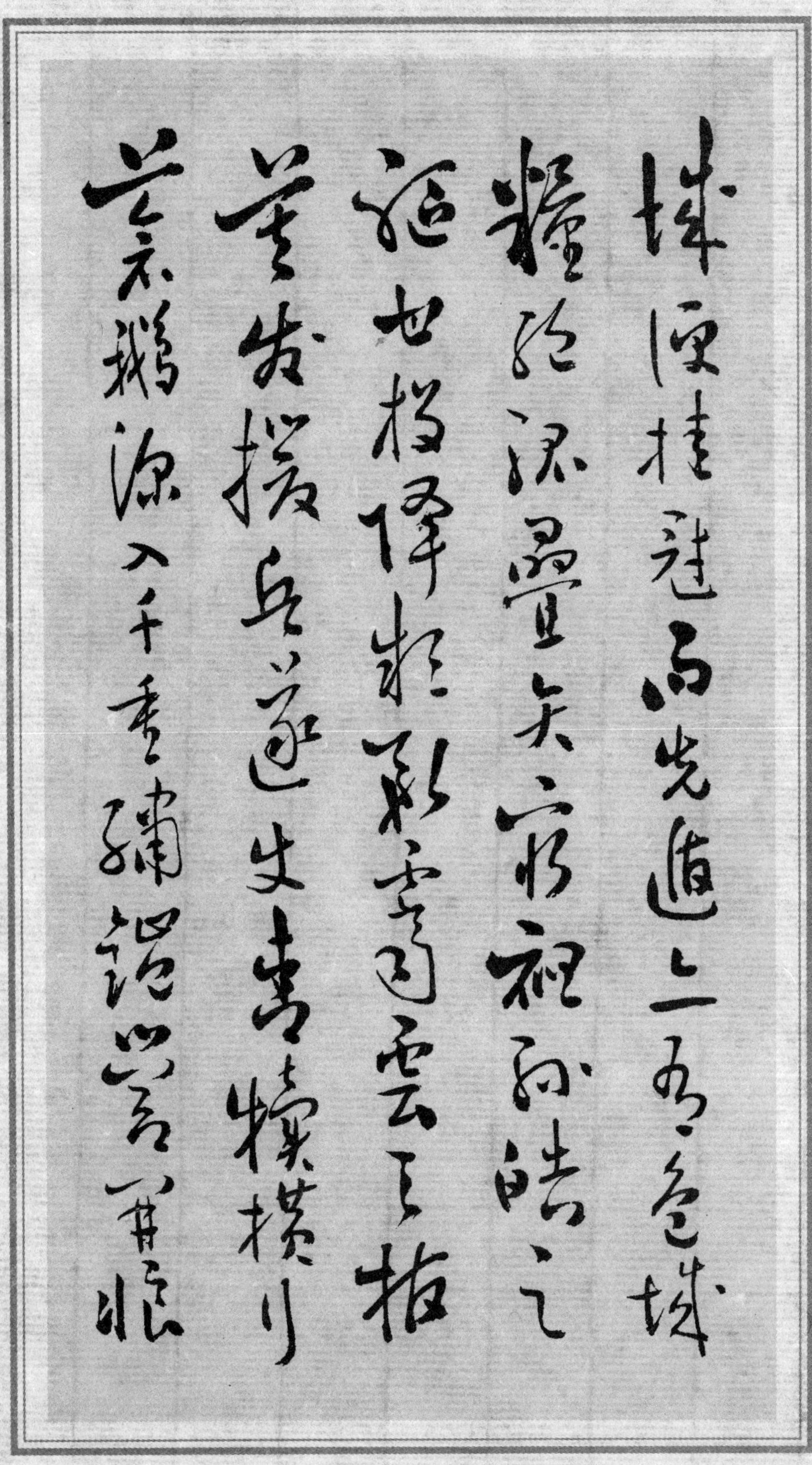

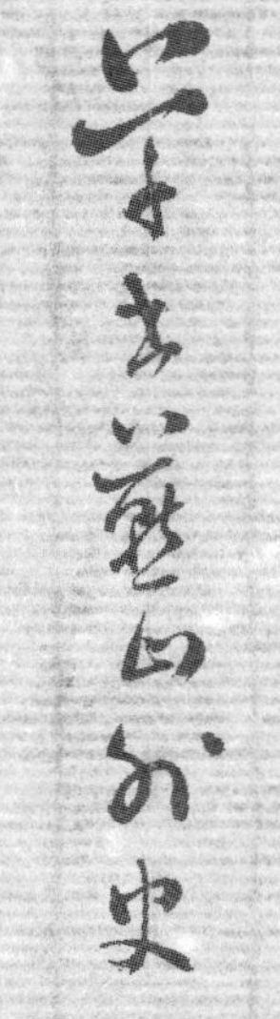

子之軍容；萬騎玉驄，城列夫人之陣勢。孽氣騰而愁雲半黑，陰風熾而冤血全紅。時生與姑之宿旅邸也，席還未暖，衾乃猶寒。驟興雷雨於

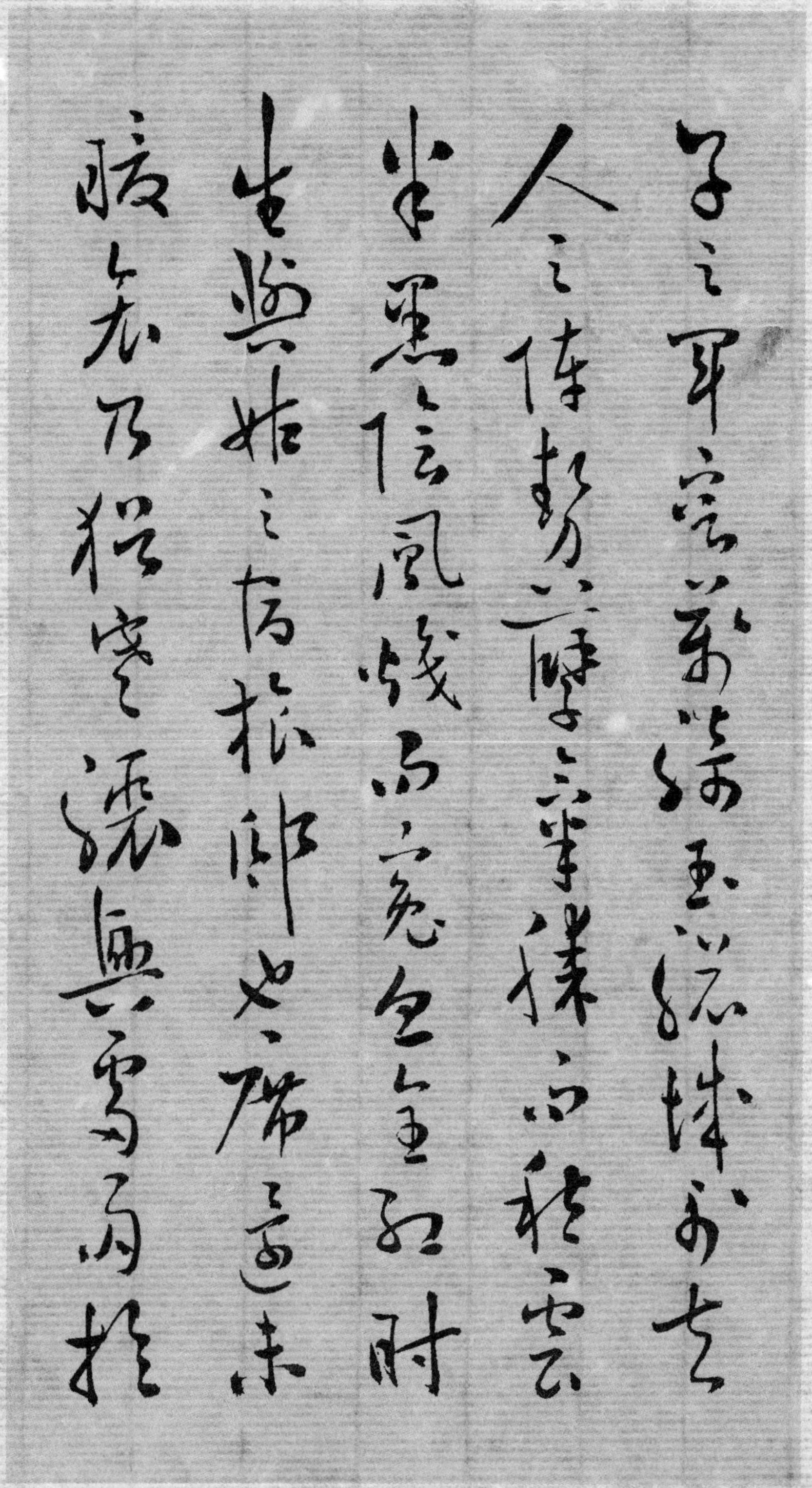

中宵，花魂逐斷；忽起風波於平地，鴛夢驚殘。急迫起眠，遑計衣裳顛倒；倉皇出走，那知阡陌縱橫。傷哉，歲歲長離，年年遠別。剛喜征鞍稍

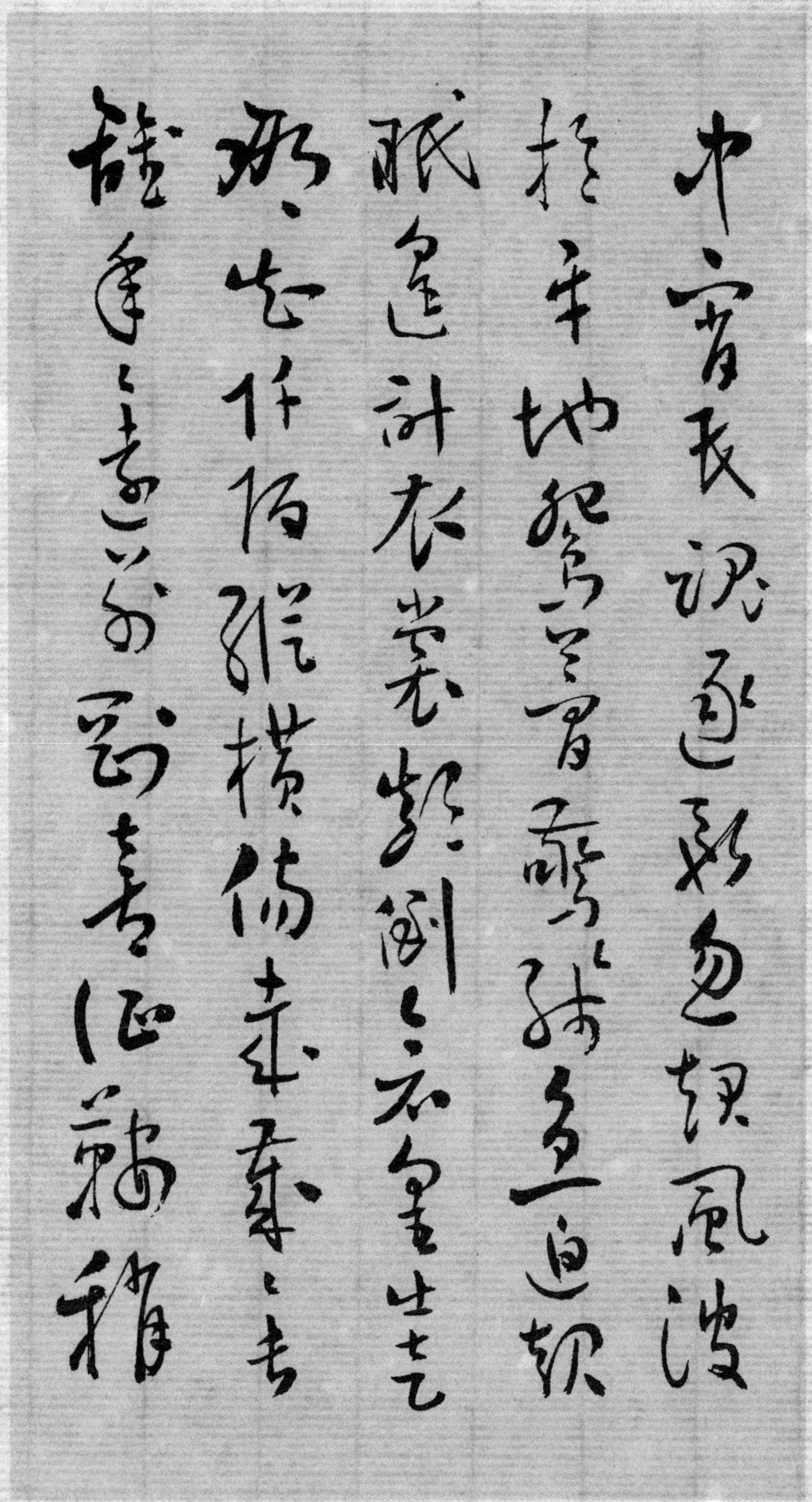

憩，方息偃於在床；忽驚戰鼓驟鳴，又踉蹌而就道。當此帶甲滿天，連營蔽野。纛旗影下，日耀金戈；畫角聲中，風嘶鐵騎。充衢塞巷，家家逃

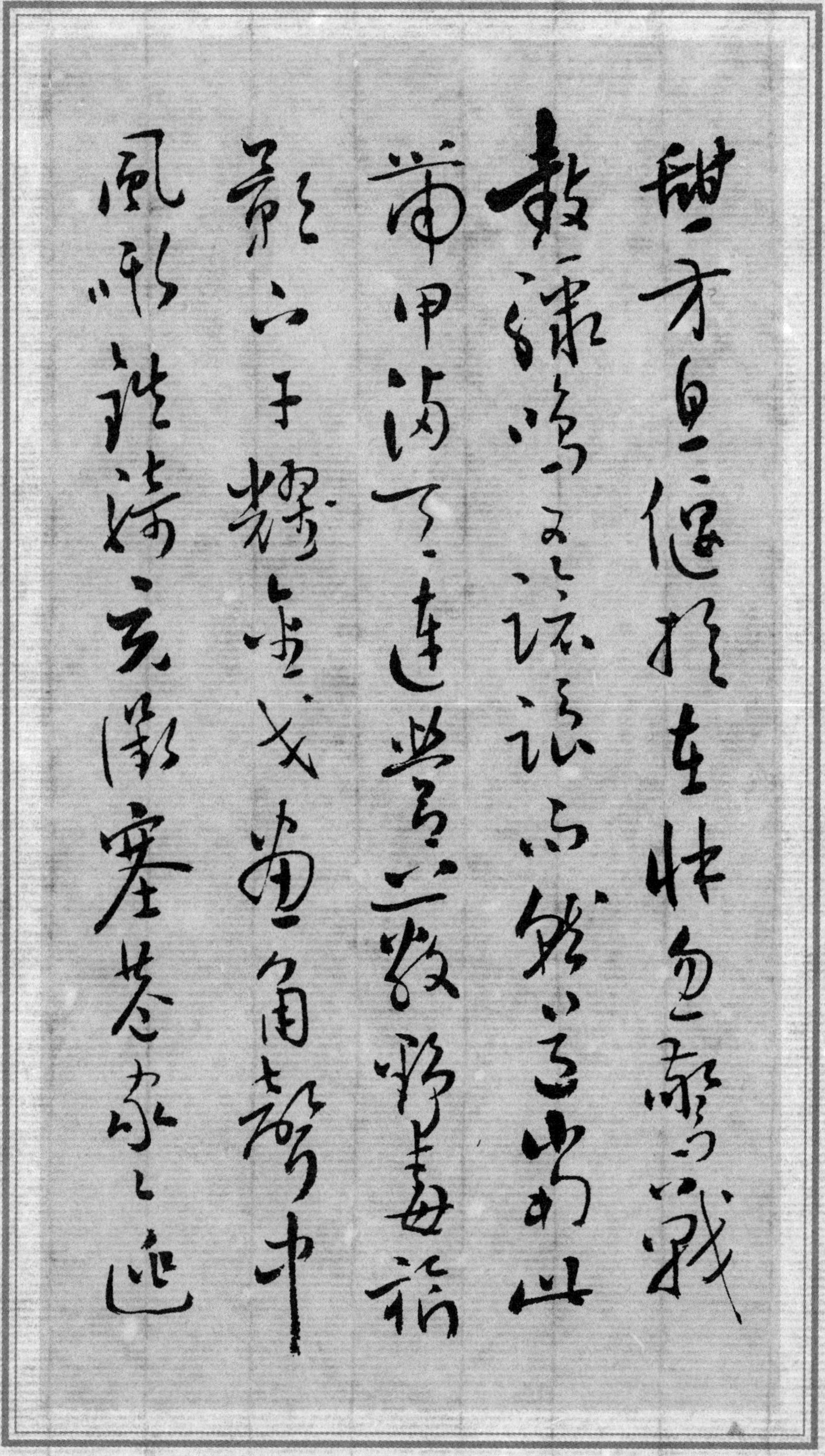

命如蜂；彌谷漫山，在在殺人似草。九關虎豹，方盤踞以磨牙；萬竈貔貅，正轟豗而喋血。時二人者，左提右挈，望歧路以同奔；顧後瞻前，至

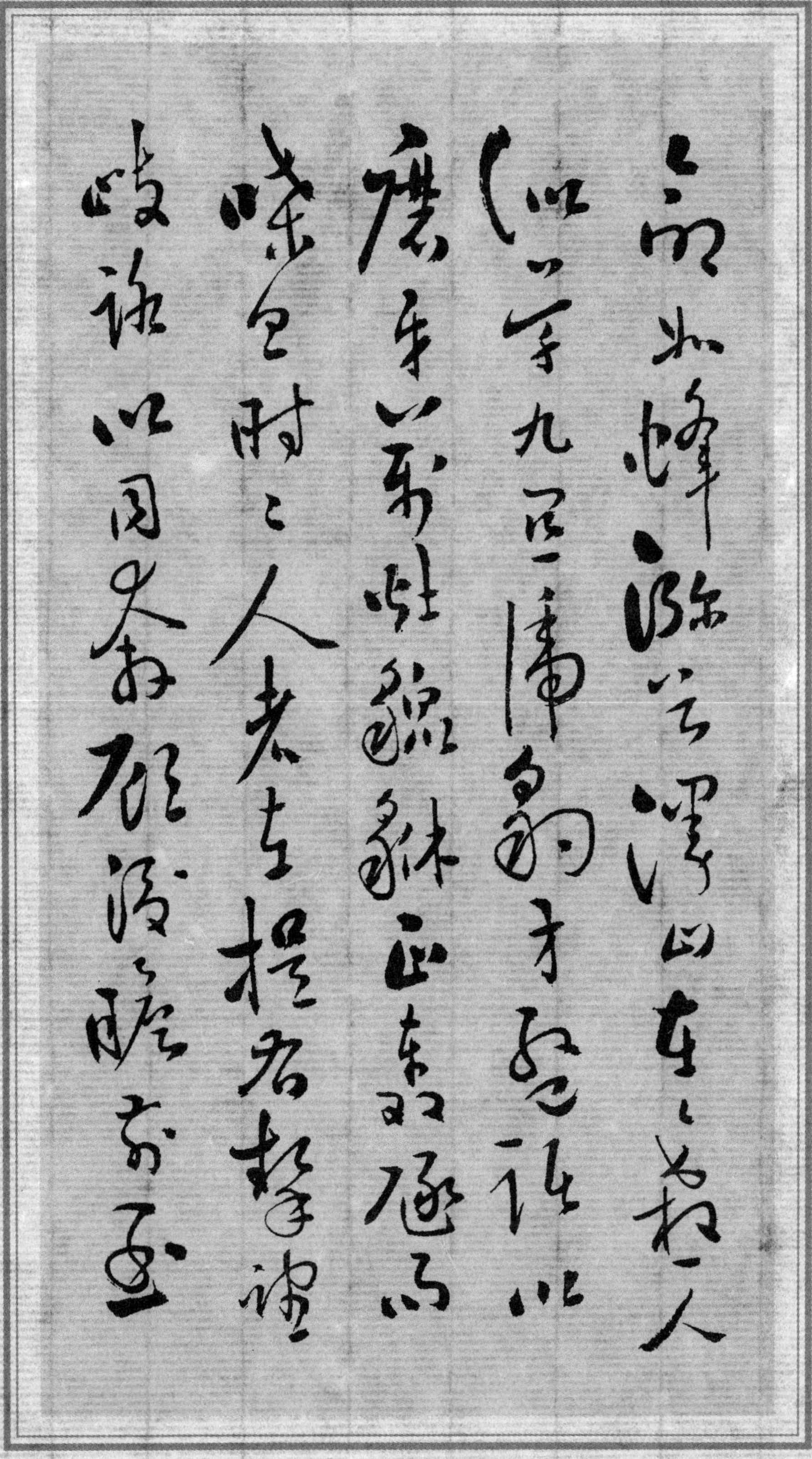

中途而相失。燕雁原分南北，參商仍隔東西。或居宿莽之中，晝同獸友；或伏積骸之下，夜與鬼鄰。嗚呼，掣電轟雷，驚散同林之鳥；罡風孽雨，

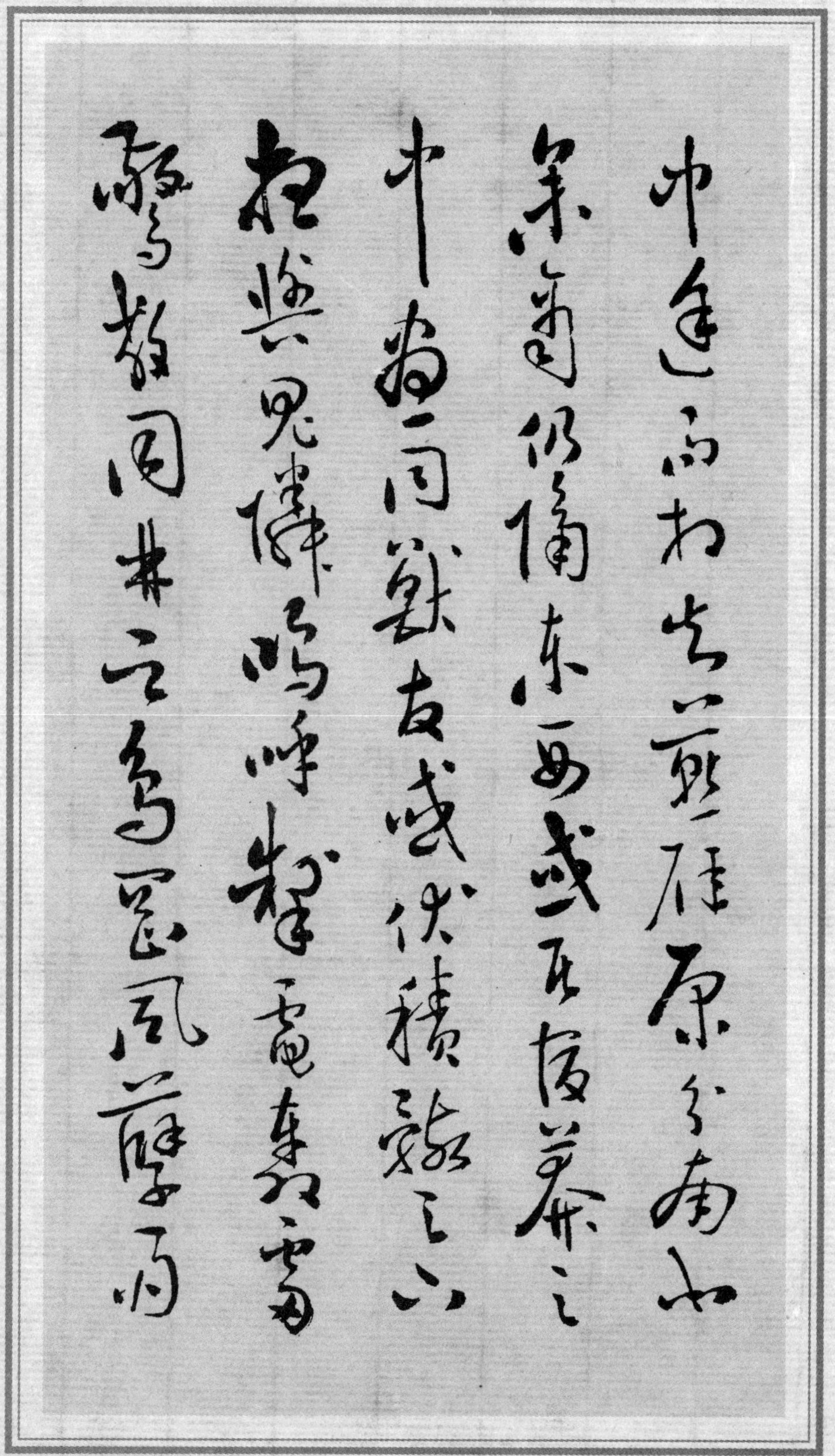

摧殘並蒂之花。慘莫慘兮亂離，悲莫悲兮生別。每念及此，何痛如之。是則妖自人興，罪由天討。廟朝決策，揚英主之明威；帷幄運籌，奮元

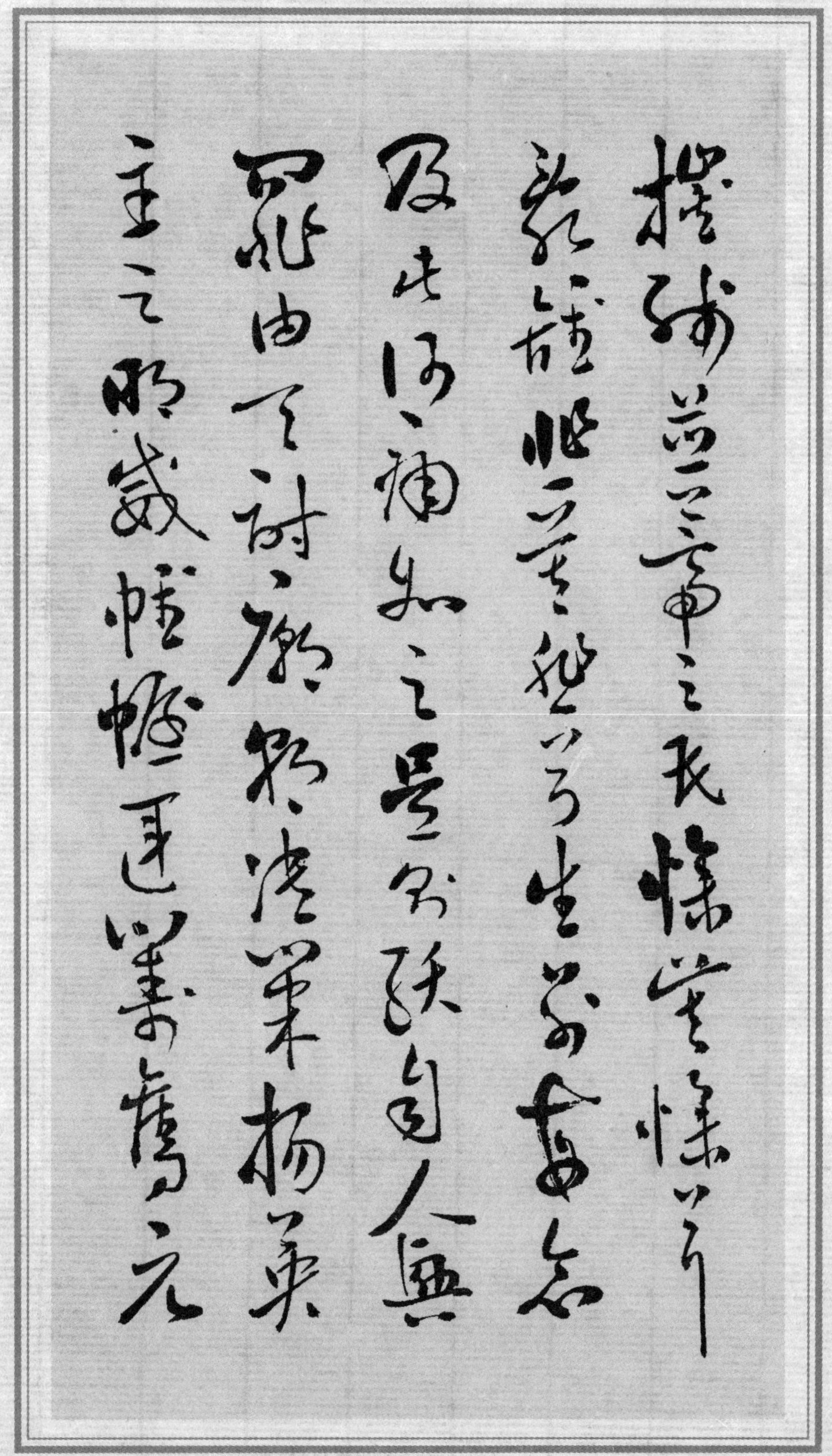

戎之神武。六軍齊發，拔幟先登；萬馬不嘶，銜枚疾走。芻飛粟輓，俄聚米以成山；電激星馳，頃投鞭而斷水。鷹揚之師矯矯，魚麗之陣堂堂。虎帳驍軍，

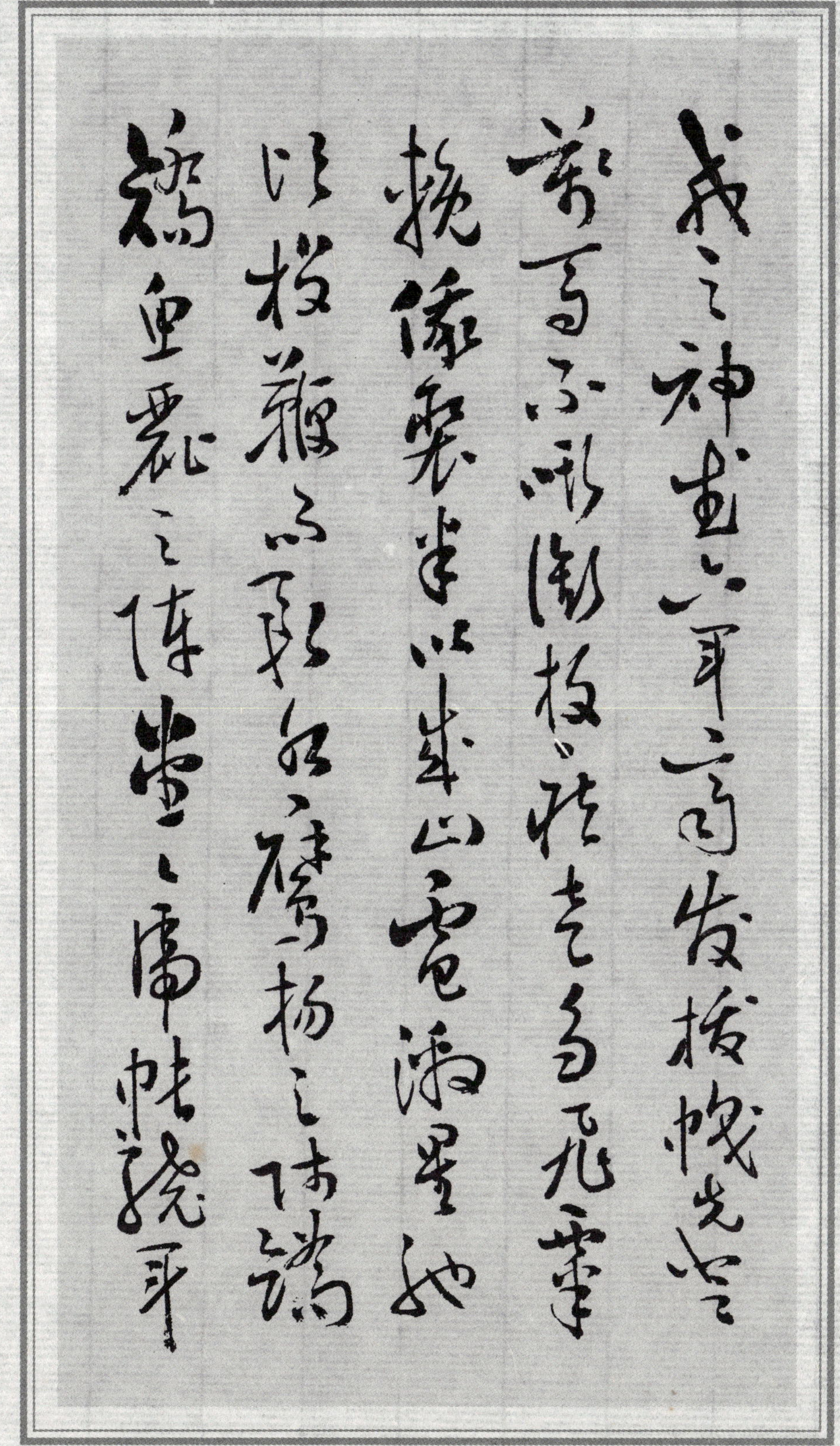

争擒鼠輩；龍城飛將，直搗孤（狐）群。從天而降雄兵，不日而殲雌寇。鶬鹹九頭之後，罔治脅從；蟲摧百足之餘，僅誅首逆。凱歌聲動風雲

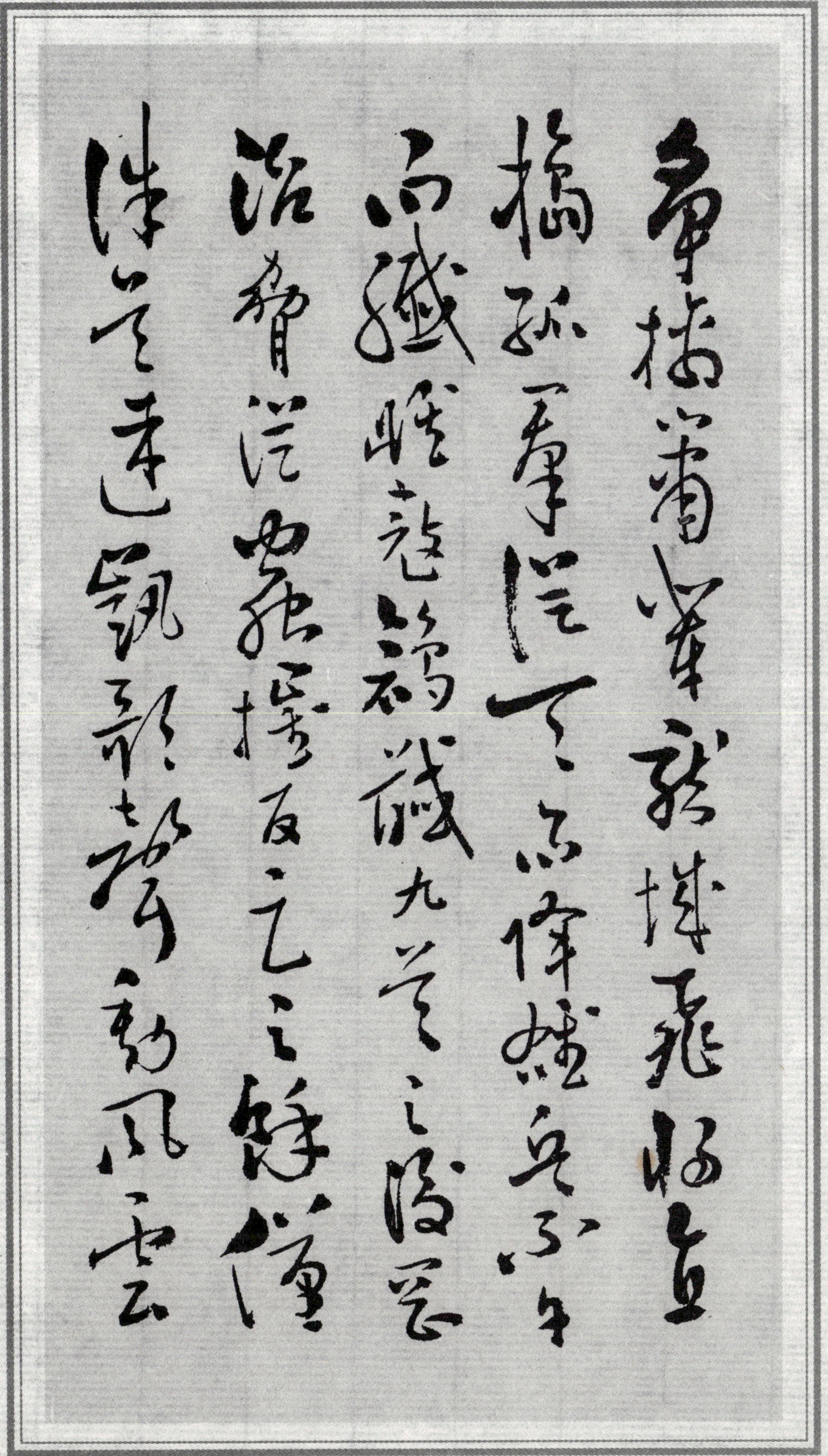

色，兵氣銷爲日月光。時二人者，何去何從，萬難得見；其存其没，兩不相知。如死後追魂，殊爲冥漠；如夢中尋路，各自杳茫。如分妻妾之魚，水深

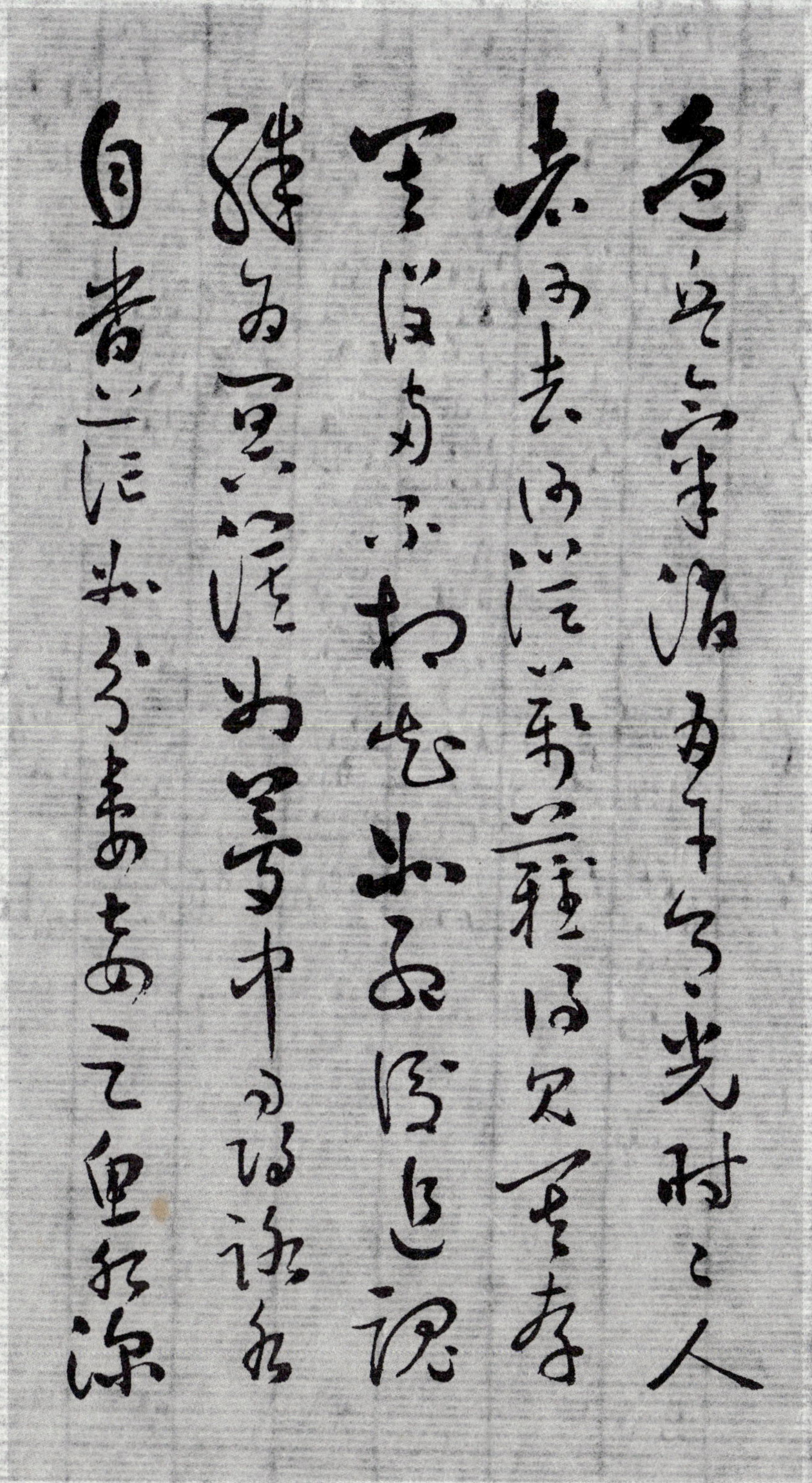

千尺；如散兄弟之雁，雲失萬重。如紙鳶斷絲，羽毛悉盡；（如）泥牛入海，影響都無。先是姑者，晝伏夜行，風梳雨沐。遇崇高則盤岡越嶺，

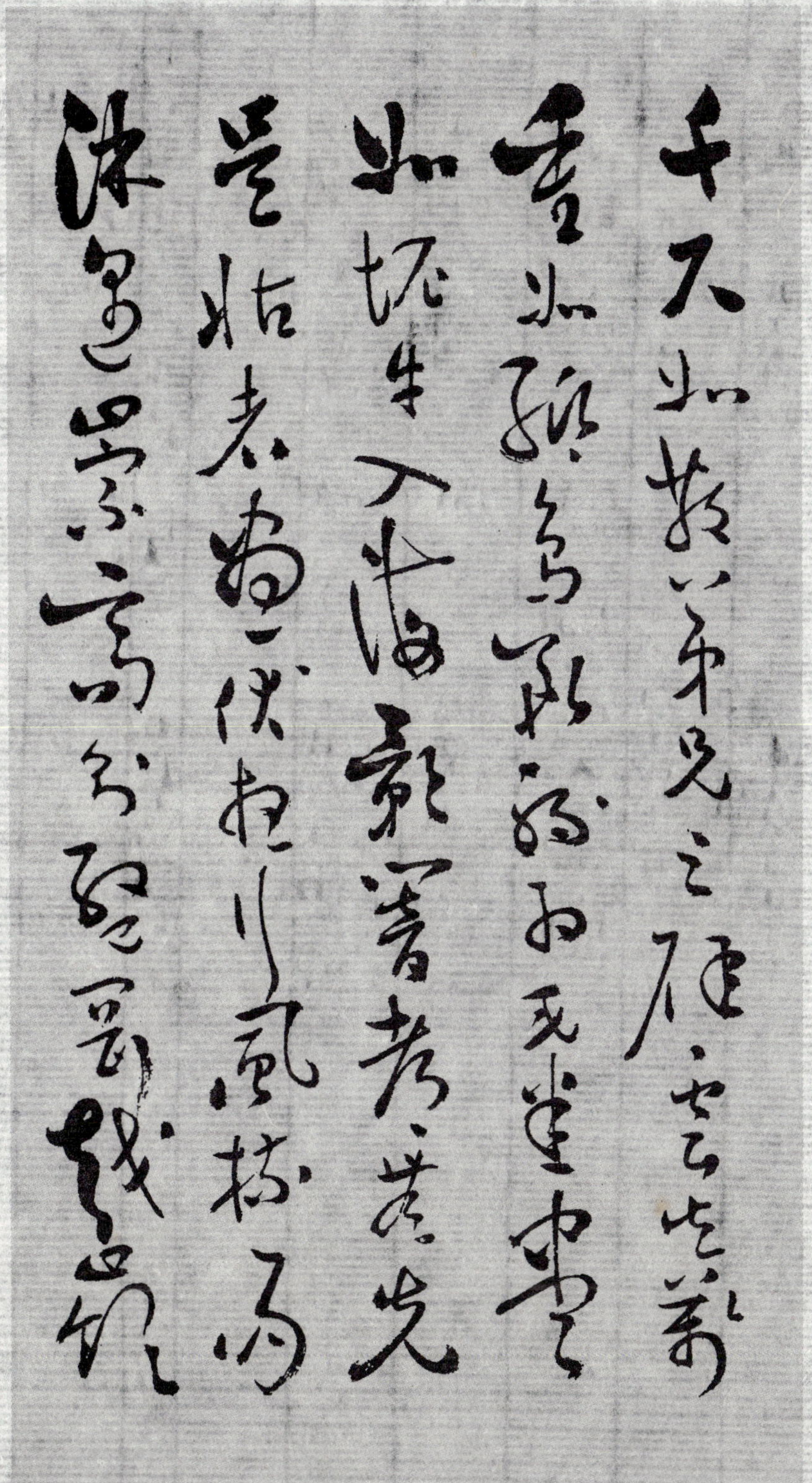

逢險隘則捫葛攀蘿。深林尚見烽烟，僻路猶聞征鼓。爾其雲鬆寶髻，亂逐蓬飛；露濕弓鞋，暗隨燐走。自行自止，可愕可驚。猿

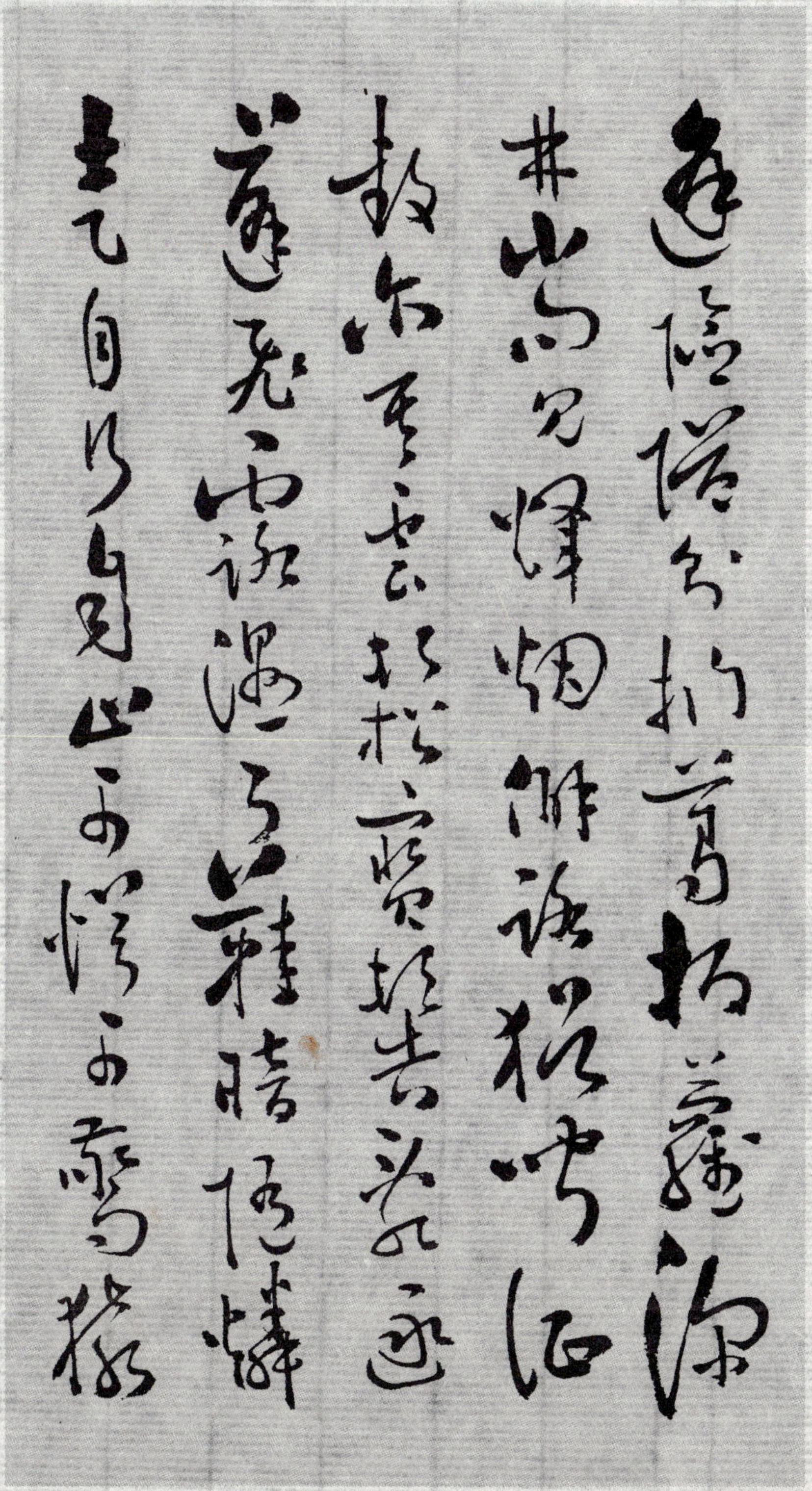

猱似鬼啼號，鸛鶴同人欸笑。月映層巒之黃石，伏作虎形；風吹峭壁之蒼藤，幻成蛇象。心搖膽顫，未知命在何時；足胝手胼，不識

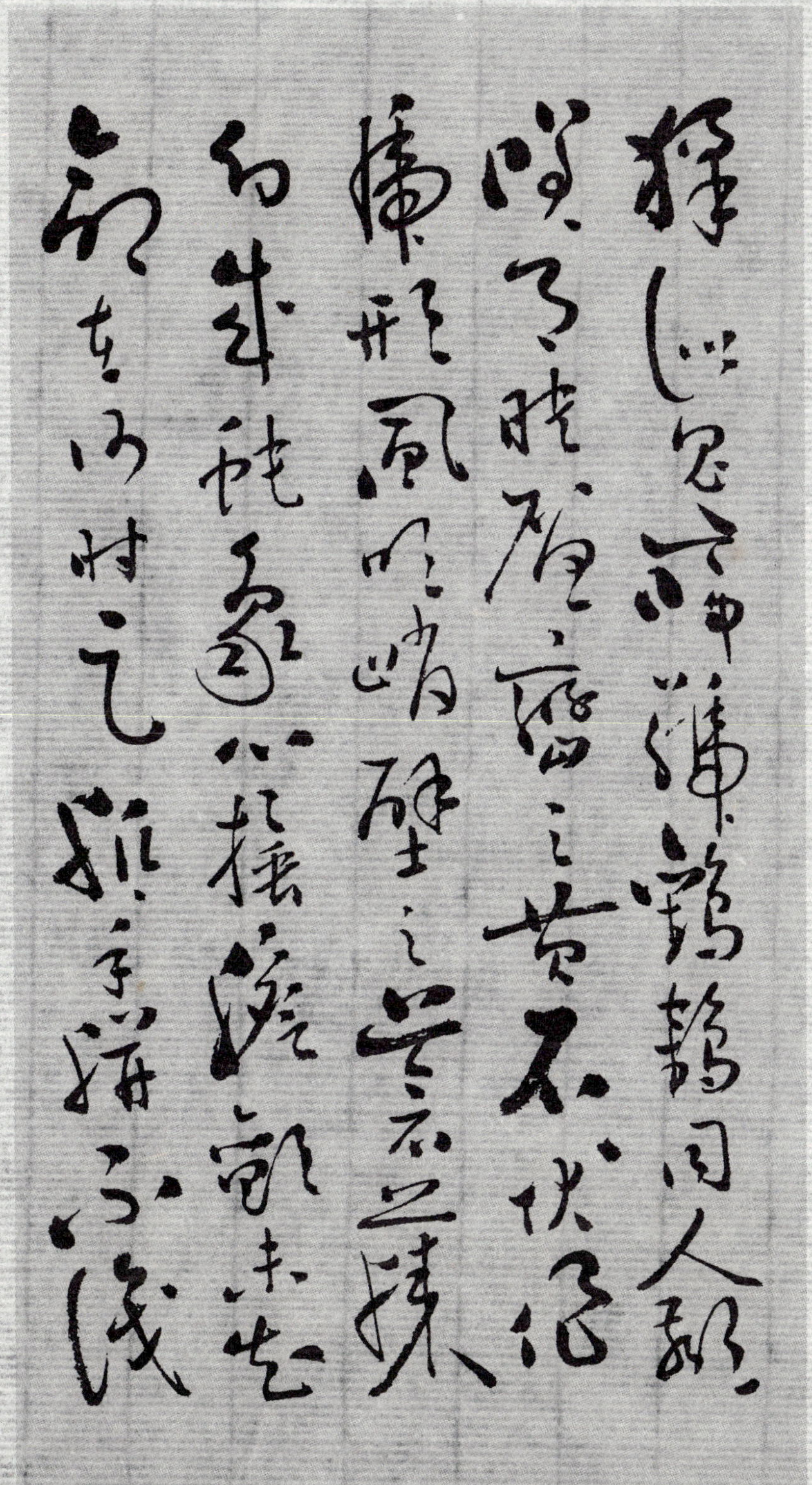

身歸何處。少焉，山添曙色，樹噪禽聲。竹徑烟銷，松巖霧斂。白雲深處，絶空谷之人聲；黄葉飄時，露疎林之屋角。遠視疑爲樵户，近

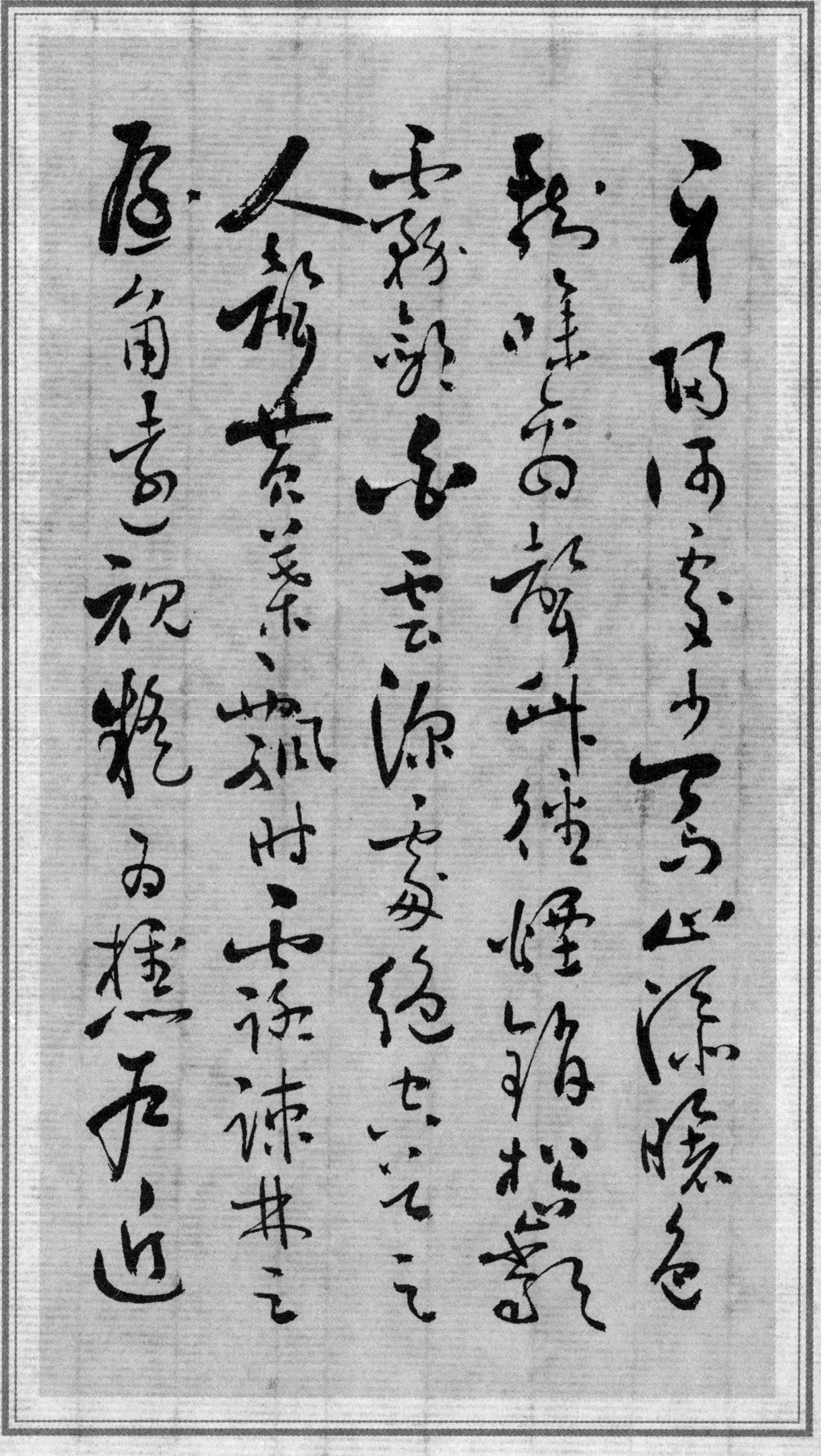

觀知是尼家。第見堆土爲墻，編茅作瓦。曇花蕭瑟，貝葉荒涼。衆佛露棲，諸天日暴。鳥糞與篆香并積，蛛絲同寶絡齊垂。風霜

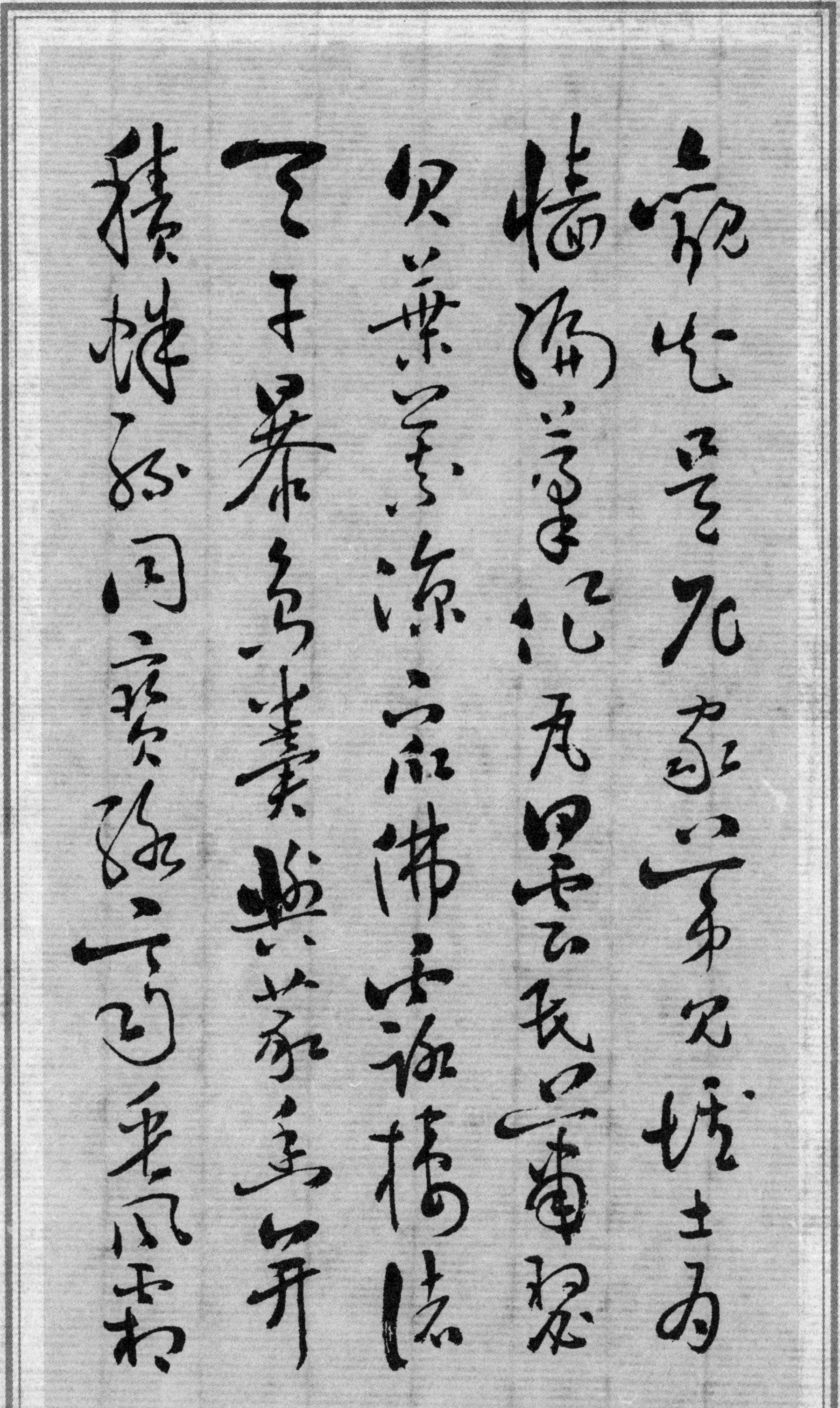

剥蝕乎全身，鬚眉安在；雨露浸淫乎土偶，手眼奚存。草没殘碑，未審何年寶刹；塵封古額，不知誰代琳宮。有女仳離，身投茅宇；求人方便，

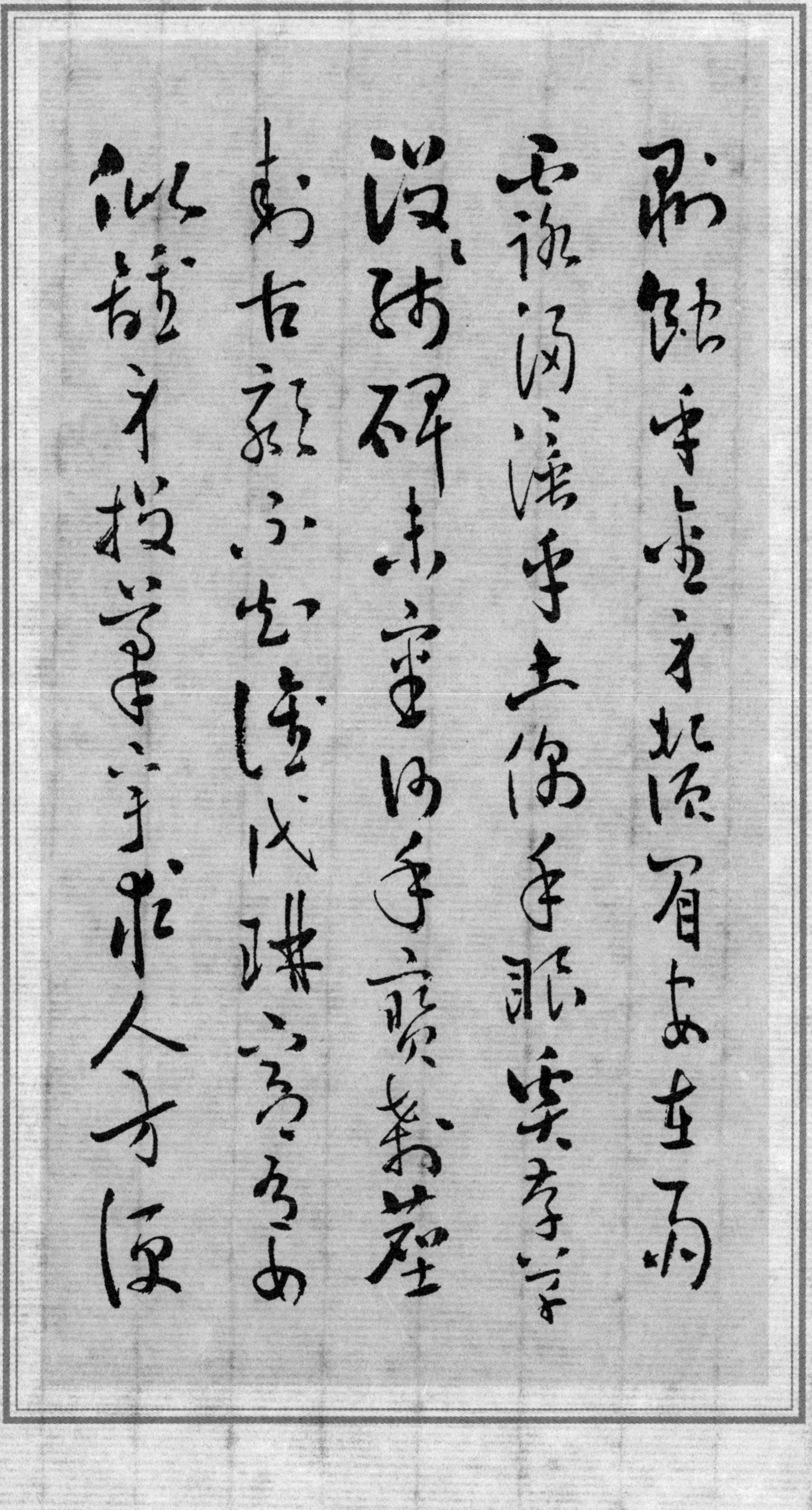

手叩柴扉。牖有隙以可窺，門無鑰而自闢。入見有老尼者，慈顏接物，善氣迎人。由其歷訊根源，因而詳言顛末。妾也，生自寒家，歸於名族。顧隨

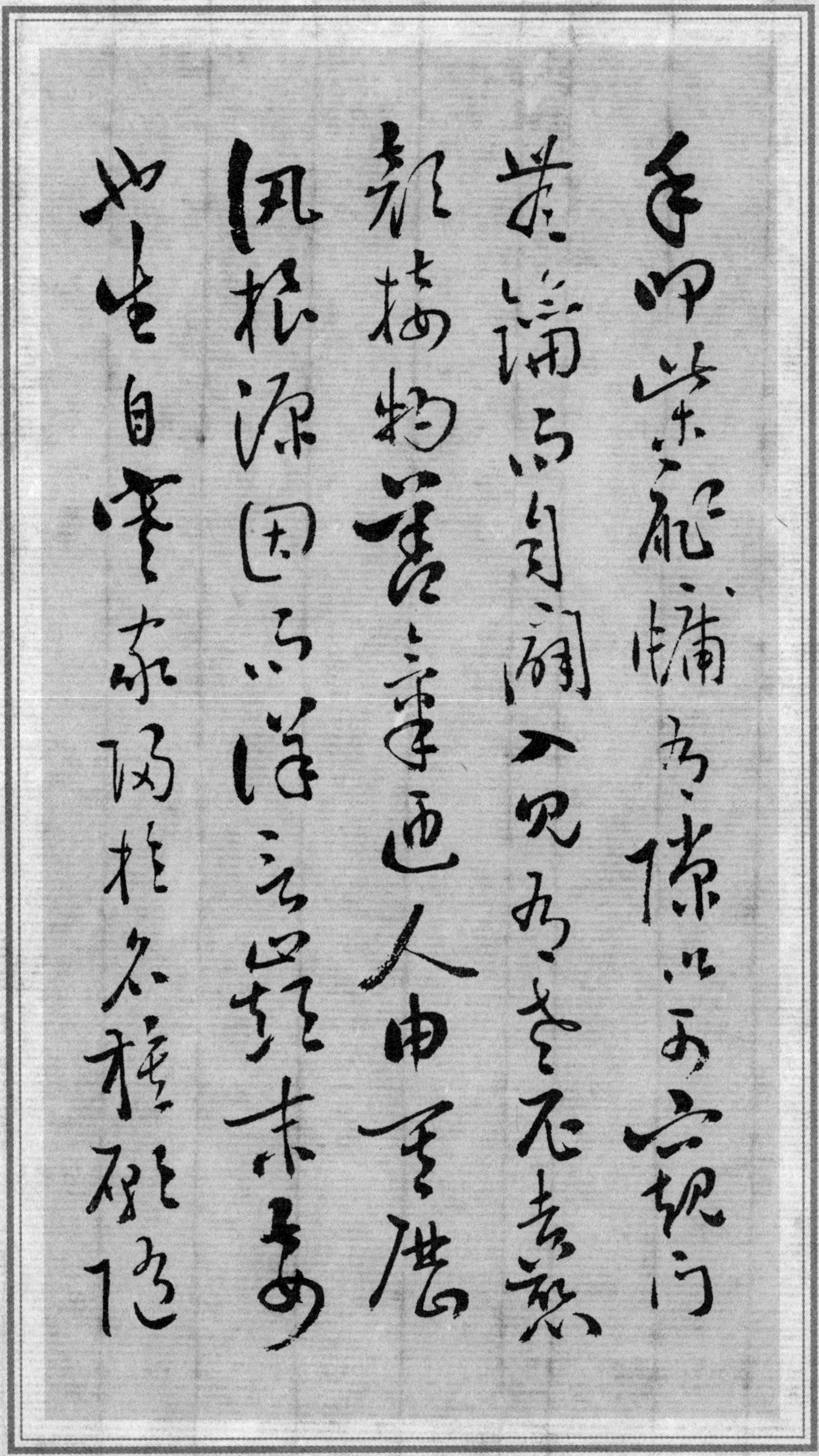

佳士，朝雲甘抱衾裯；欲嫁清門，絡秀曾操箕帚。豈意一時孟浪，偶墮詭謀；遂教三載奔波，備嘗險境。迹同蓬梗，衹自長飄；心似蕃葹，何堪

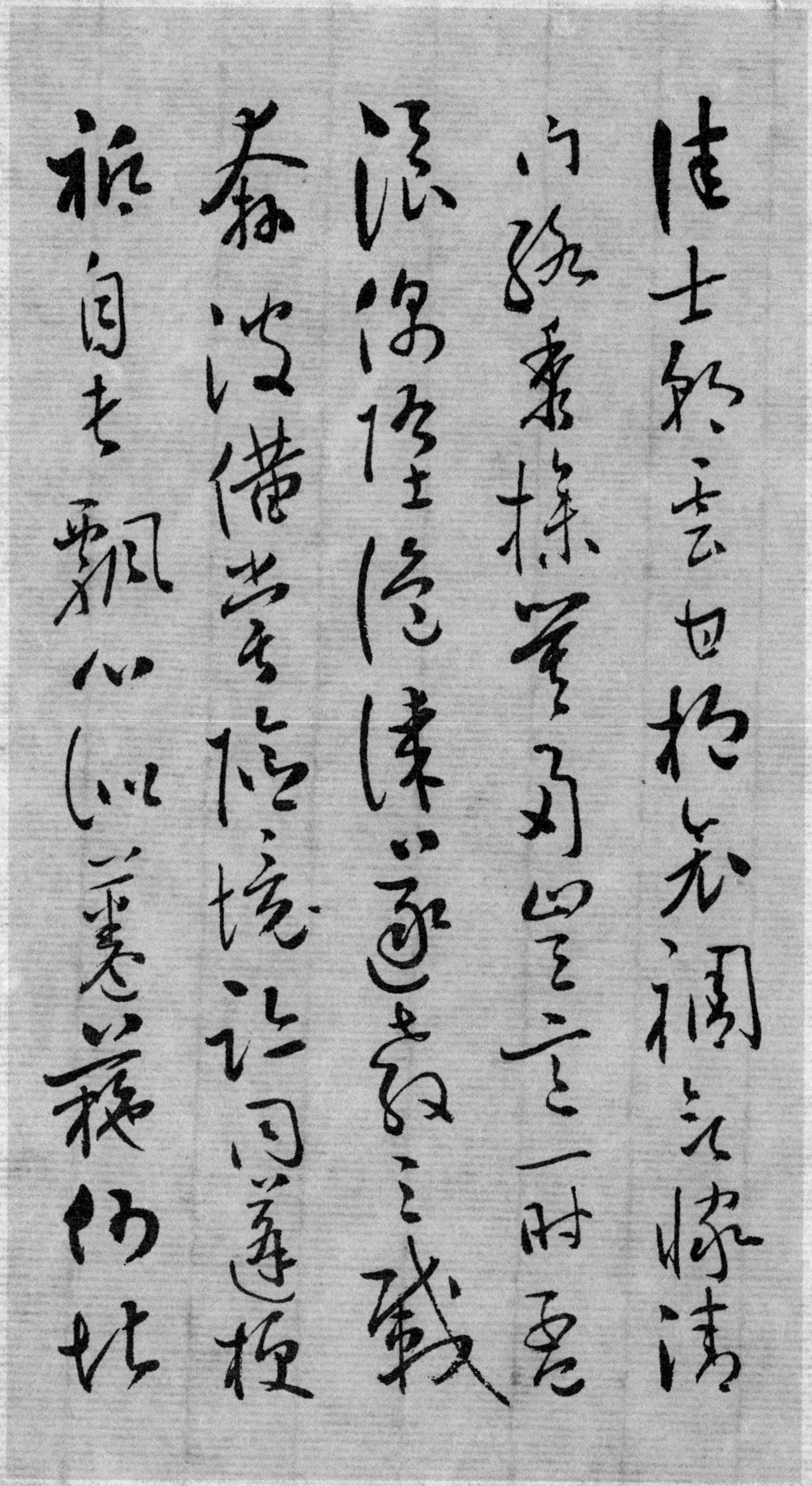

屢拔。茲逢烏合，又使鸞離。丸逐弦驚，難定孤棲之鳥；風摧雨折，真成薄命之花。名托鴛鴦，實爲狼狽。絕曉百年內，藁砧之遙望，已逐浮

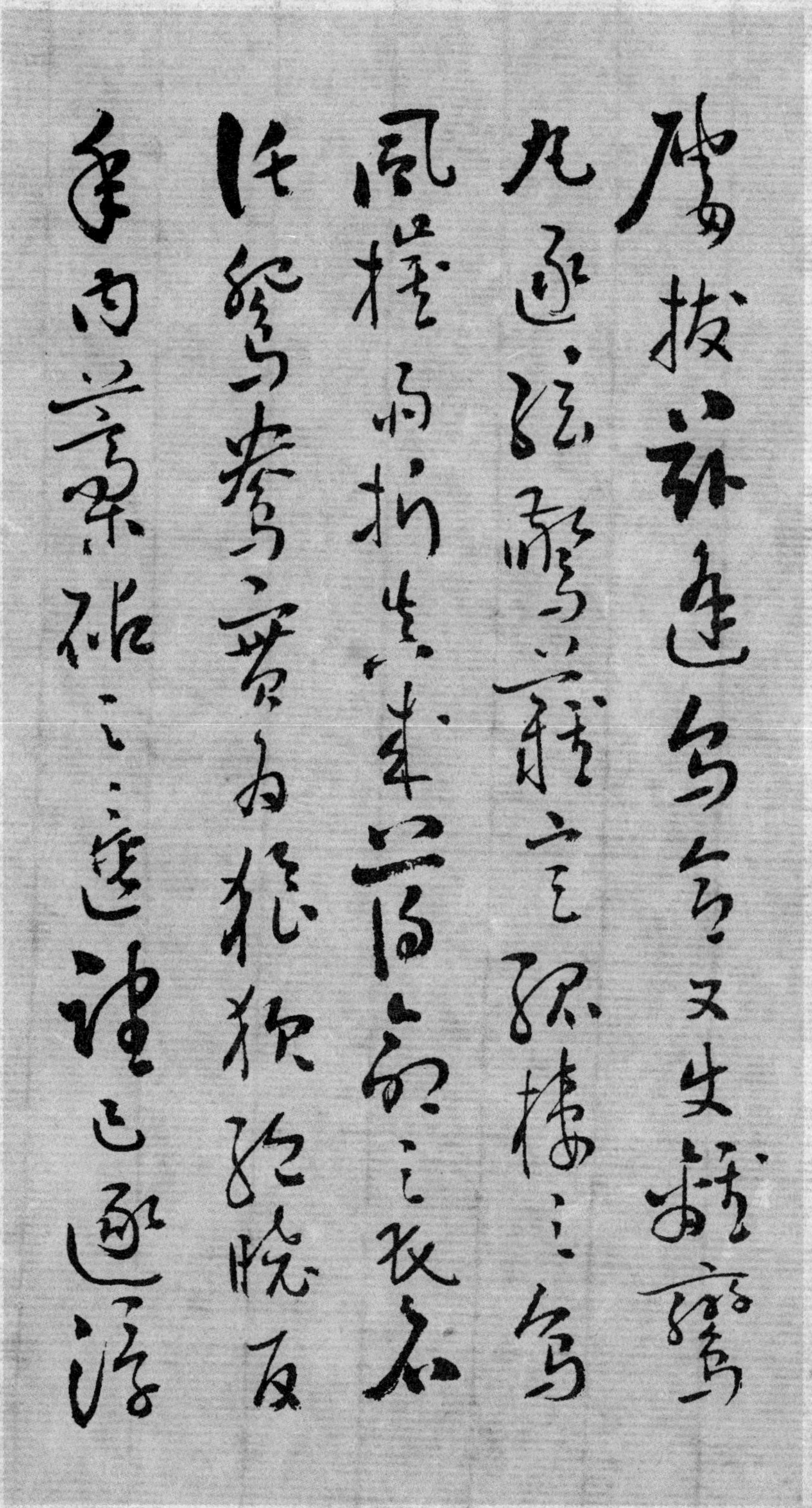

雲；還祈萬劫中，蒲柳之餘生，尚沾法雨。此尼指迷途，開覺路，明其證果，悟以空花。塵劫紛紛，汝良苦矣；枯禪寂寂，爾姑安之。由是，息影皈依，

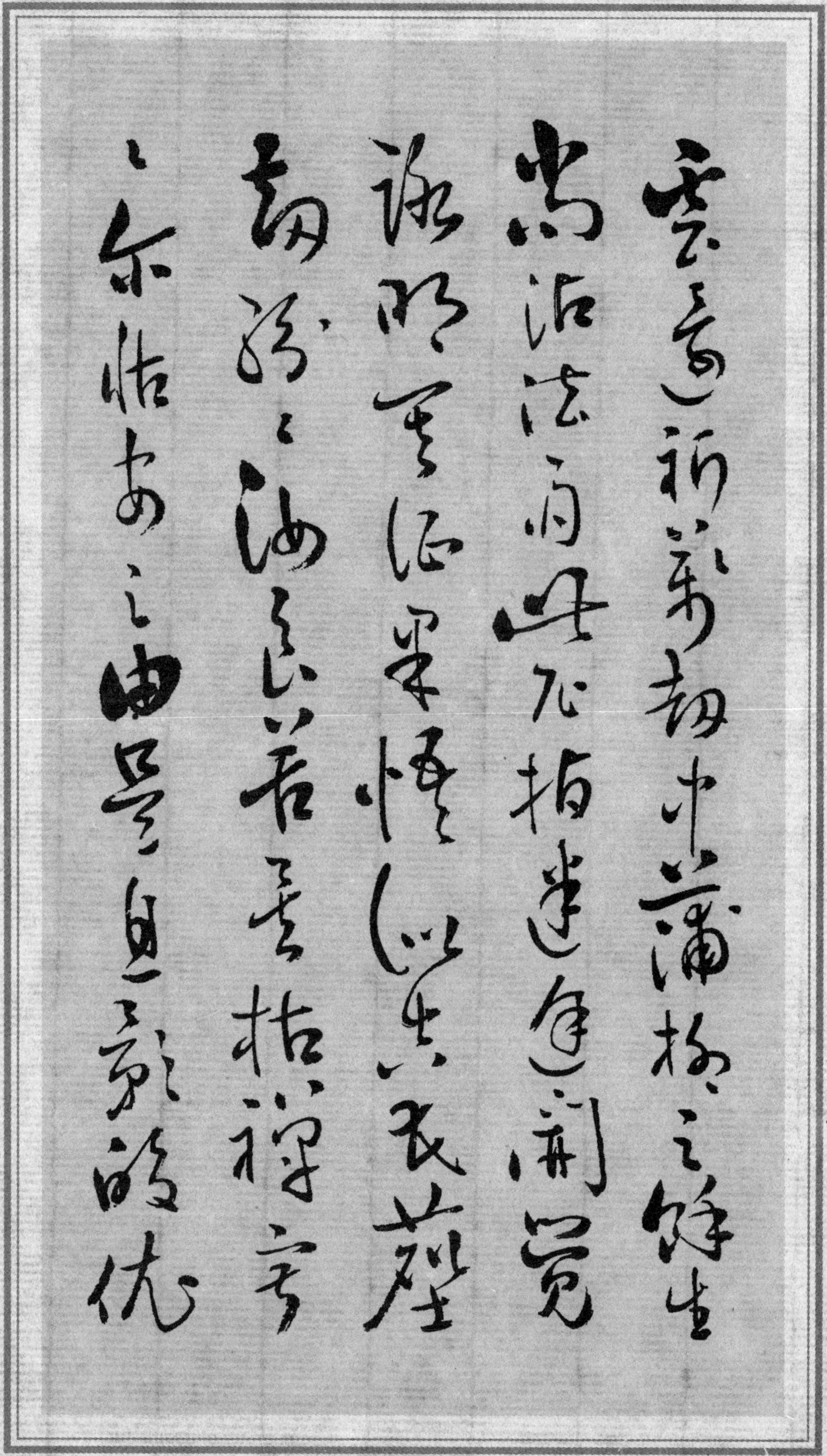

束身持戒。蓮經七卷，長勞玉腕之翻；佛號千聲，靡恤珠喉之囀。螺鬟亂挽，折竹爲釵；蟬鬢粗梳，照泉作鏡。昔謫閻浮之地，本是仙姝；今

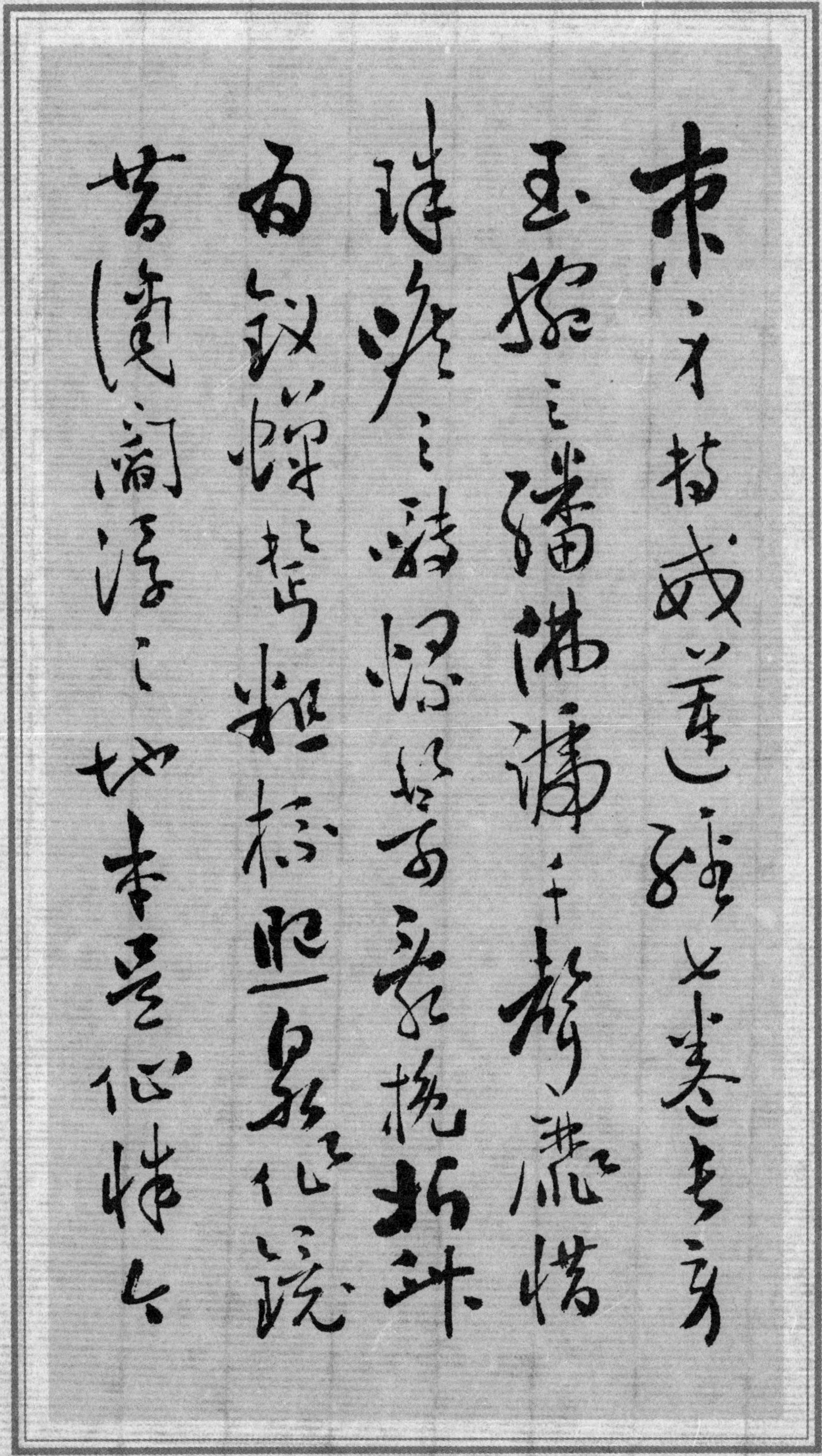

臨兜率之天，更爲佛婢。究之六根未淨，五蘊難空。一種離愁，欲與叢林鳥語；萬般幽恨，怕逢曲徑花開。念夫自入情場，頻遭魔劫。黑

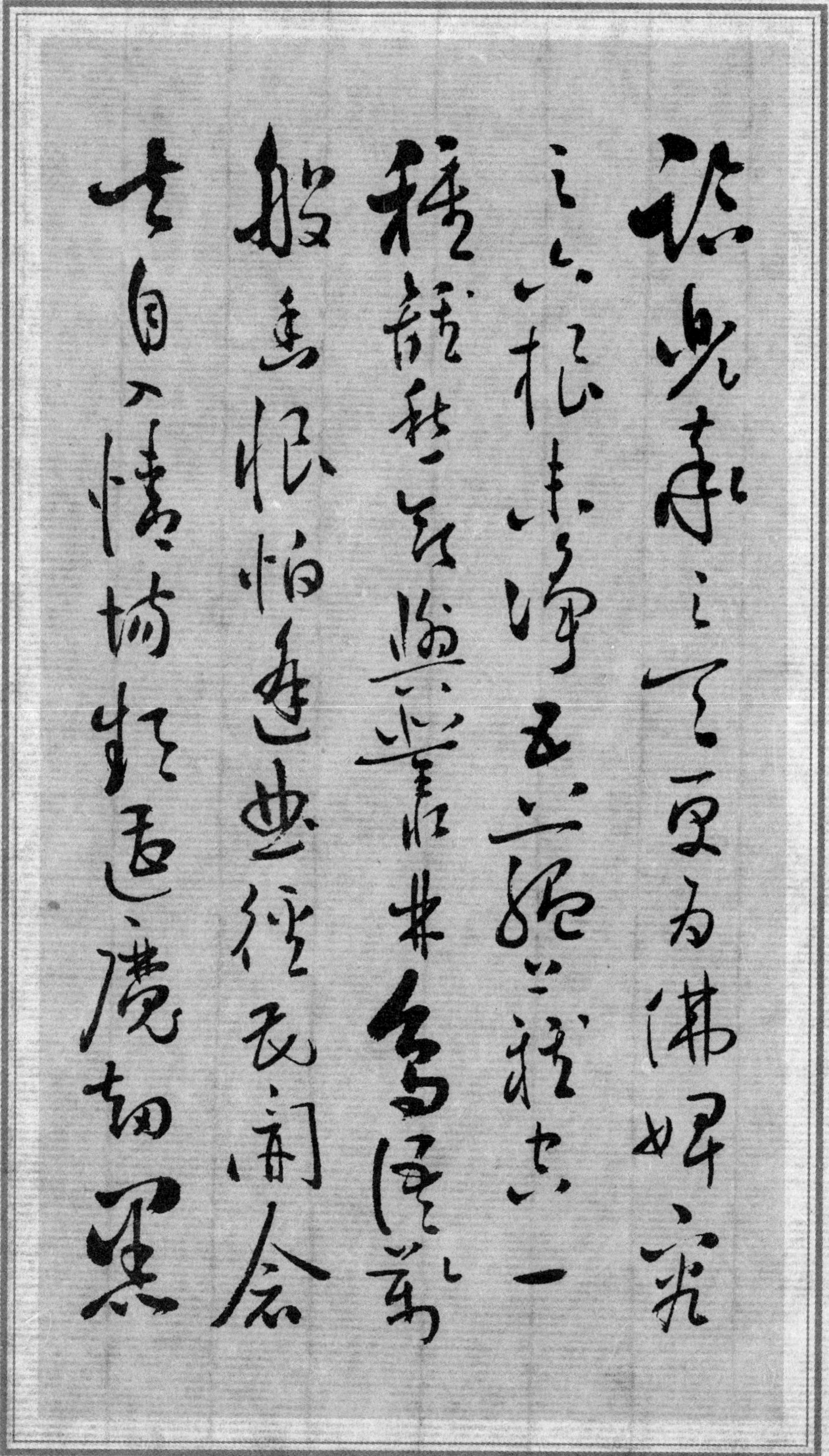

風翻浪，打破（散）文鱗；赤焰騰林，驚分采翮。去日苦多來日少，徒期白首同歸；別時容易見時難，那忍朱顏虛度。哀哉，萍浮大海以何逢，珠

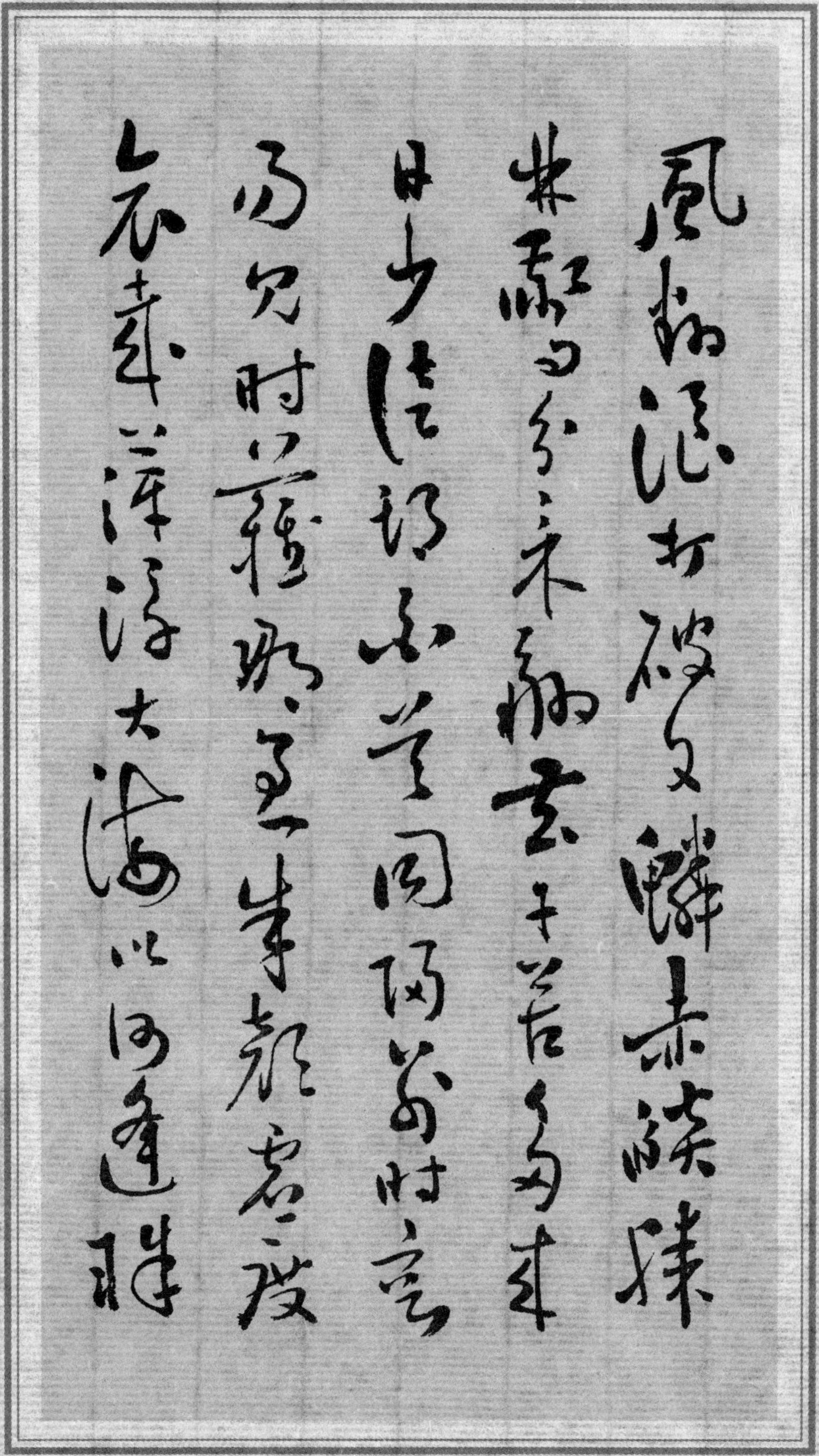

入重淵而莫獲。古佛豈談休咎事，徒費頻占；空王不管別離情，漫勞默禱。此則姑脱身火宅，寄迹沙門之時也。賓生自失離之後，魂夢

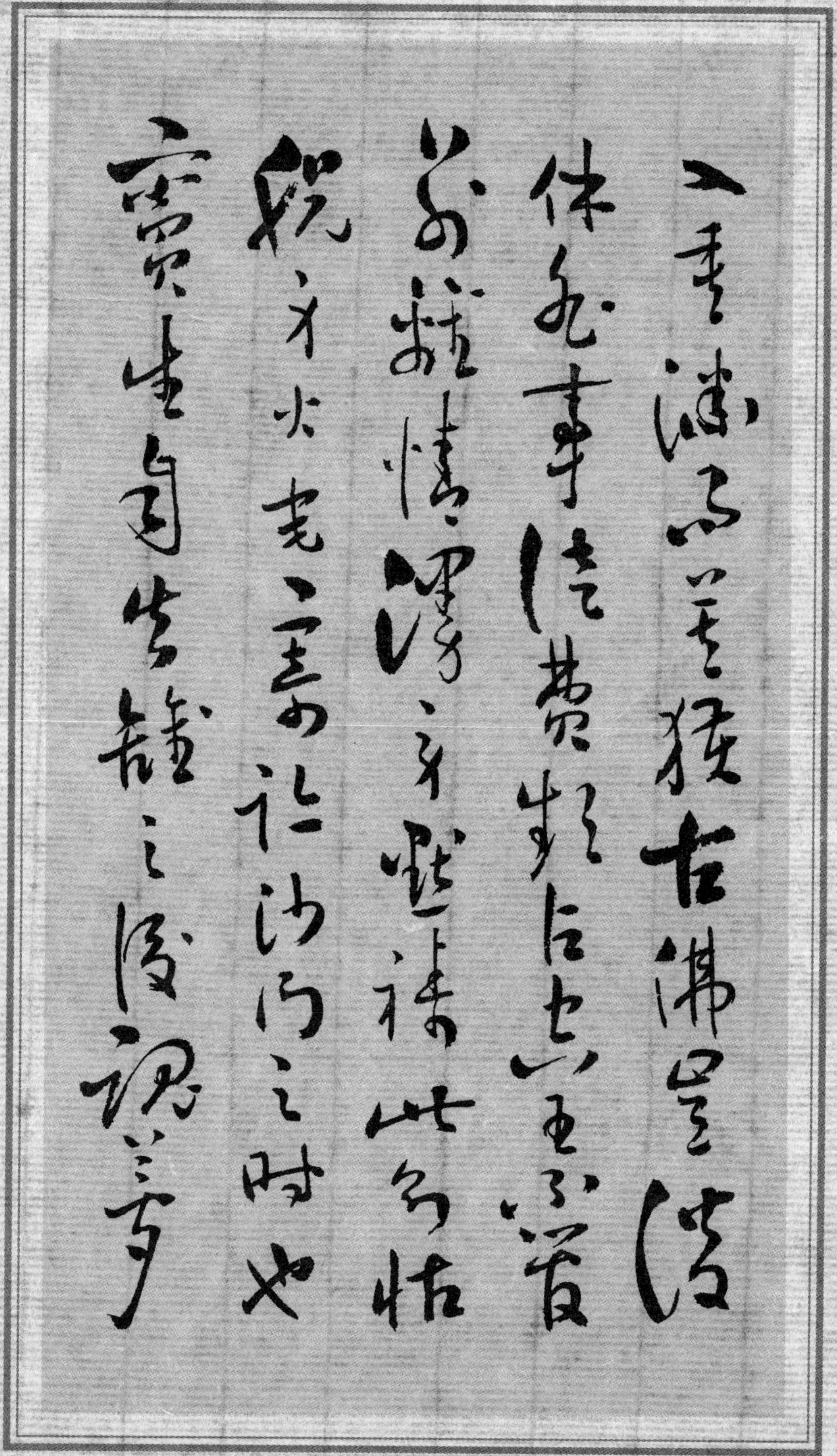

無依；從奔竄之餘，形神俱憊。吴牛喘月，長在畏途；代馬銜霜，未登坦道。有天莫控，無地可留。傷野鶴之孤飛，警深宵露；嘆香蘭

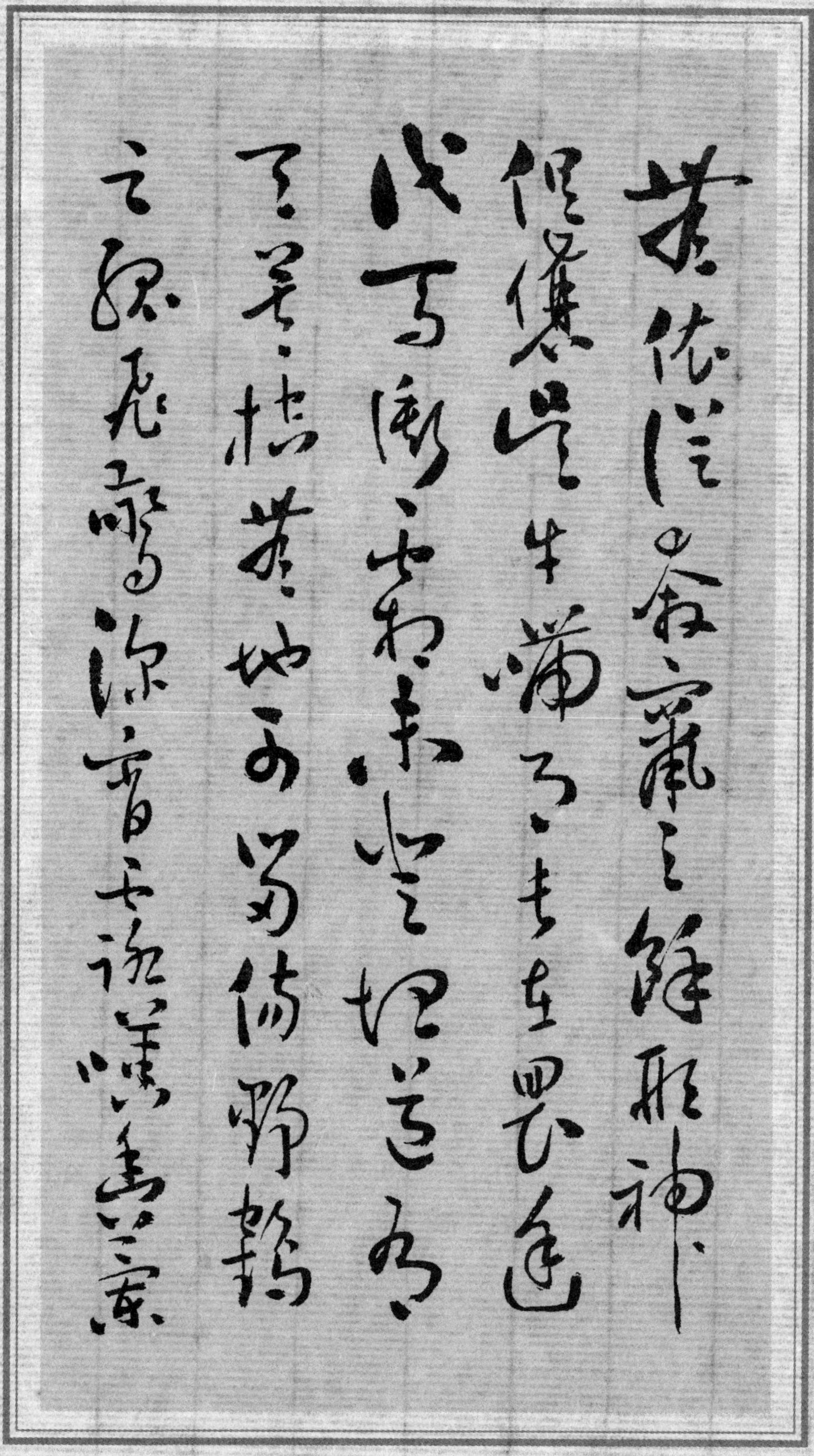

之獨茂，敗逐秋風。因念婦翁之宅非遥，速投莫緩；還思女子之踪不遠，再覓未遲。但從反目以來，豈屑降心而往。九苞靈鳳，詎棲毁卵之

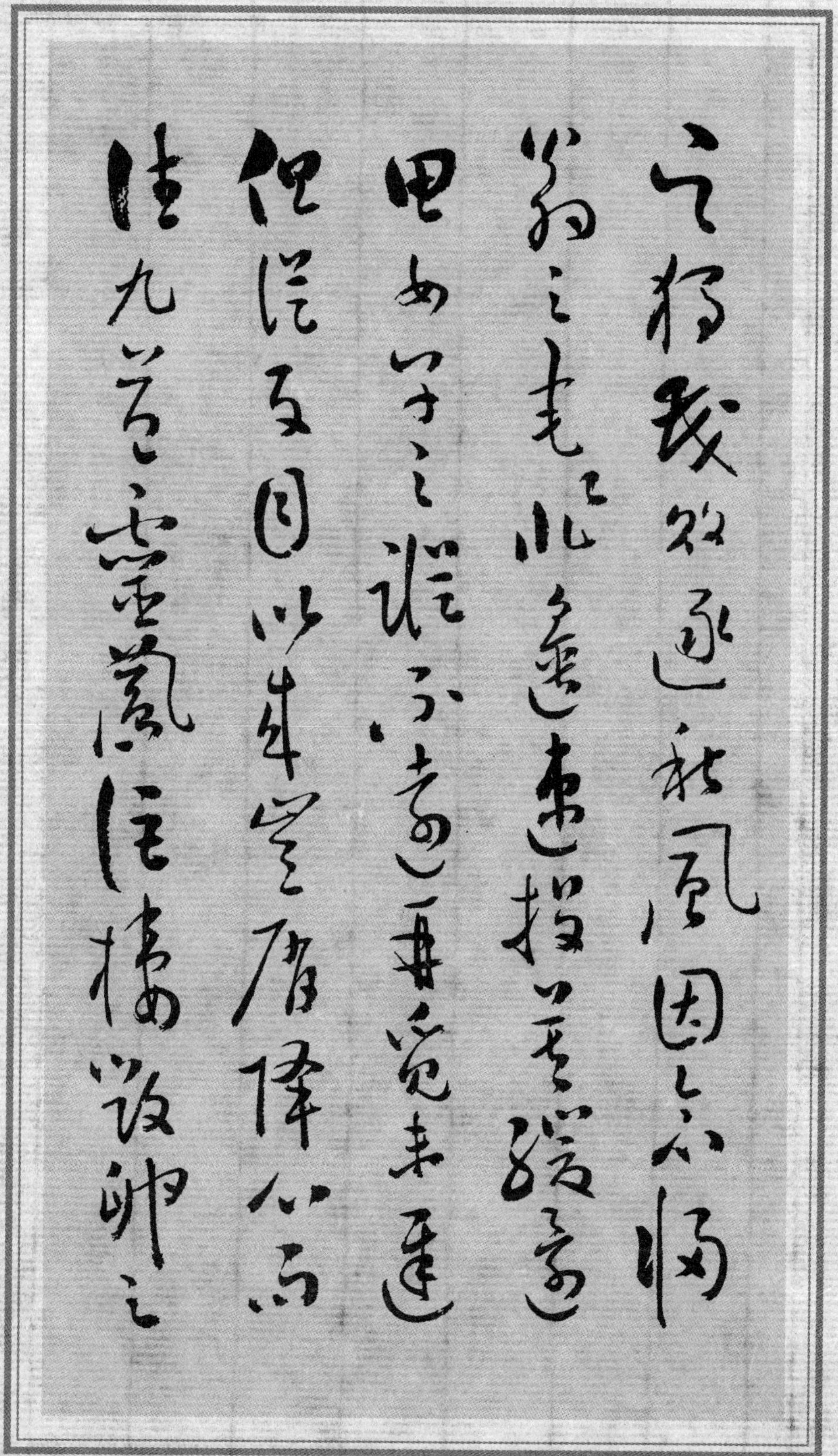

巢；千里神駒，寧嚙回頭之草。無奈寇氛充路，灌（烽）火亘天，欲歸家而迫不及歸，欲擇地而急何能擇。巖墻固非可立，暫爲竄迹之方；惡

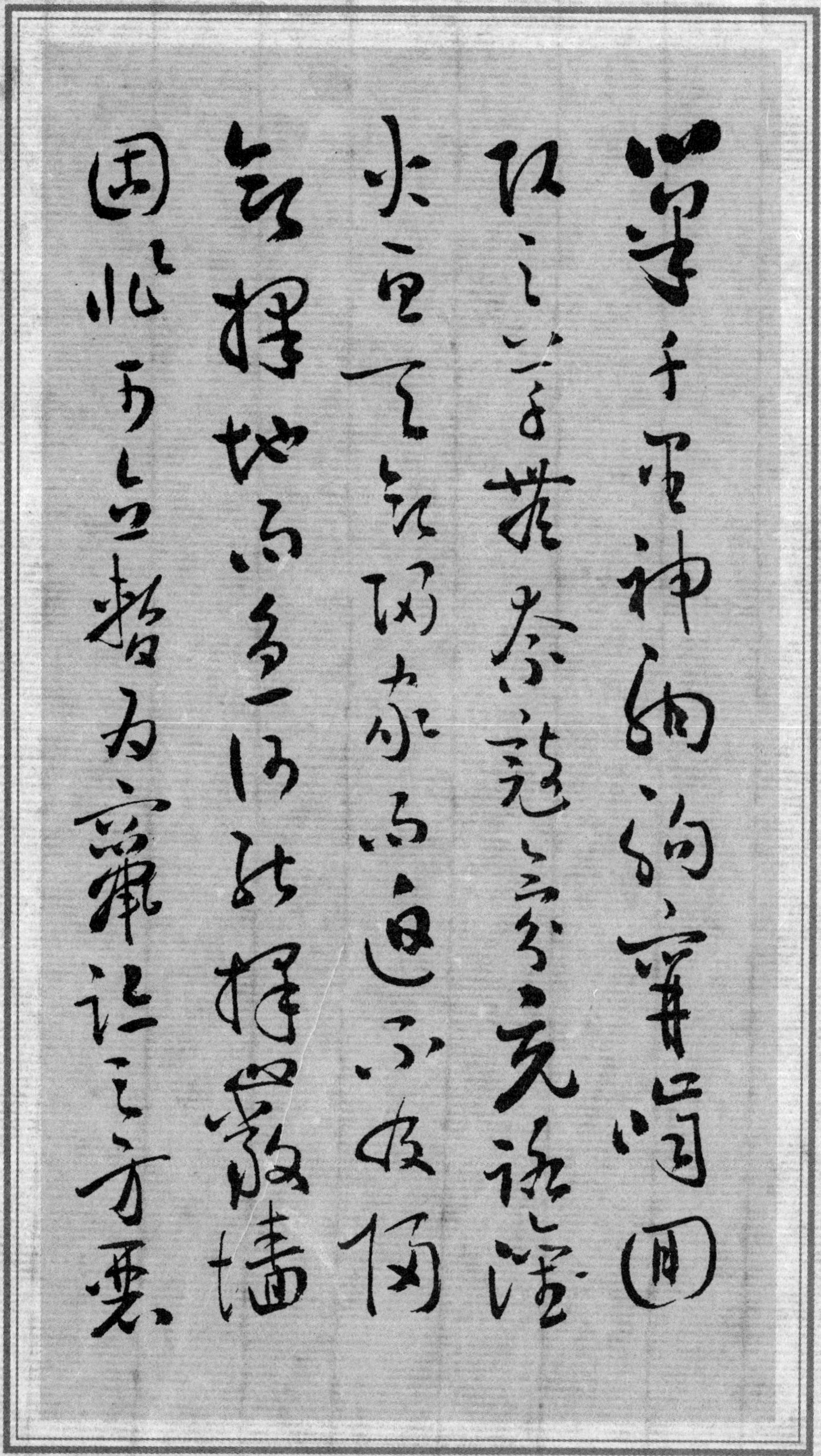

木原不堪棲，聊作藏身之計。魚方漏網，仍從水國揚鱗；鳥乍驚弦，復向山林振翮。孰料滄桑迭變，陵谷頻遷。瞥驚海水群飛，(驚駭)山雲驟幻。珠

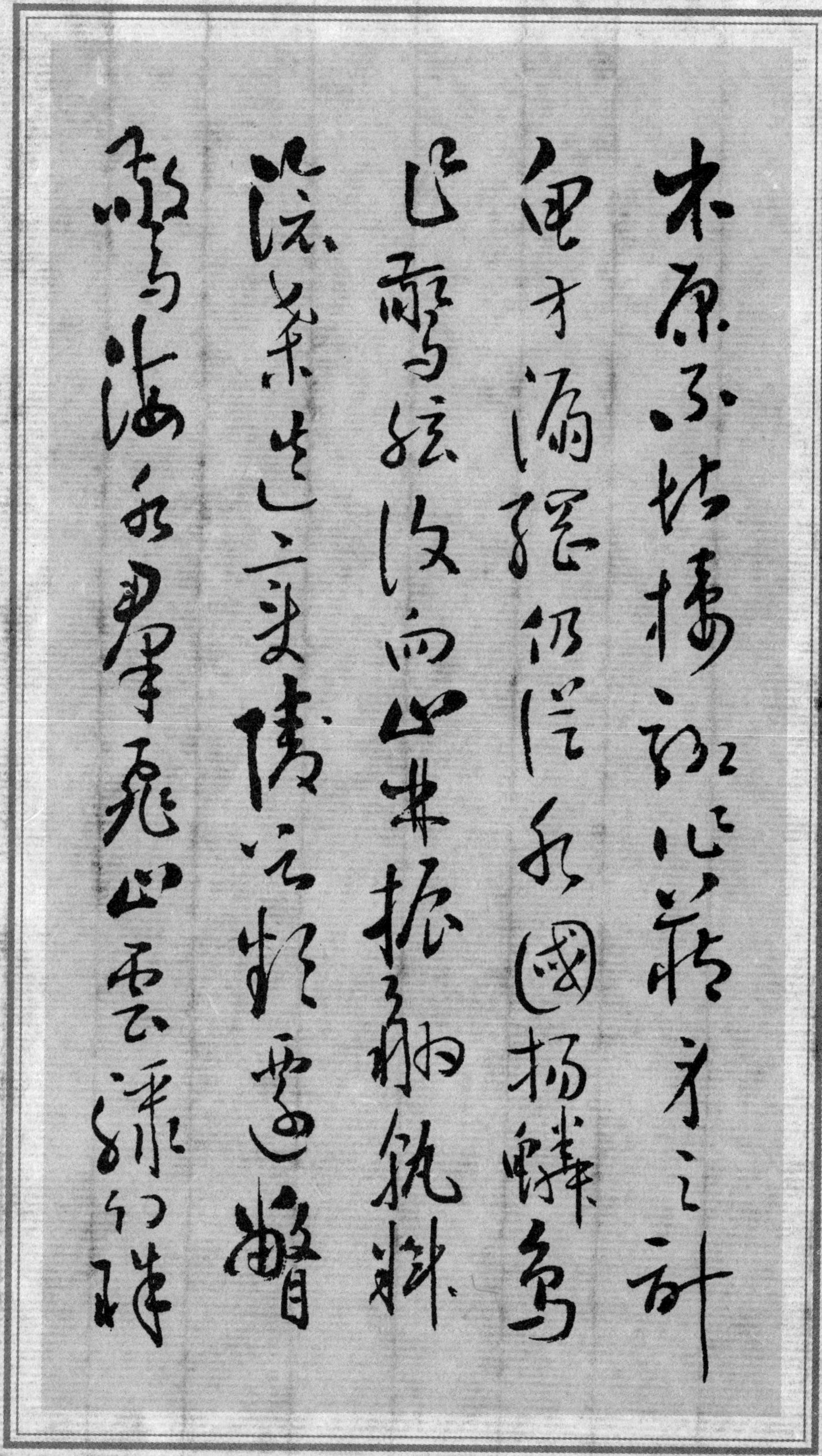

簾畫棟，已成三月之灰；白叟黃童，悉化九泉之物。嗟乎，咎非自取，禍豈己求。覩斯潰敗之形，推其滅亡之故。而知淫威震俗，未有久存；黷貨成家，斷

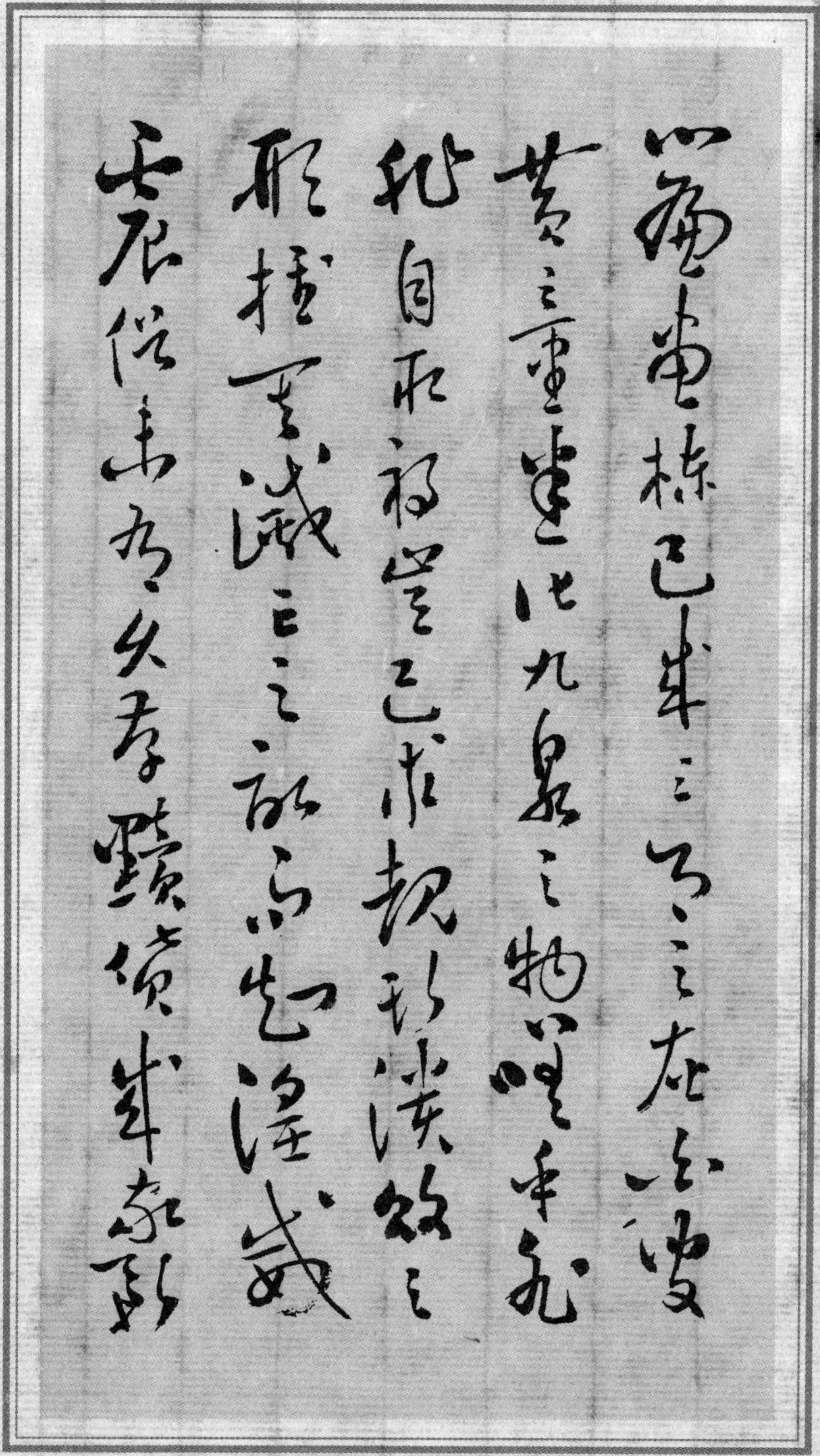

無永享。當夫憑權藉勢，倒行逆施。告其知足而罔聞，勉以持盈而莫察。及乎萬罪通天，忽焉一敗塗地。在攖此禍者，事事悔遲；在復其仇者，聲

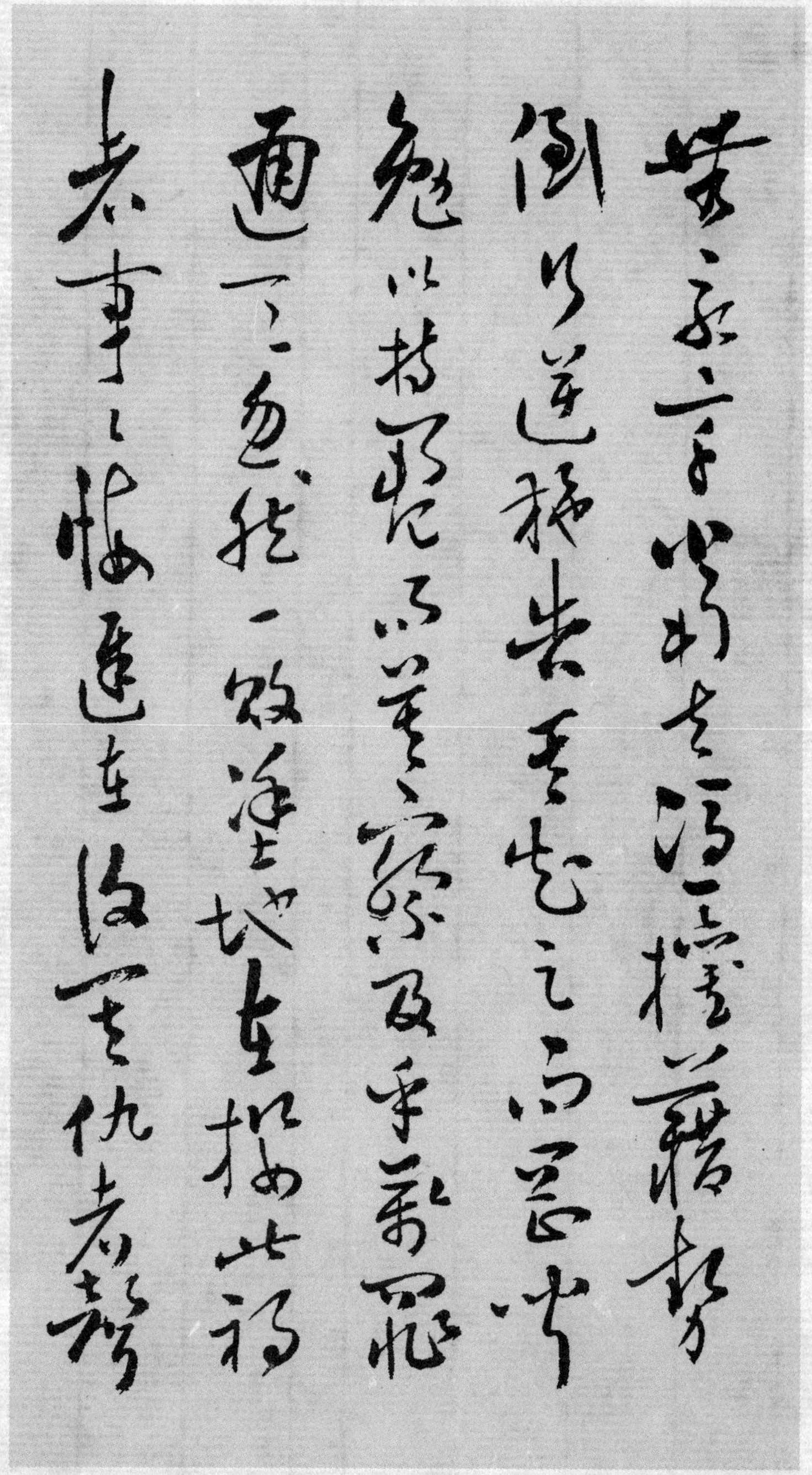

聲稱快。未嘗不嘆人心之怨，未嘗不爲甚深，而天道之報施固不爽也。賨生之妻父某，在建文時，始由進士以起家，繼由憸人而賣國。附李景隆出降

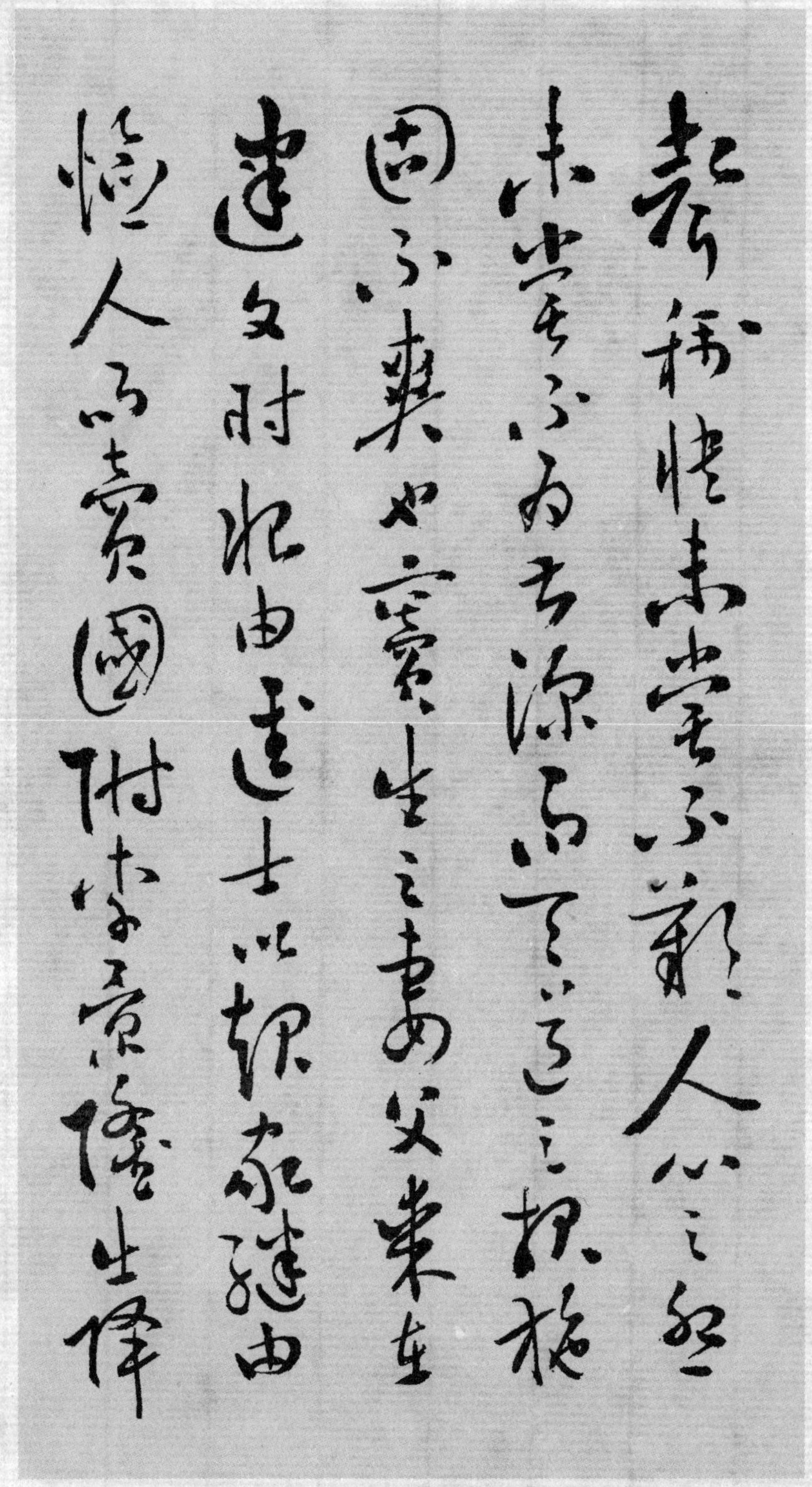

之列，功冒從龍；邀姚廣孝佐命之勳，威揚假虎。驟遷顯秩，歷任名疆。當其秉鉞關中，勢堪炙手；及夫投簪林下，慾更熏心。腦滿腸肥，仍向刀頭吮蜜；

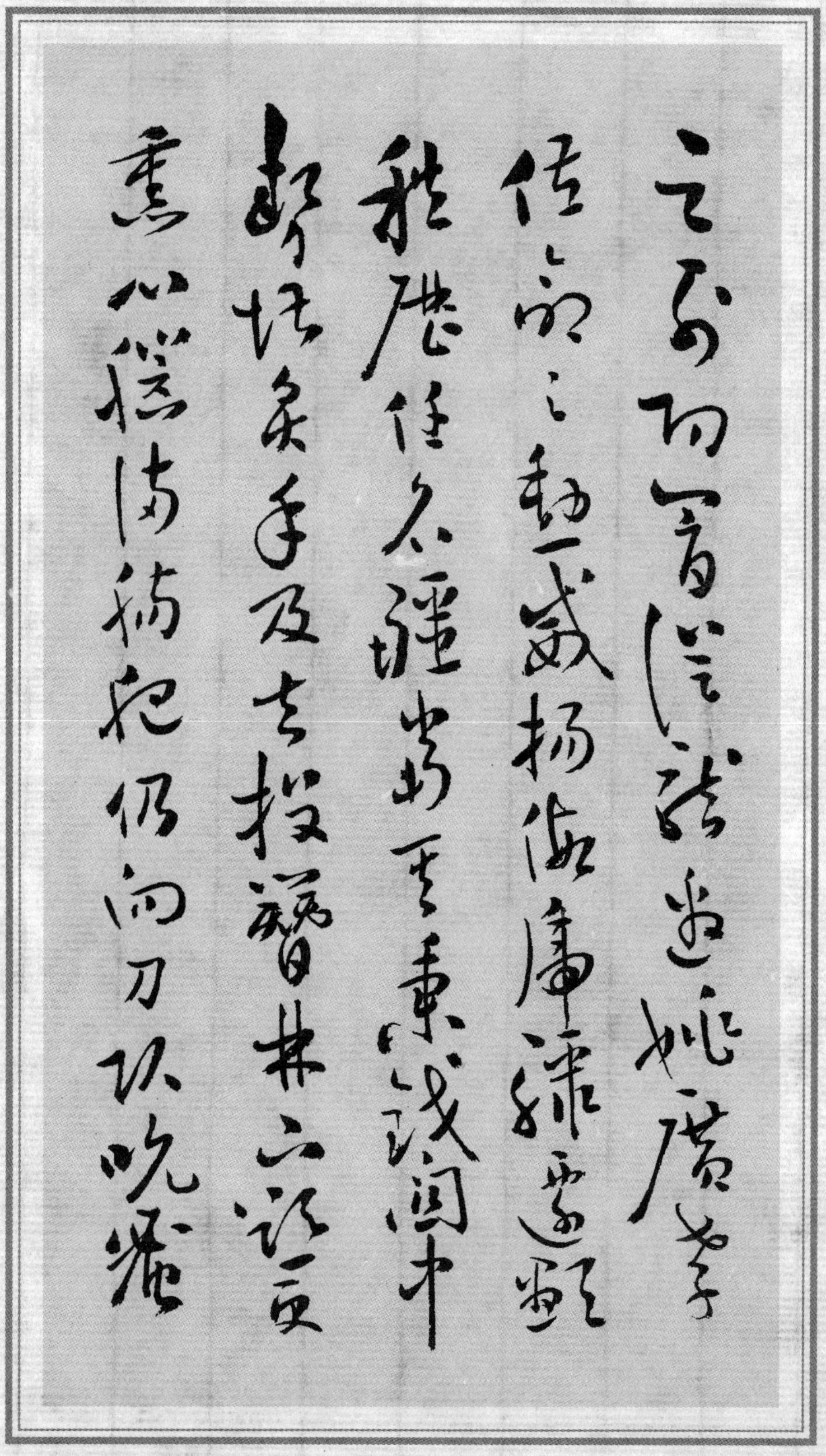

火騰湯沸，罔知釜底抽薪。放利爲眾怨之媒，多藏即厚亡之券。先是，生之在彼也，身似處堂之燕雀，寧不深憂；情關庇木之蔦蘿，能無苦諫。無

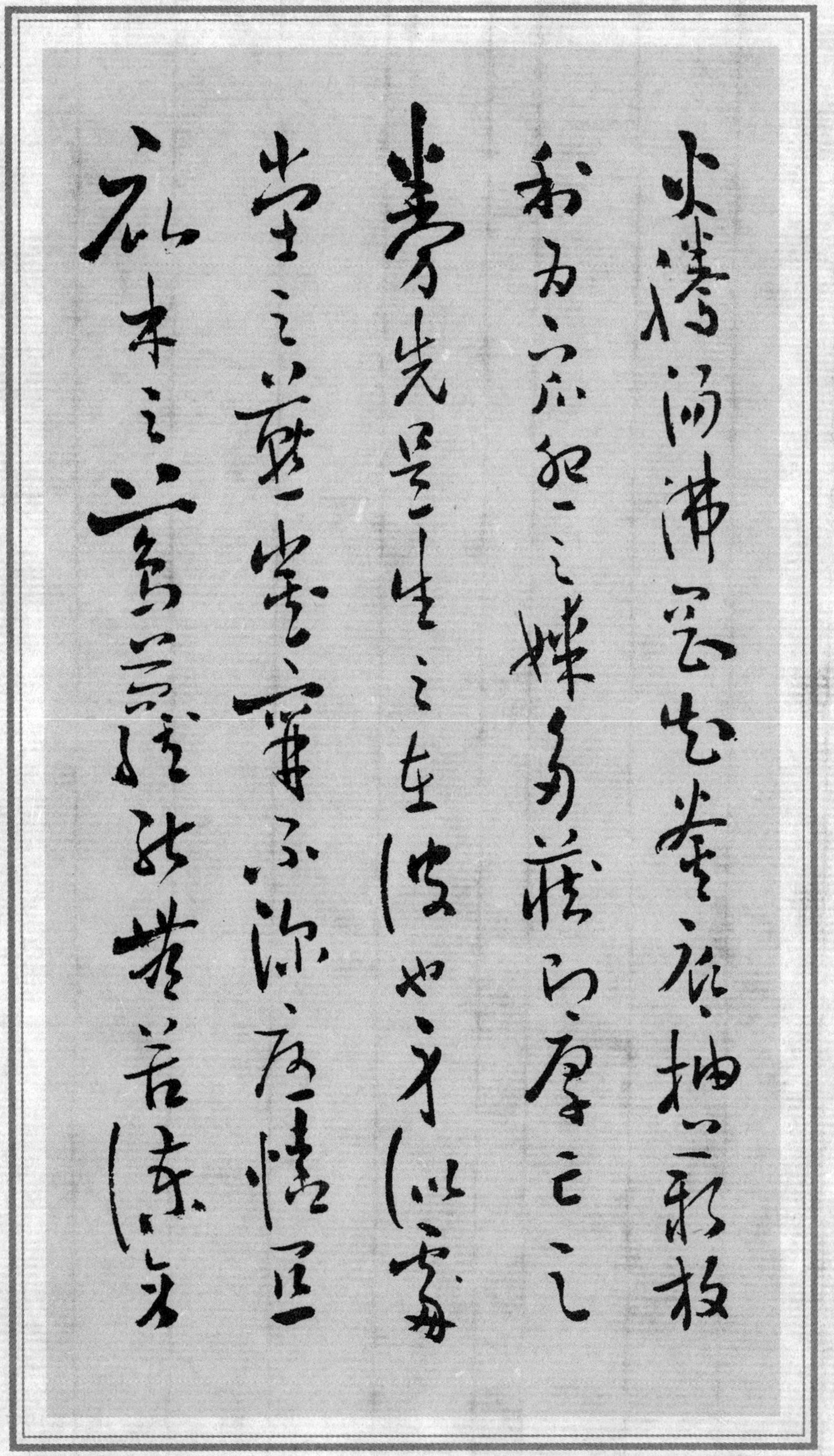

如進讒言之口，置若罔聞；存怙惡之心，悍然不顧。箝持官府，使爲門下爪牙；凌轢鄉間，俾作几間魚肉。刀藏笑裏，箭發暗中。興虞芮之爭，橫侵南

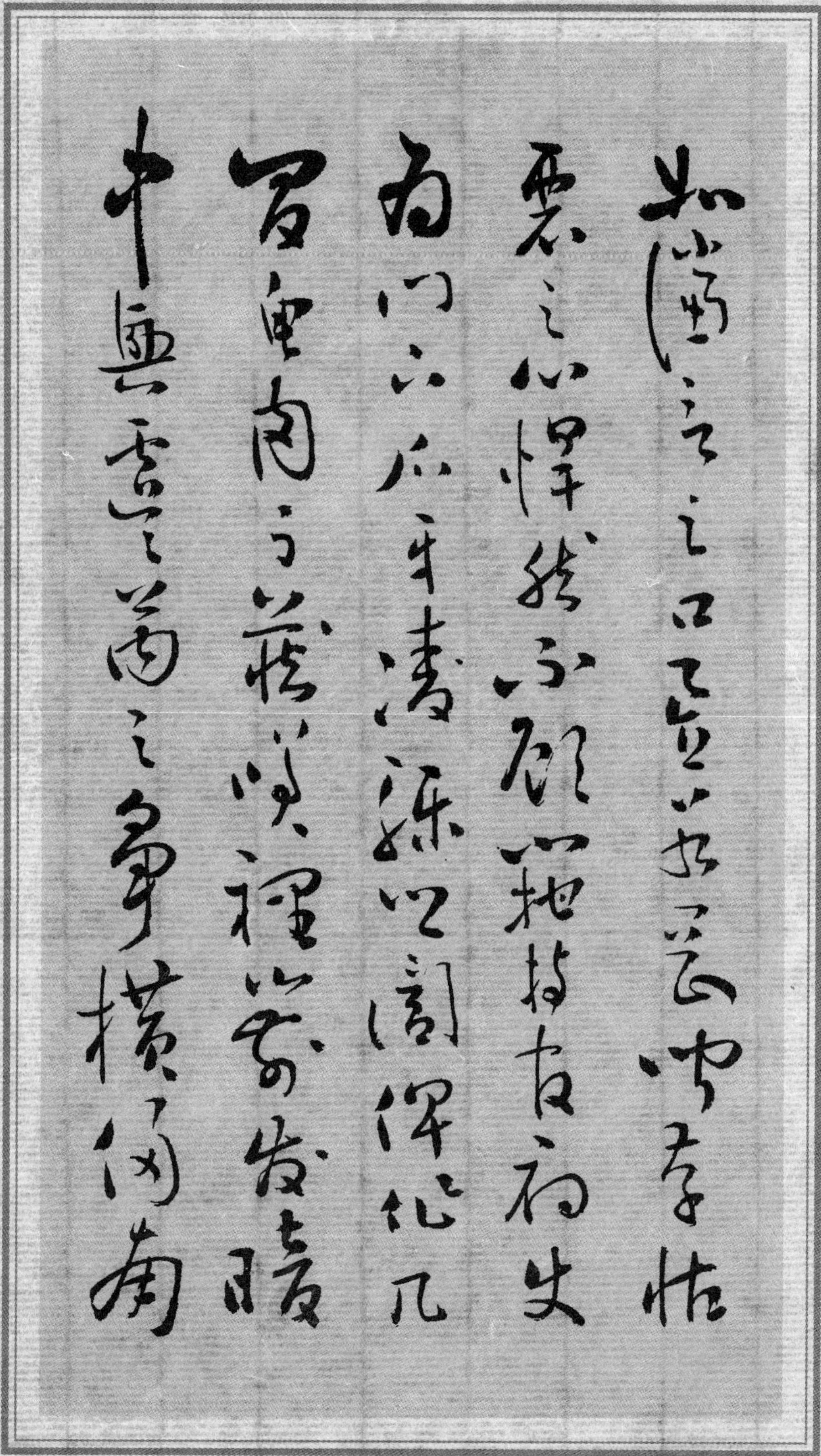

畝；掠毛施之色，强摟東家。嗟乎，雪趁風威，田園白占；雨噴雲勢，天地黑沉（瞞）。黑（里）巷痛心，只苦含冤莫訴；道途側目，特患無釁可乘。趙良決策於

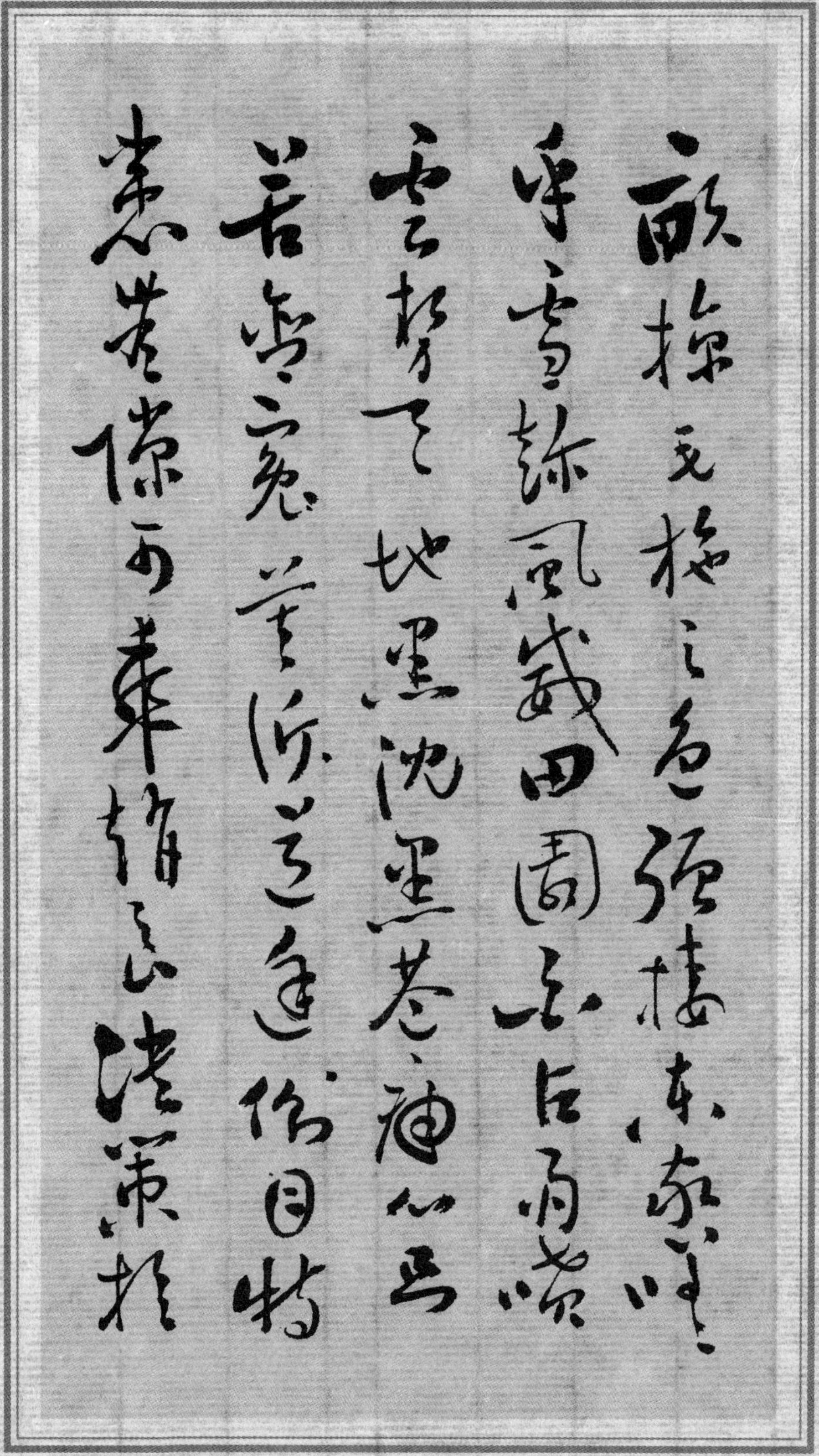

先機，逆料商鞅必敗；孟談熟思於事內，預知智伯將亡。彼獨憤憤無憂，揚揚自喜。居婦人於帷內，但聞笑客之聲；指稚子於懷中，輒譽封

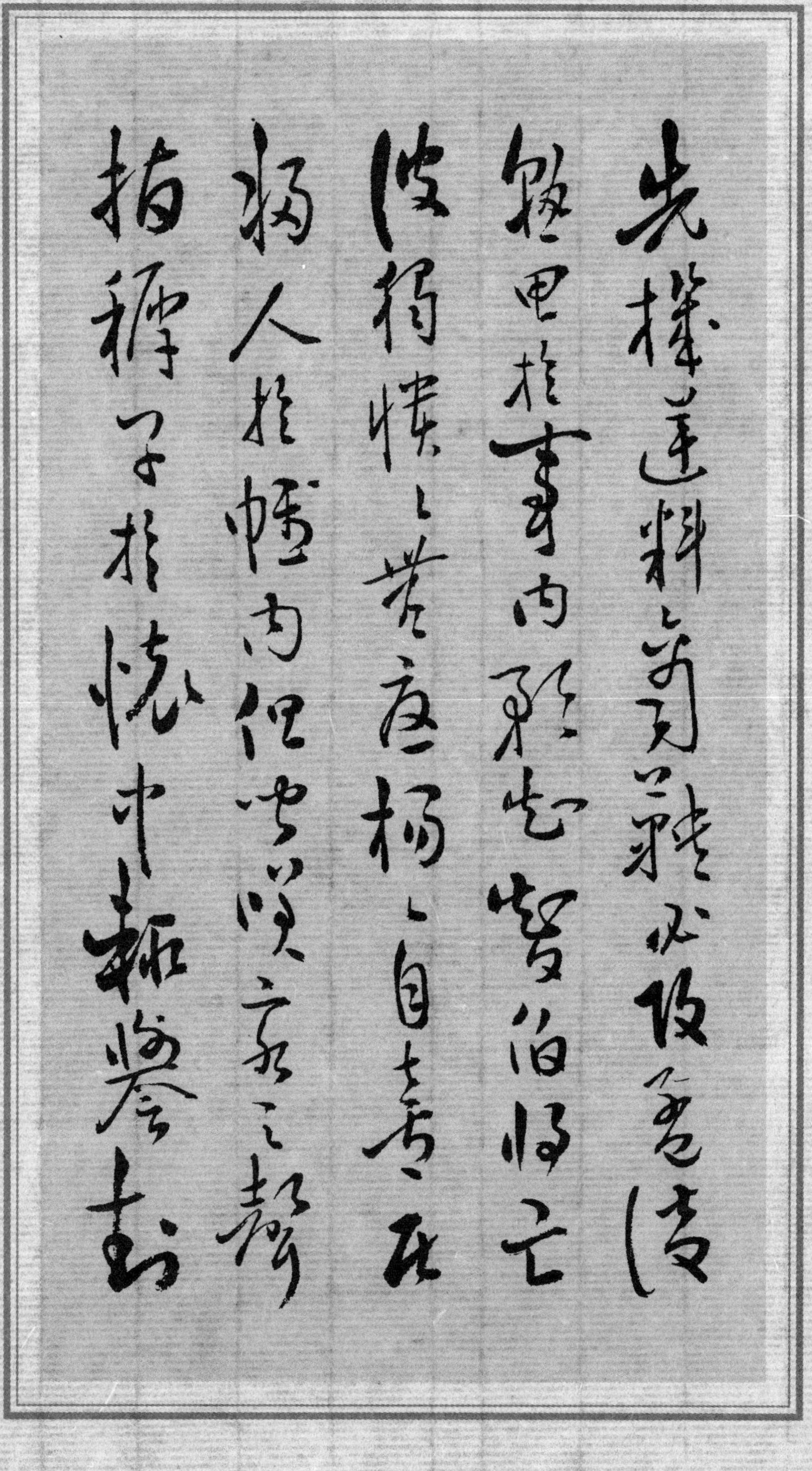

侯之相。甚且松間喝道，鶴亦乘軒；花裏排衙，猿俱衣袡。認浮雲爲長留之物，恃冰山成不拔之基。讒慝貪婪，驕奢淫逸；放辟邪侈，暴戾

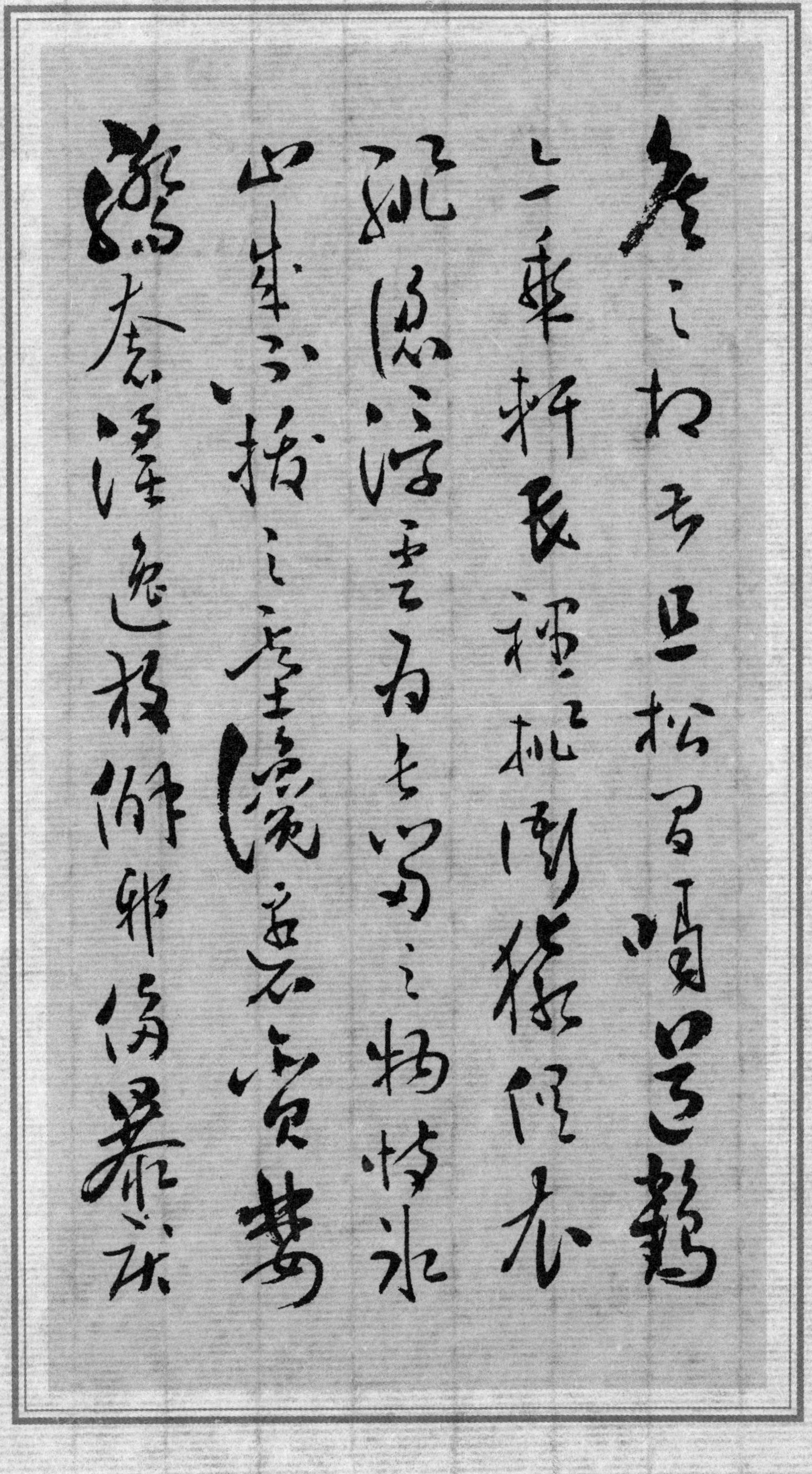

恣睢。蒙十六字之譏評，惡聲載道；任千萬人之唾罵，罪迹滔天。無何，鵂鶹叫，野狐鳴。駭飢民之鳩合，從妖寇而鯨吞。大抵象以齒焚，麝由香殞。

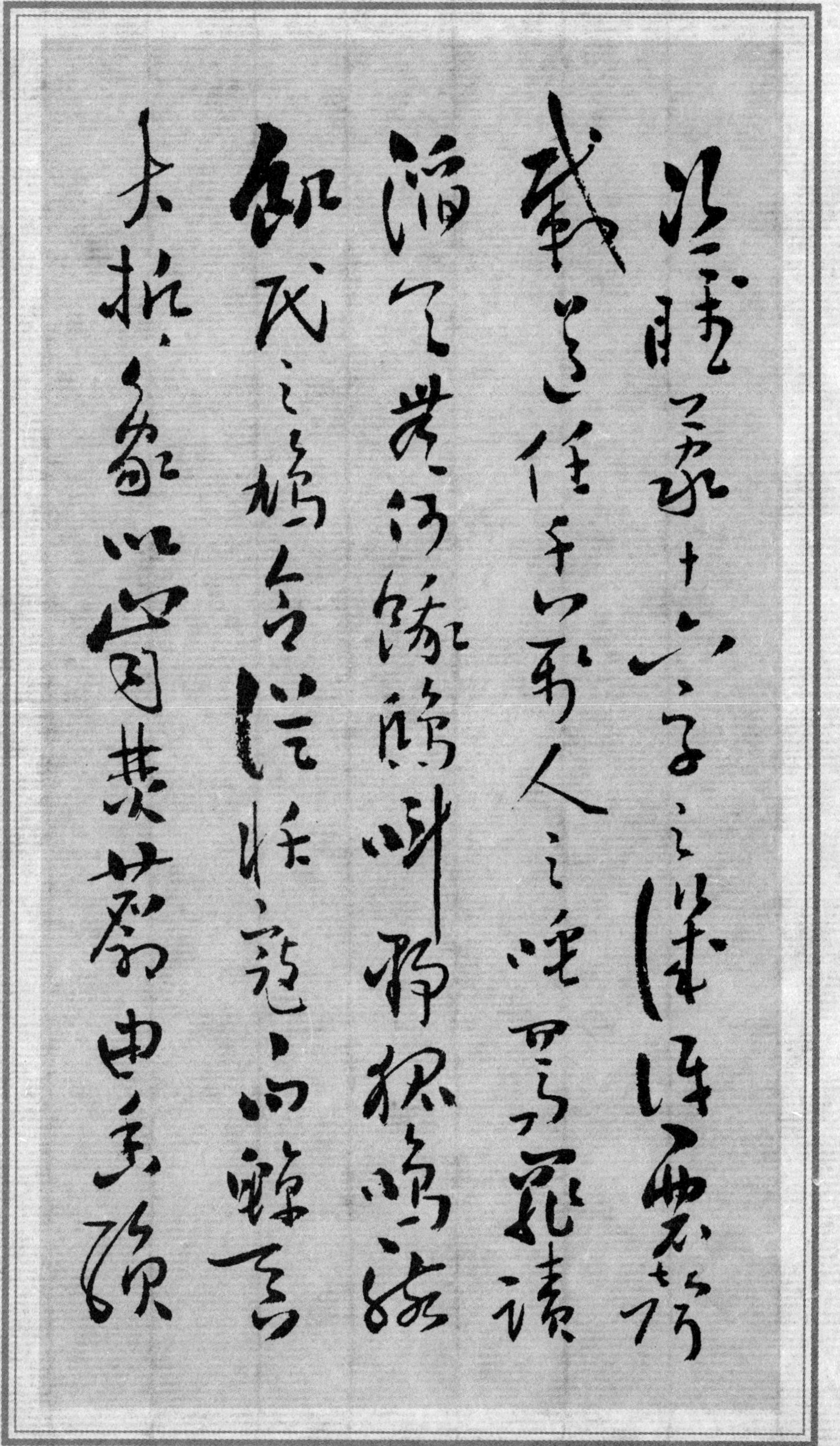

劇盜乘機而擇肉，專劫土豪；巨奸因亂而探丸，先攻勢惡。舉因風之火，靡有子遺；揮返日之戈，絕無噍類。曷若燎毛沃雪，速於瓦解土崩。自

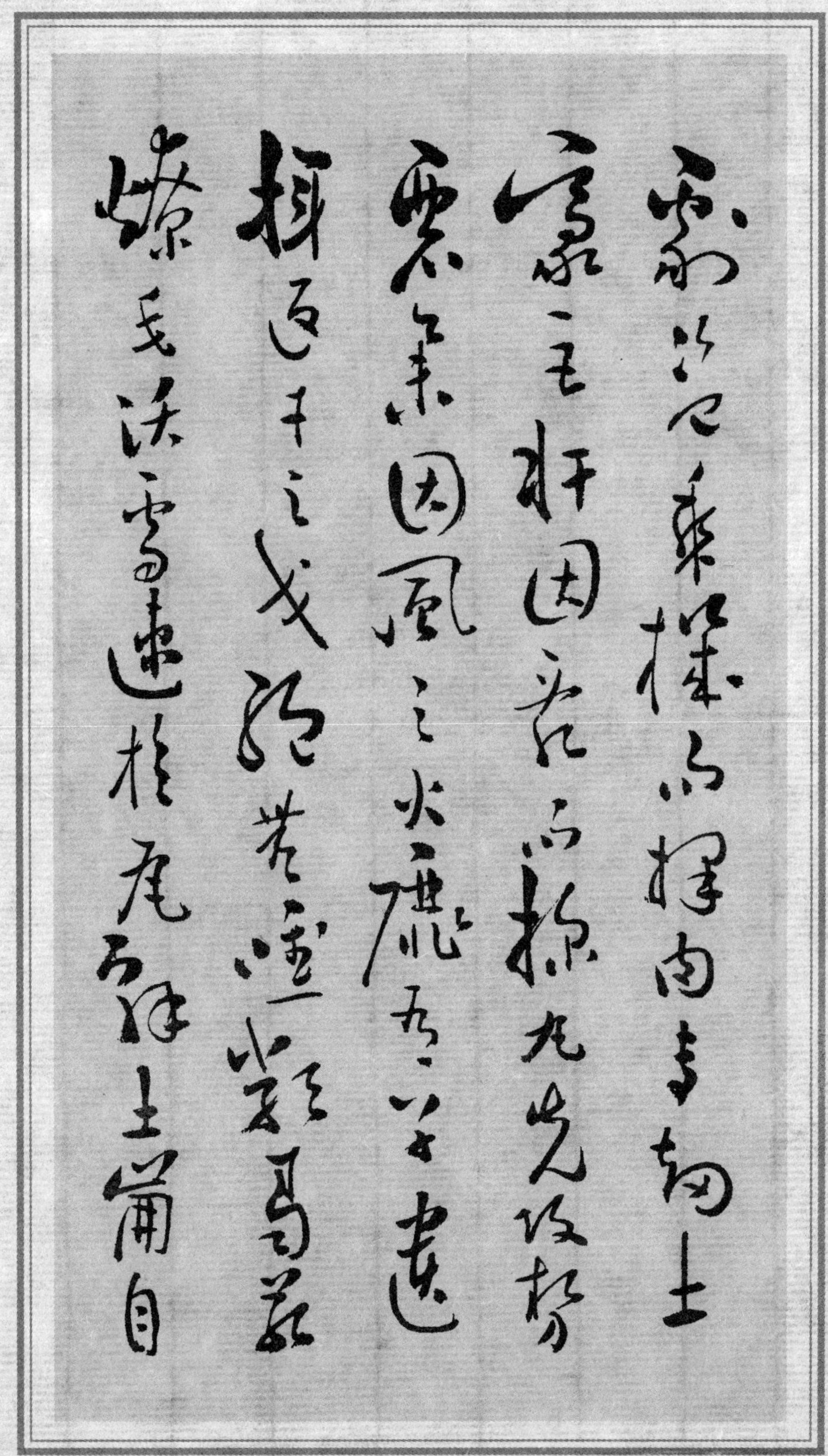

昔有言，善惡到頭終有報；於今始信，榮華轉眼即成空。嗚呼，趙師坑後，徒吊精魂；楚炬焦時，難收骸骨。昔日簪纓之地，只剩殘陽；當年棨戟

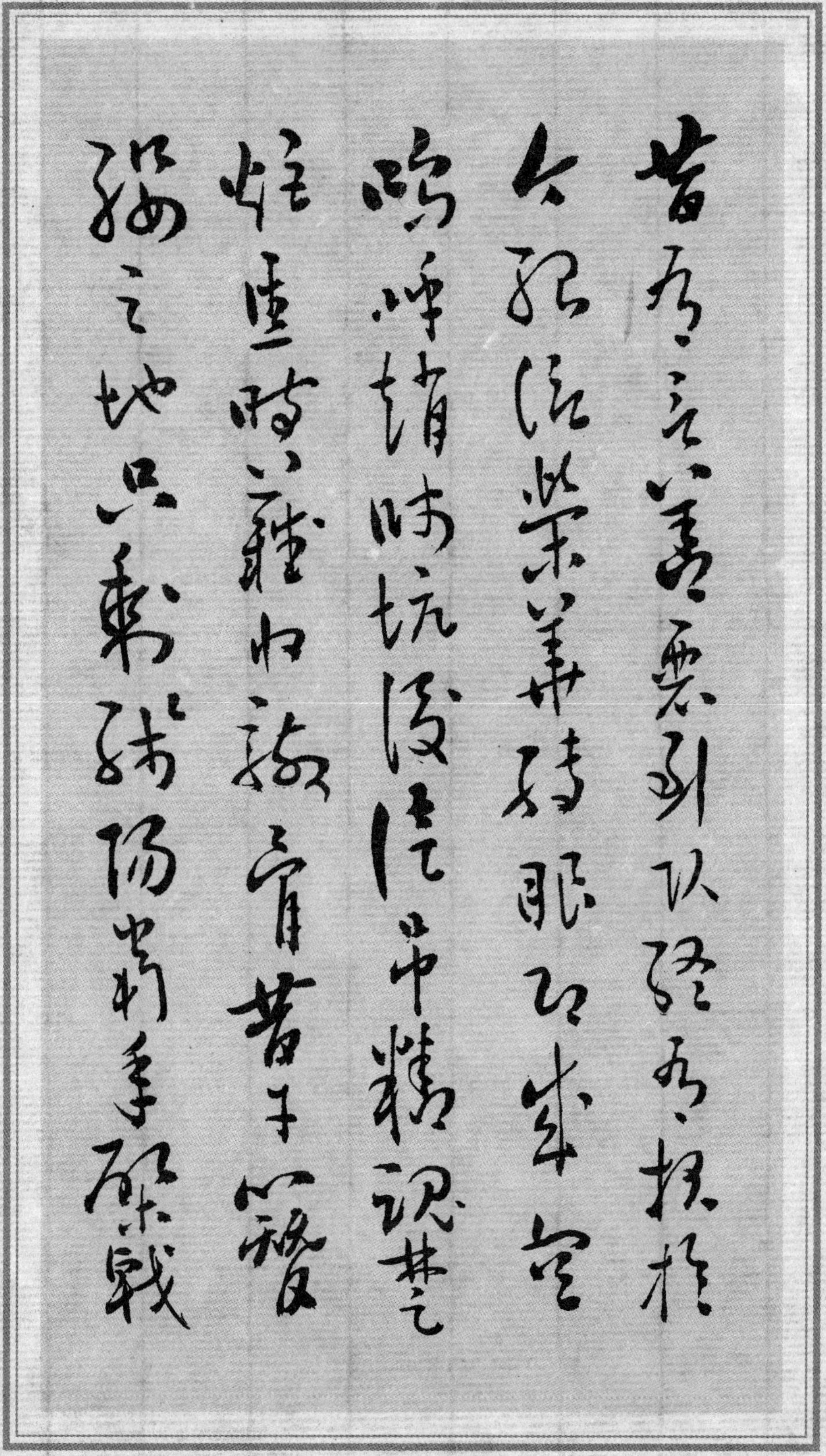

之場，唯留餘燼。不待里人指點，已增過客欷歔。裂膽摧肝，不堪問矣；傷心慘目，尚肯言哉。惟時實生，對此茫茫，百端交集；於焉蹙蹙，四顧何之。揚

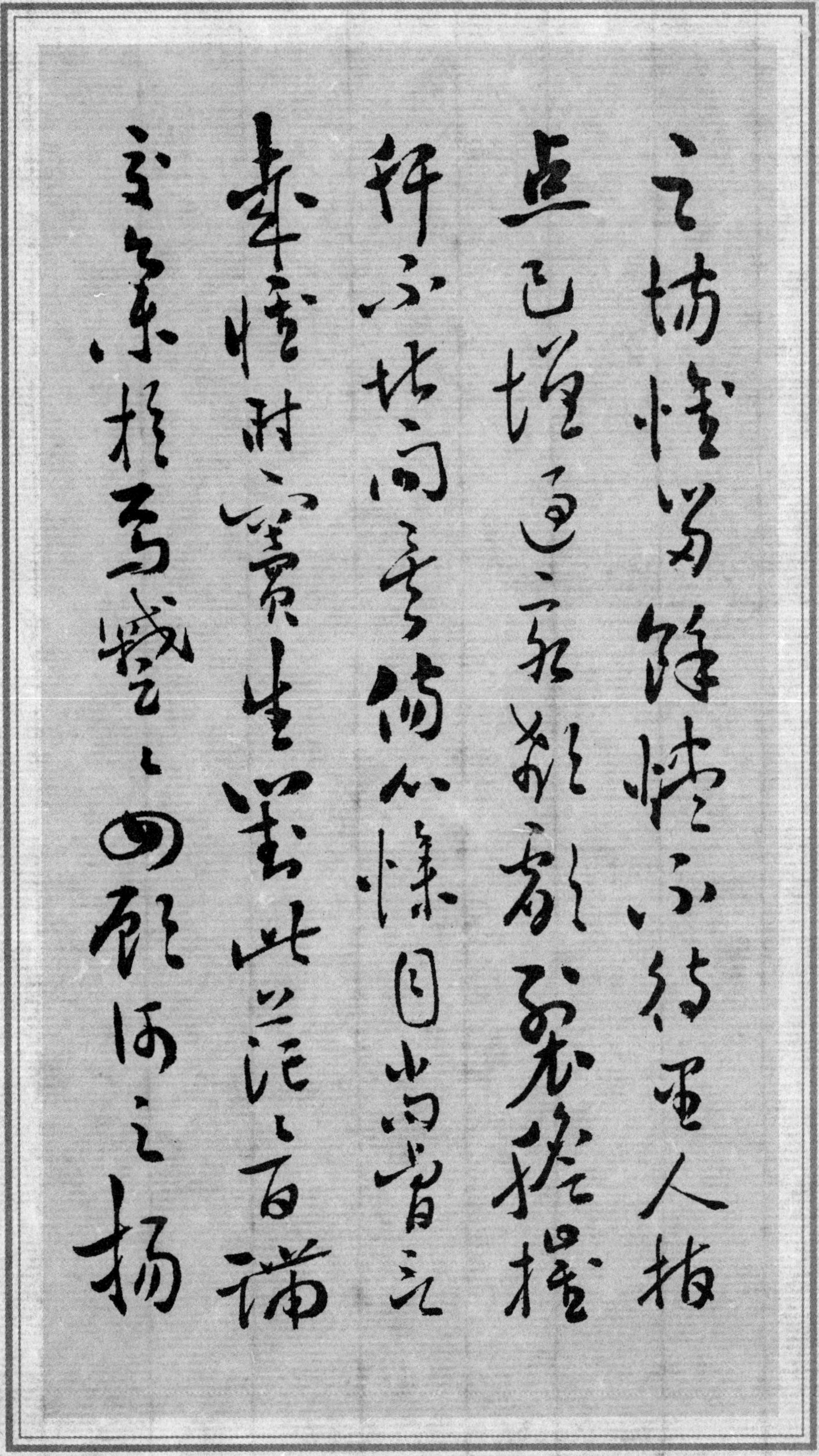

鰭之魚乍脱鈎，仍投涸轍；縱翮之雁方避繳，又落虛弓。江醴陵本有恨情，恨中益恨；杜浣花素多愁思，愁上添愁。慨自每歲遷流，絶無

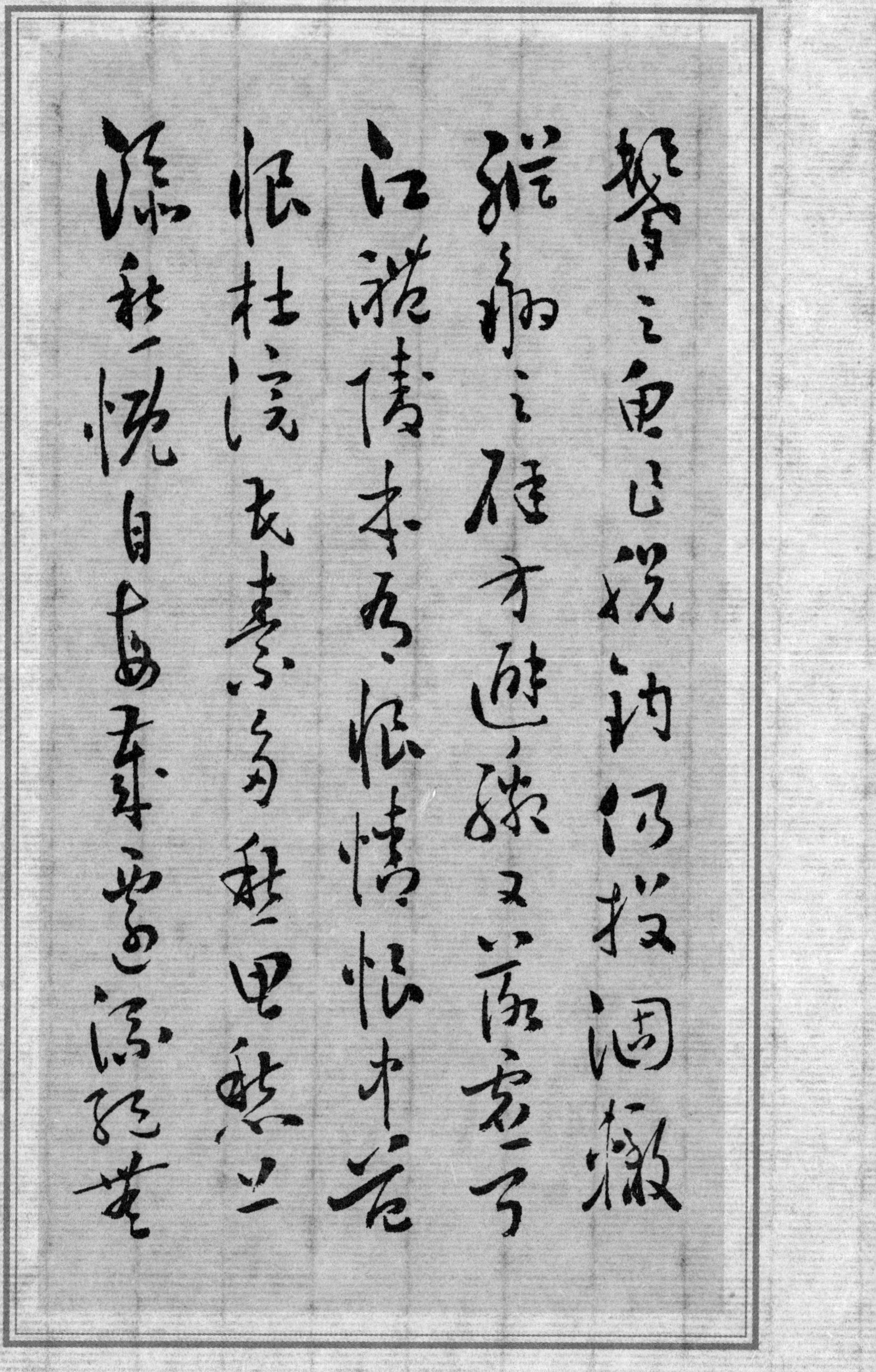

寧宇；頻年播越，悉屬間關。始而飆起石尤，花飄茂苑；（繼）則烽連鐵壘，玉失昆岡。從教夜月飛鳥，徒勞繞樹；豈有晚陽倦燕，不念歸巢。傷

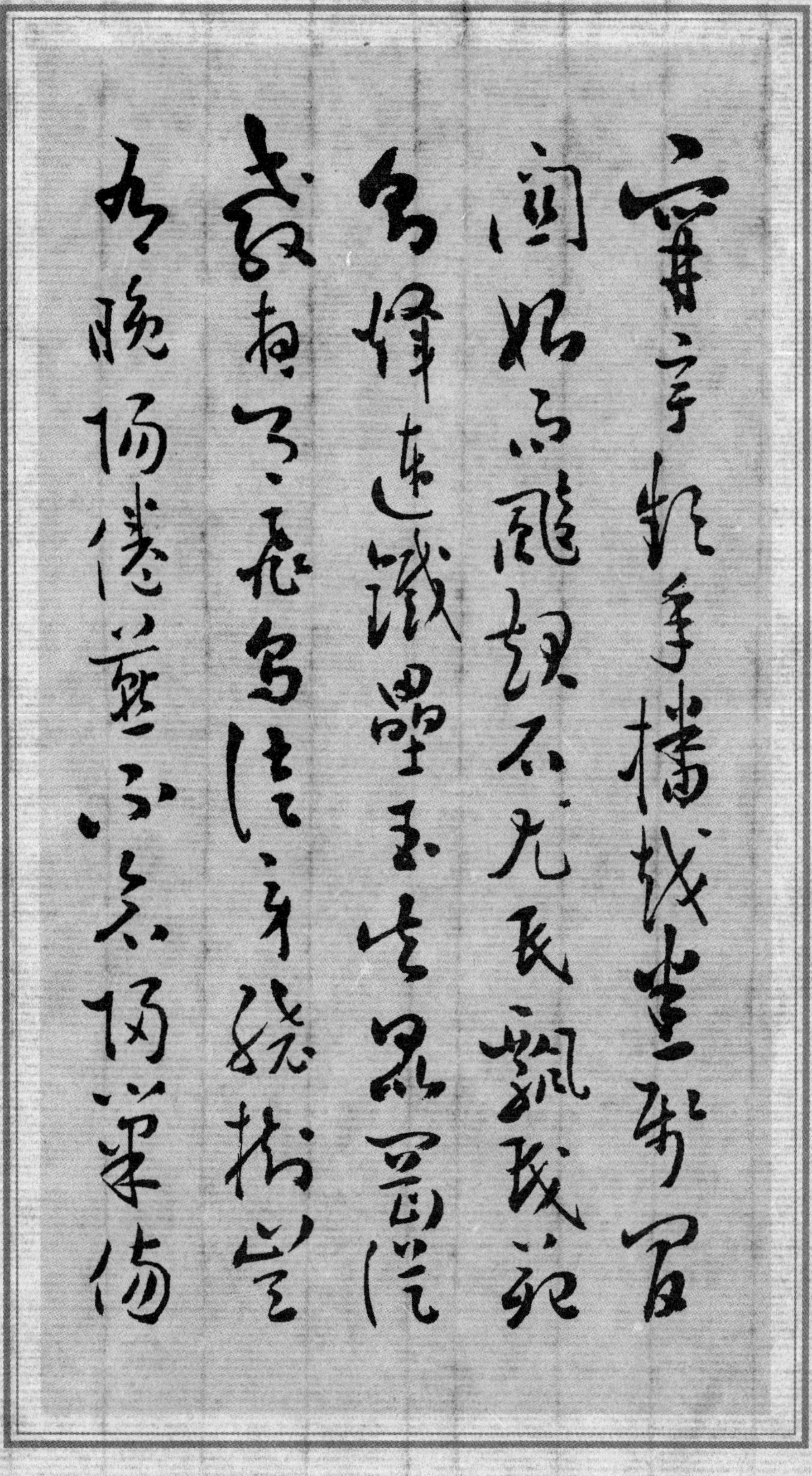

客路之烟塵，蒿萊滿目；憶家鄉之風土，松菊縈心。乃黍谷春回，鳩猶喚婦；而羅浮夢斷，梅已亡妻。曾記來時，歡携紅袖；獨憐去日，悵望

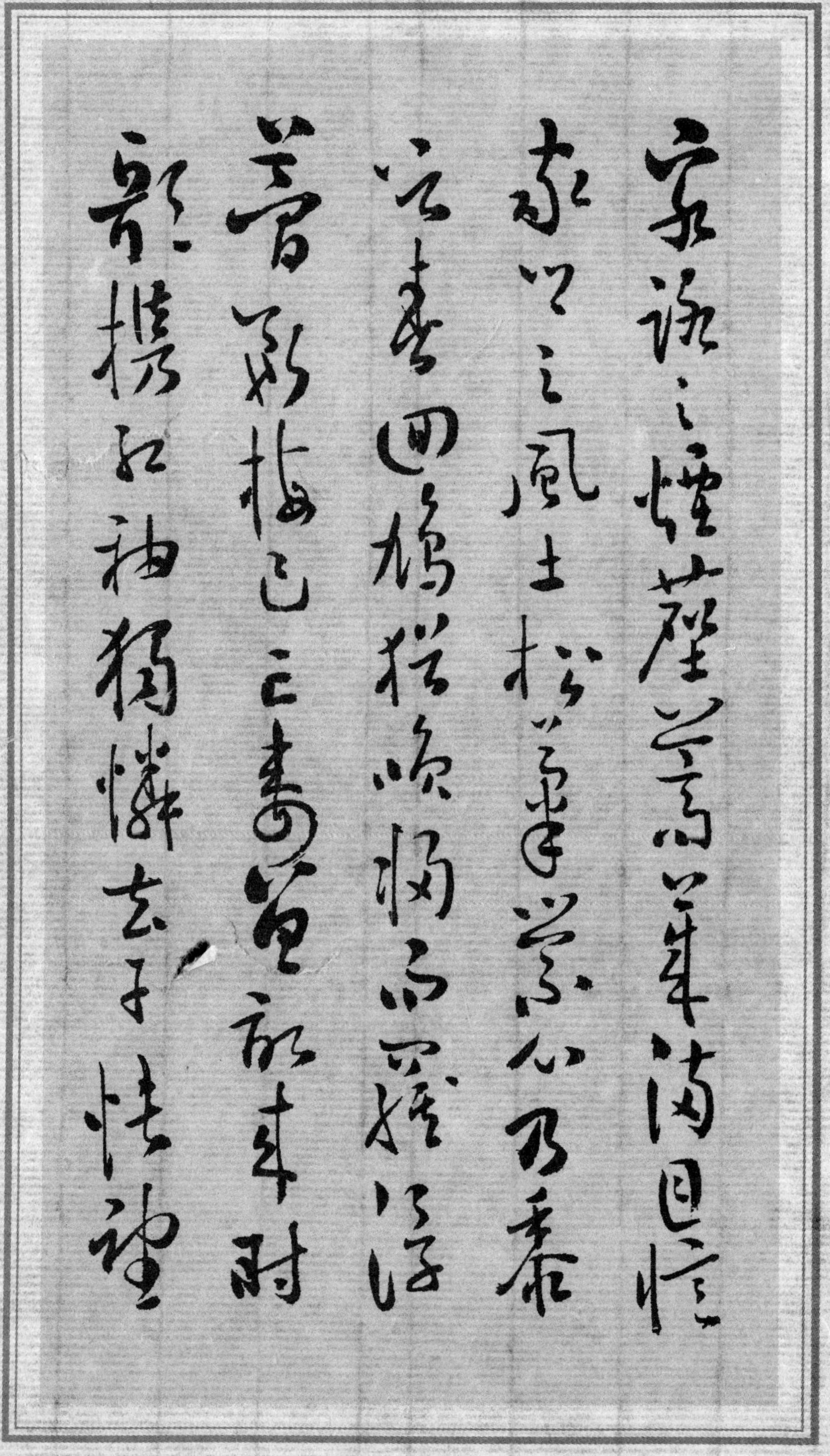

碧雲。鳳泊鸞飄，頻灑長途之淚；星離雨絕，最銷孤客之魂。思切張衡，凄清香(鄉)國；哀深庾信，蕭瑟江關。萬恨萬悲，自差自誤。唯不聽良友

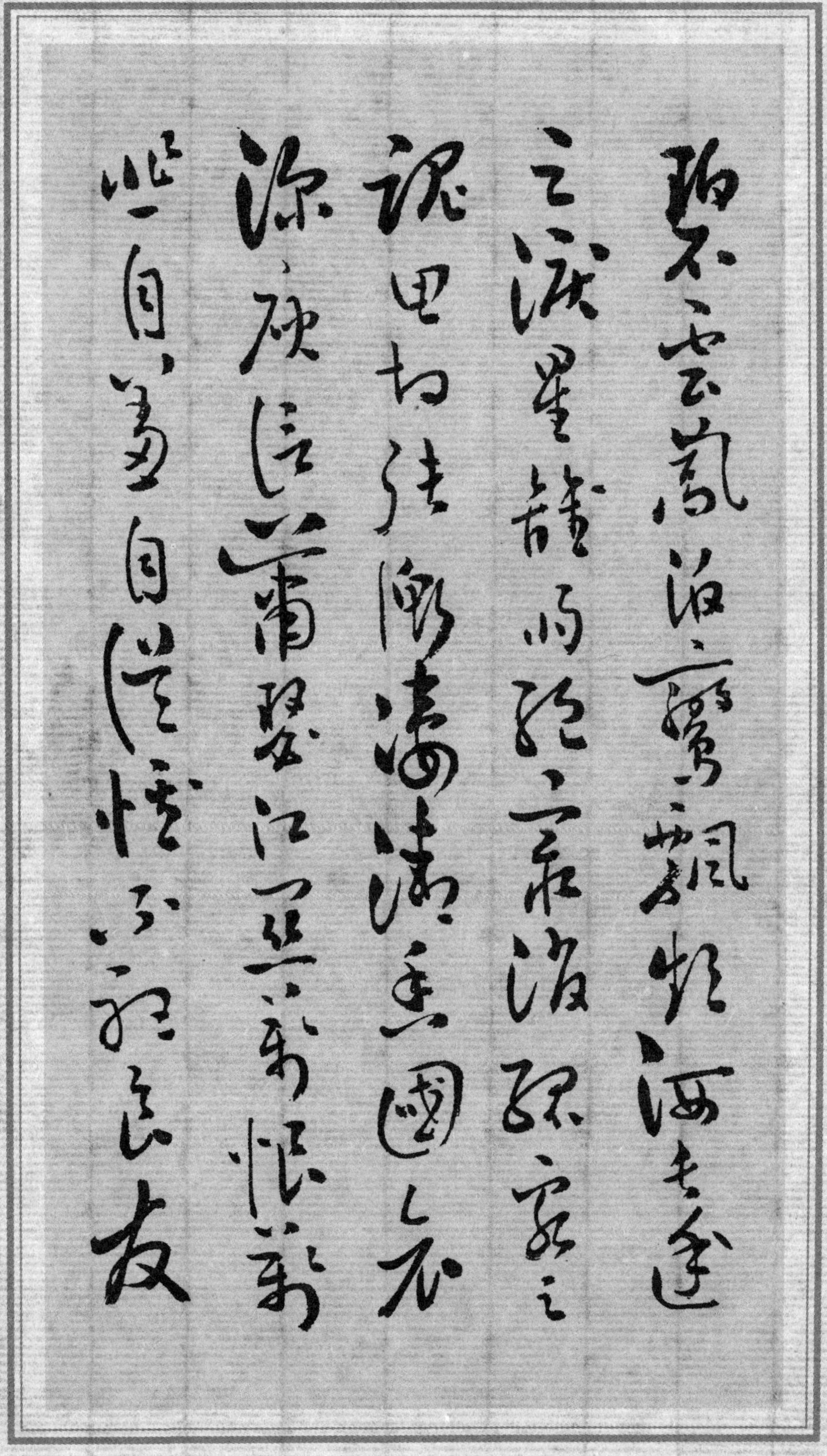

之言，以至此耳；抑豈料征人之苦，有如是耶。時則屈指歸程，尚遙千里；驚心歲序，已近三年。披驛路之曉風，寒侵席帽；挂桂林之殘日，影逐(絲)鞭。

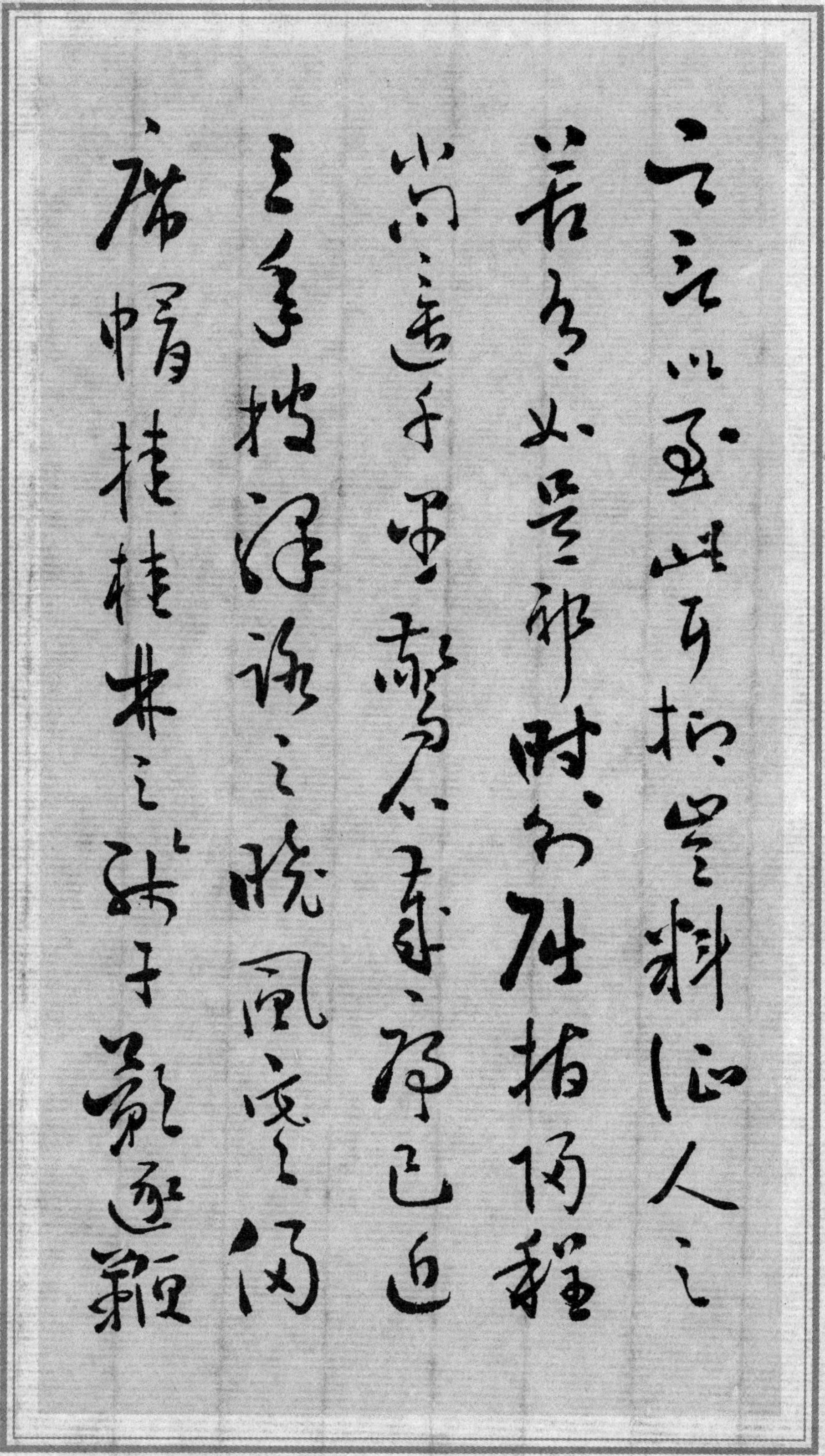

時時惻惻凄凄，衹自睘睘踽踽；處處尋尋覓覓，終歲戚戚嗟嗟。正惟事最關心，神魂失據；假使人非愜意，痛癢何干。然而，事不預知，人難逆料。決爲非是而

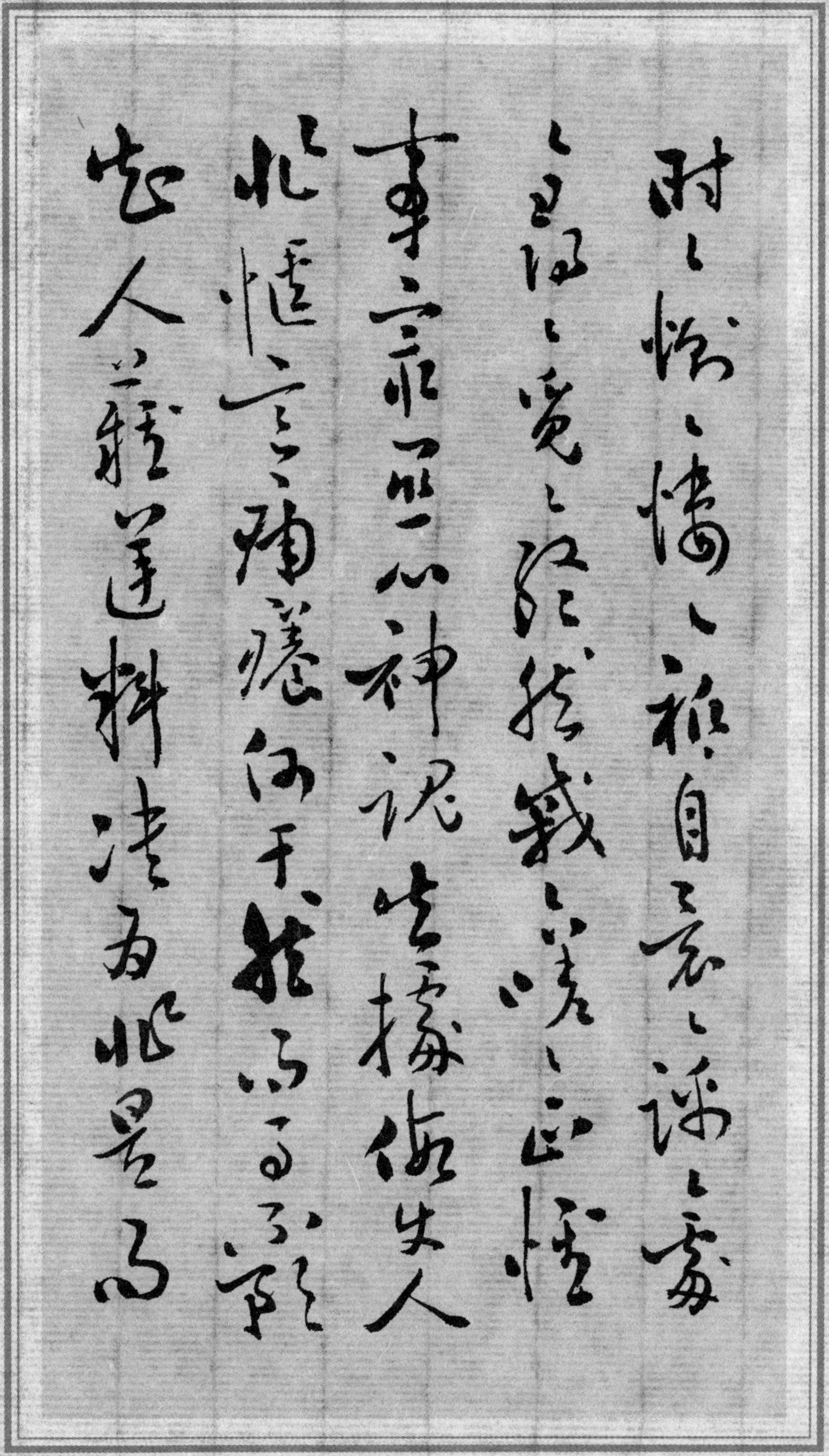

偏如是，斷其必然而竟不然。生也，遍歷頹城敗壘之間，美人何在；流觀蔓草荒烟之內，悍婦偏逢。此婦爲游兵所掠而潛逃，與丐婦同居而倖

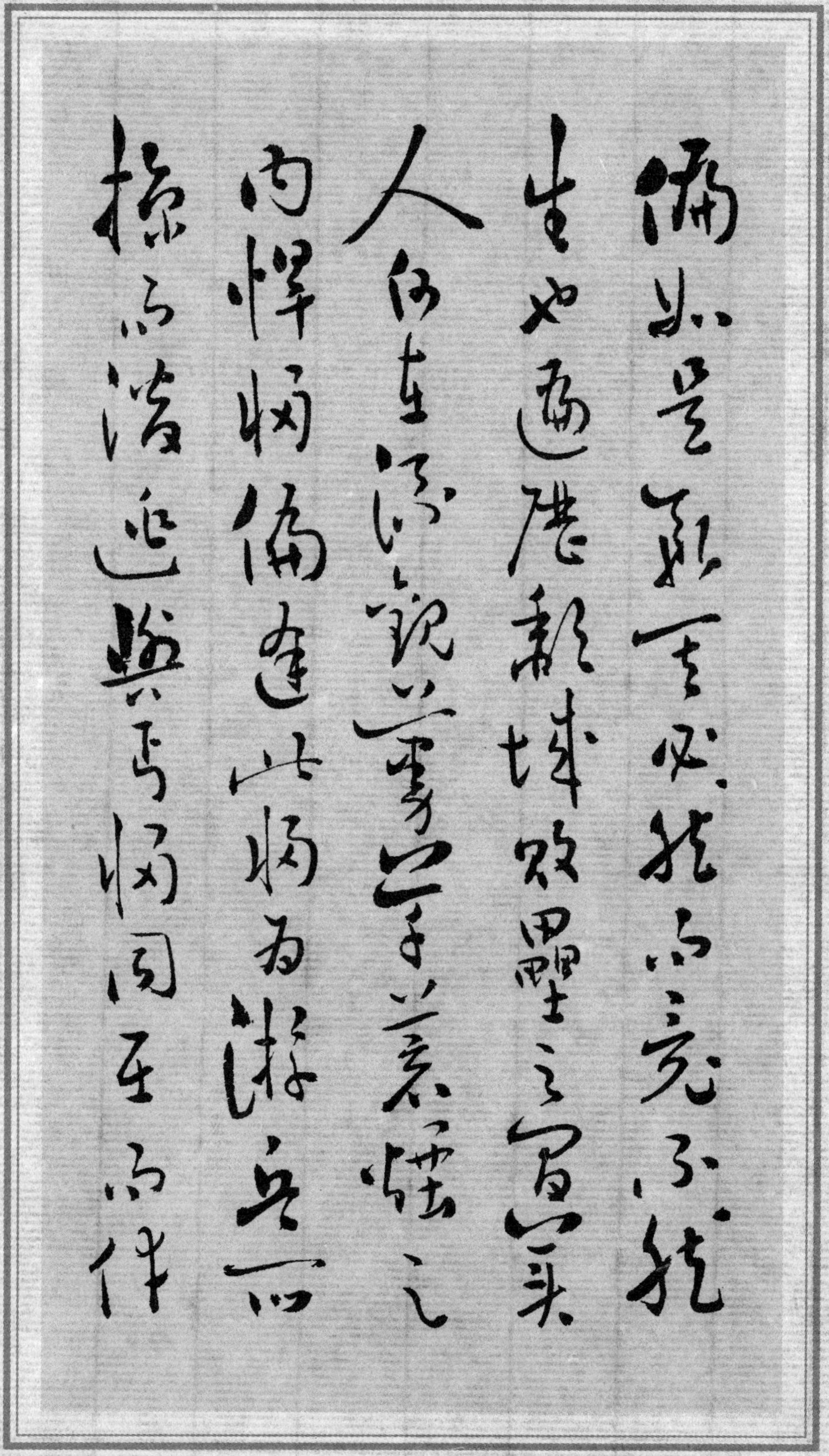

免。奔來市上，不將抱瑟爲羞；混入河間，竟以數錢作活。方其魂歸夜月，未知是鬼是人；及夫面省春風，纔曉非烟非霧。金碗未埋黃土，

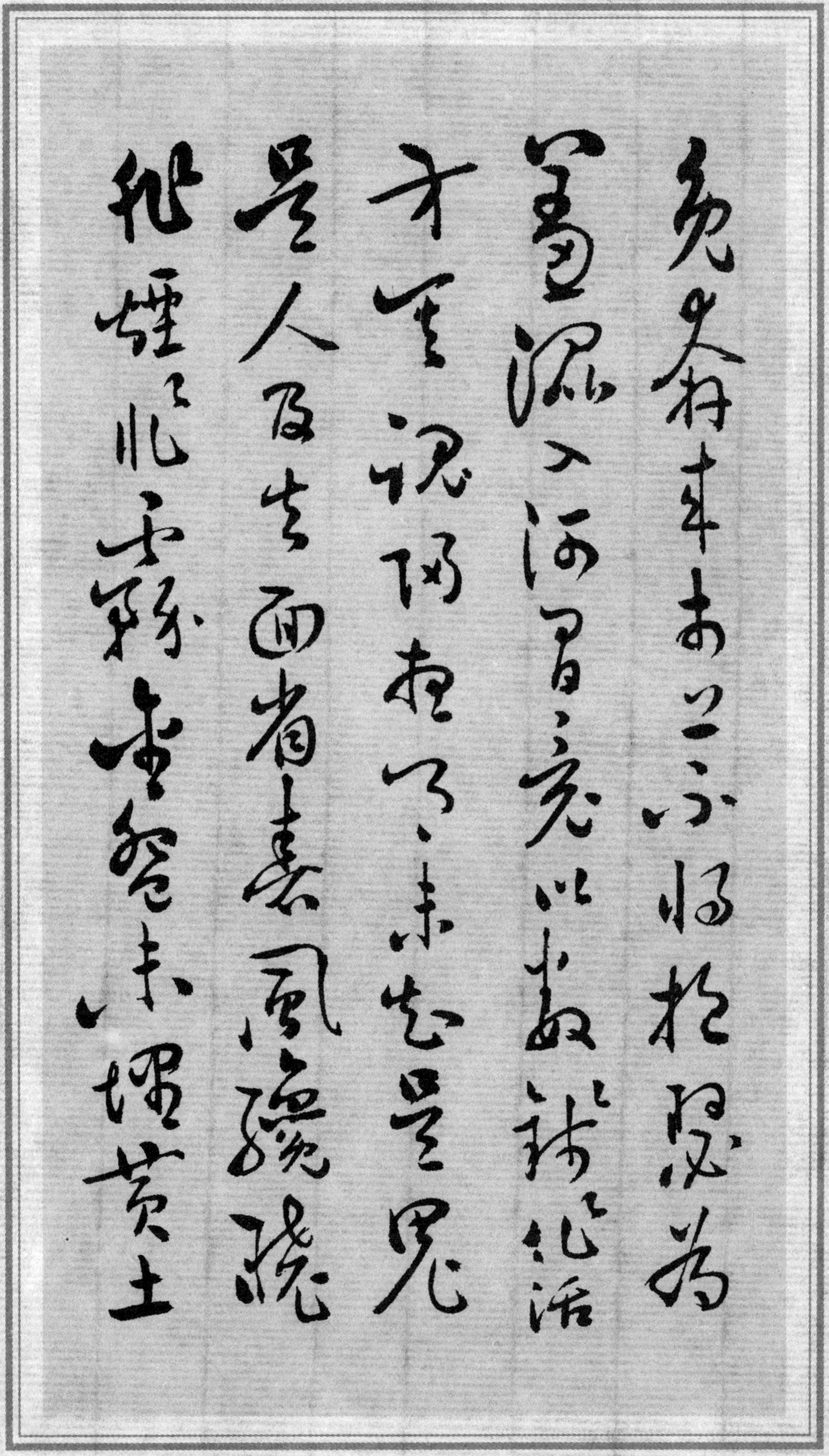

玉環尚在紅塵。向憐密網打來,魚兒悉盡;今喜危巢覆下,鳥卵猶完。傷哉,露霧鬢蕭騷,風鬟歷亂。眼枯杞婦,銜哀而襟淚沾殘;腰細楚姬,忍

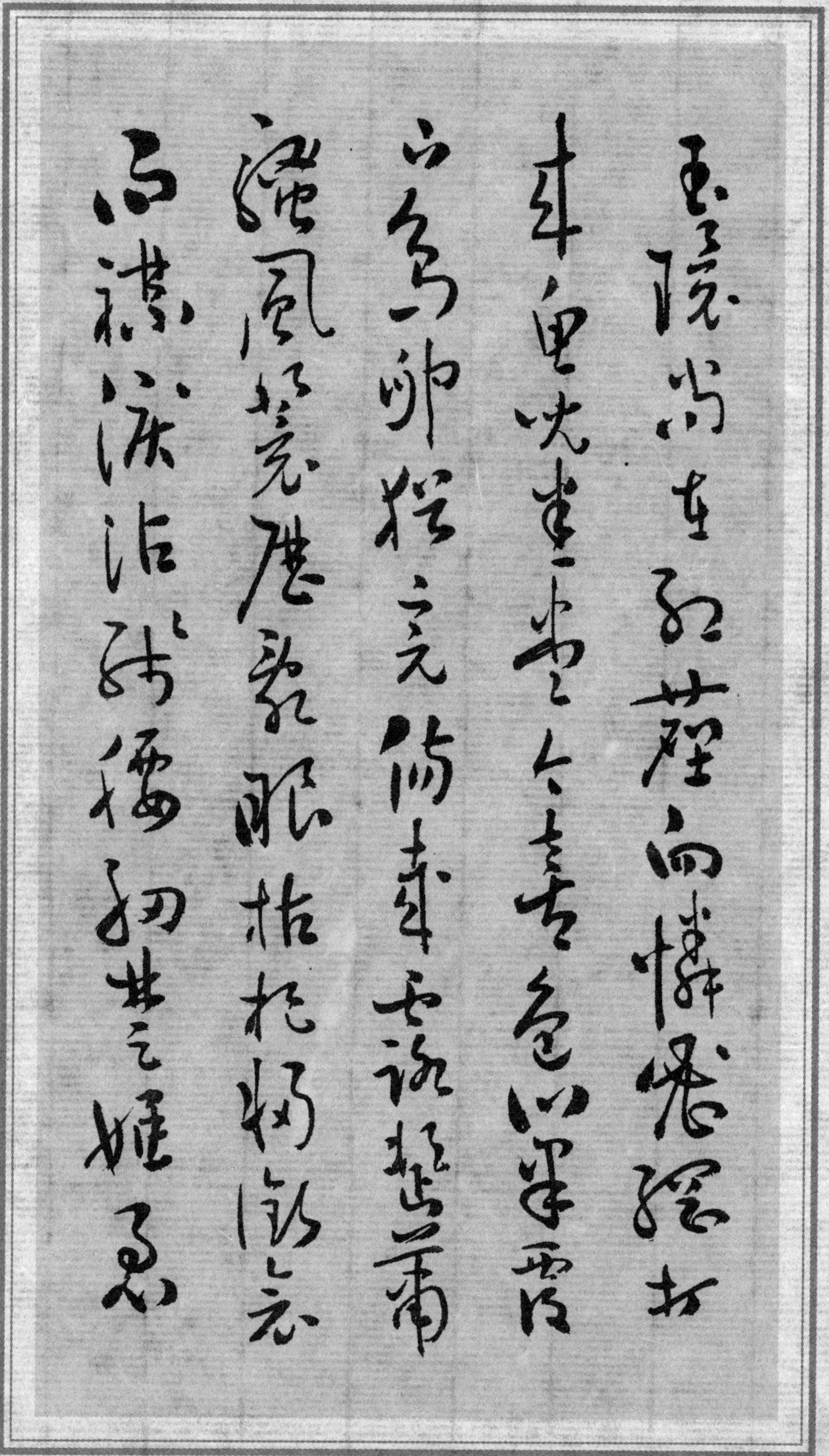

餓而帶痕寬褪。流水具迴瀾之致,落花含依草之情。生時如遇新知,頓忘舊惡。往事何堪重記省,此情無計可消除。逃返巫臣,竊妻甚喜;

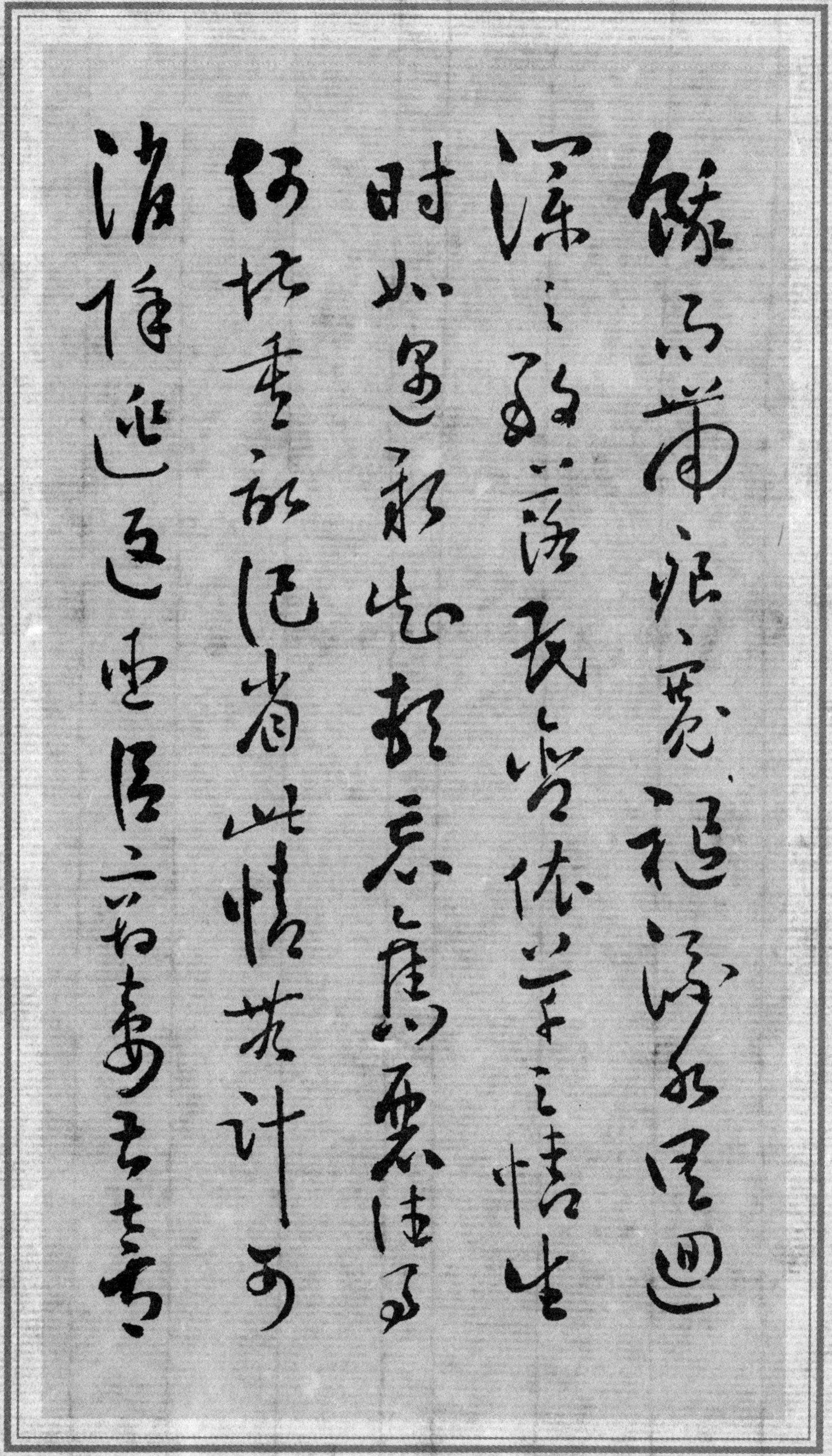

窻歸書佐，獲婦多歡。關塞同登，命(彼)後車而共載；星霜并歷，望故土以遄征。獨是生世不諧，命途多舛。所思遠道，既行路之多難；及賦歸

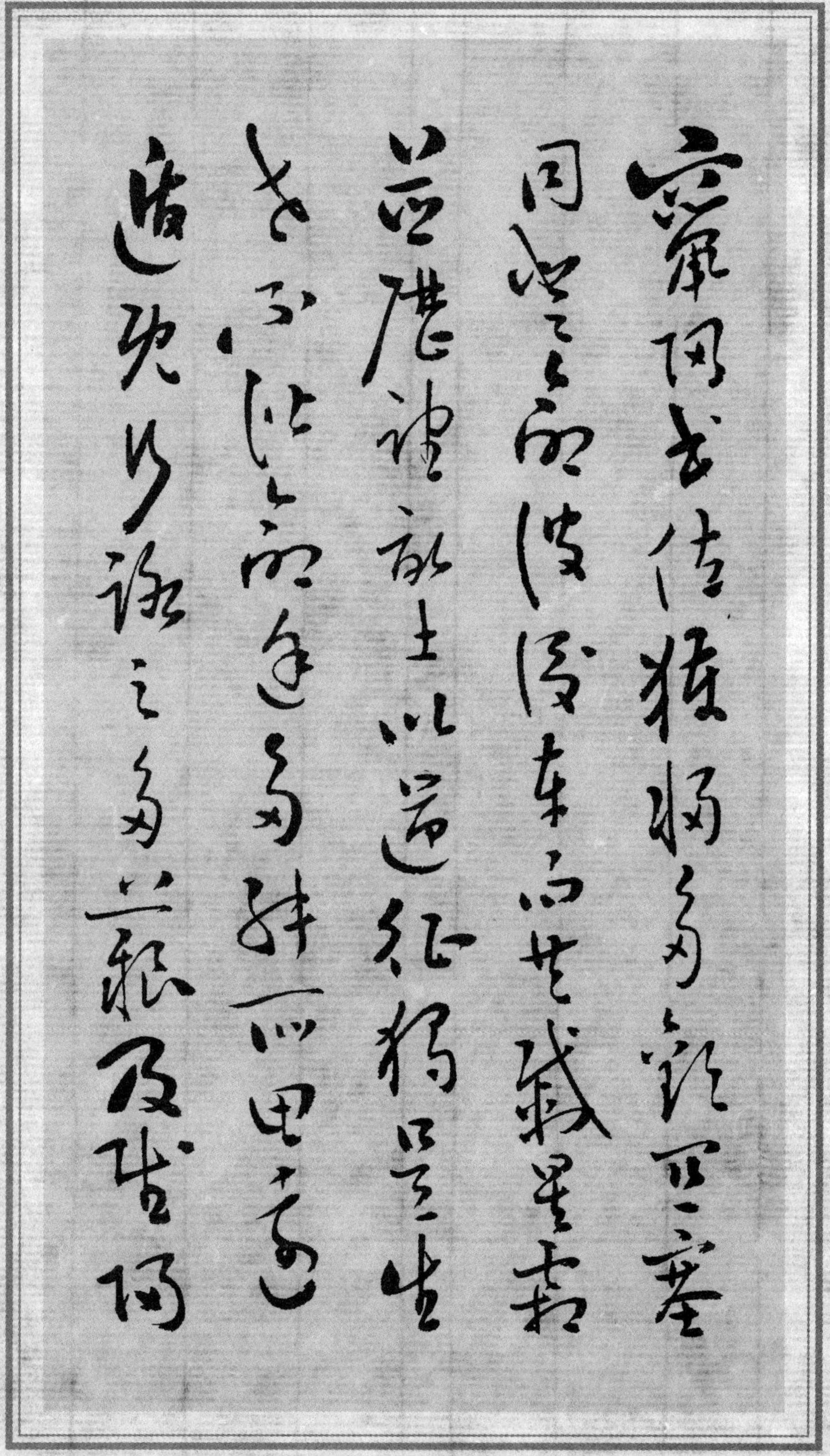

田，又遭家之不造。鴞能毁室，鴟莫護巢。只緣多積召殃，偶交敗類；逐(遂)使謾藏致誨，竟蓄盜臣。生之族昆謀某者，攘公槖之財，肥其私囊；掩貧兒之態

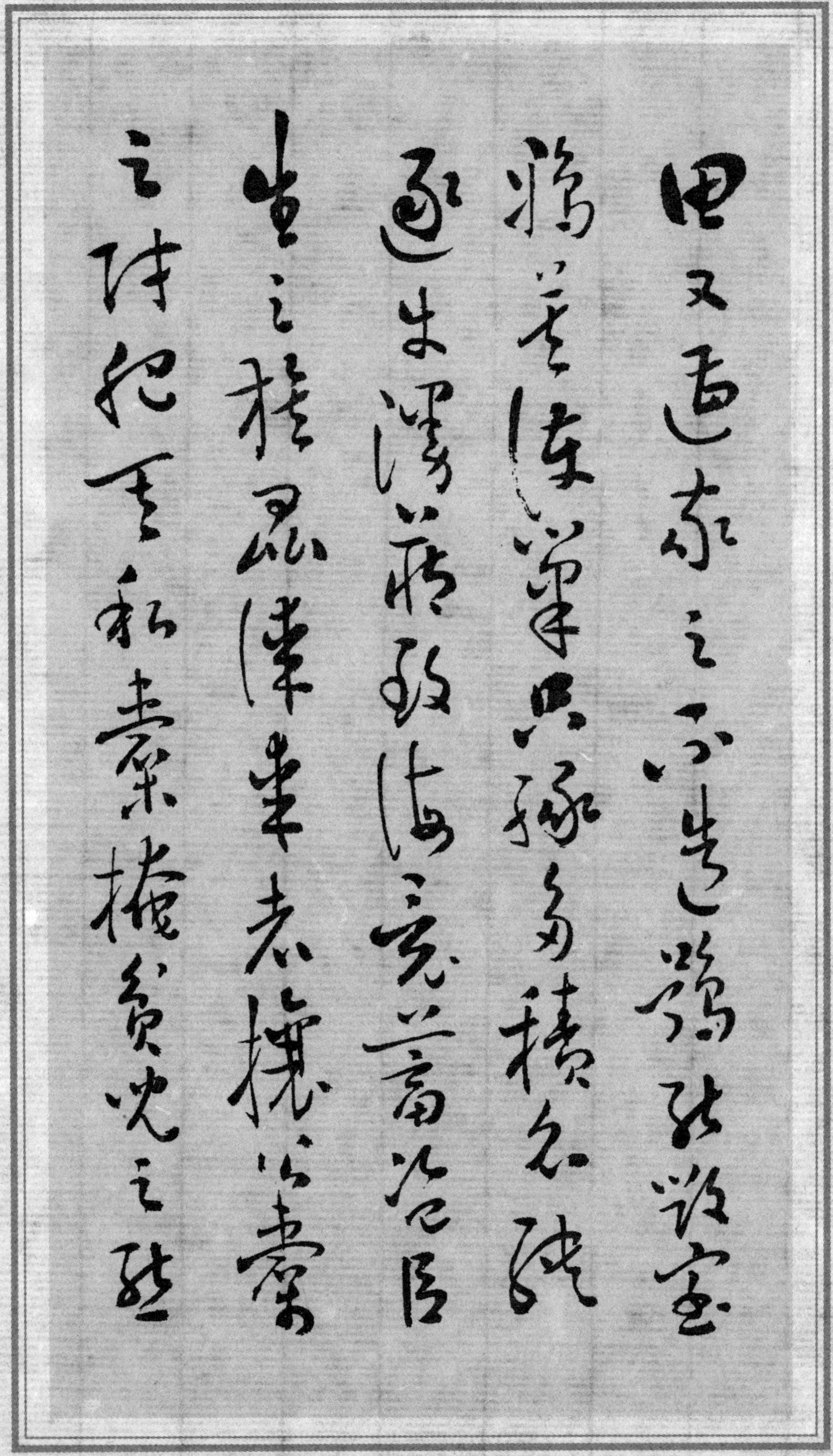

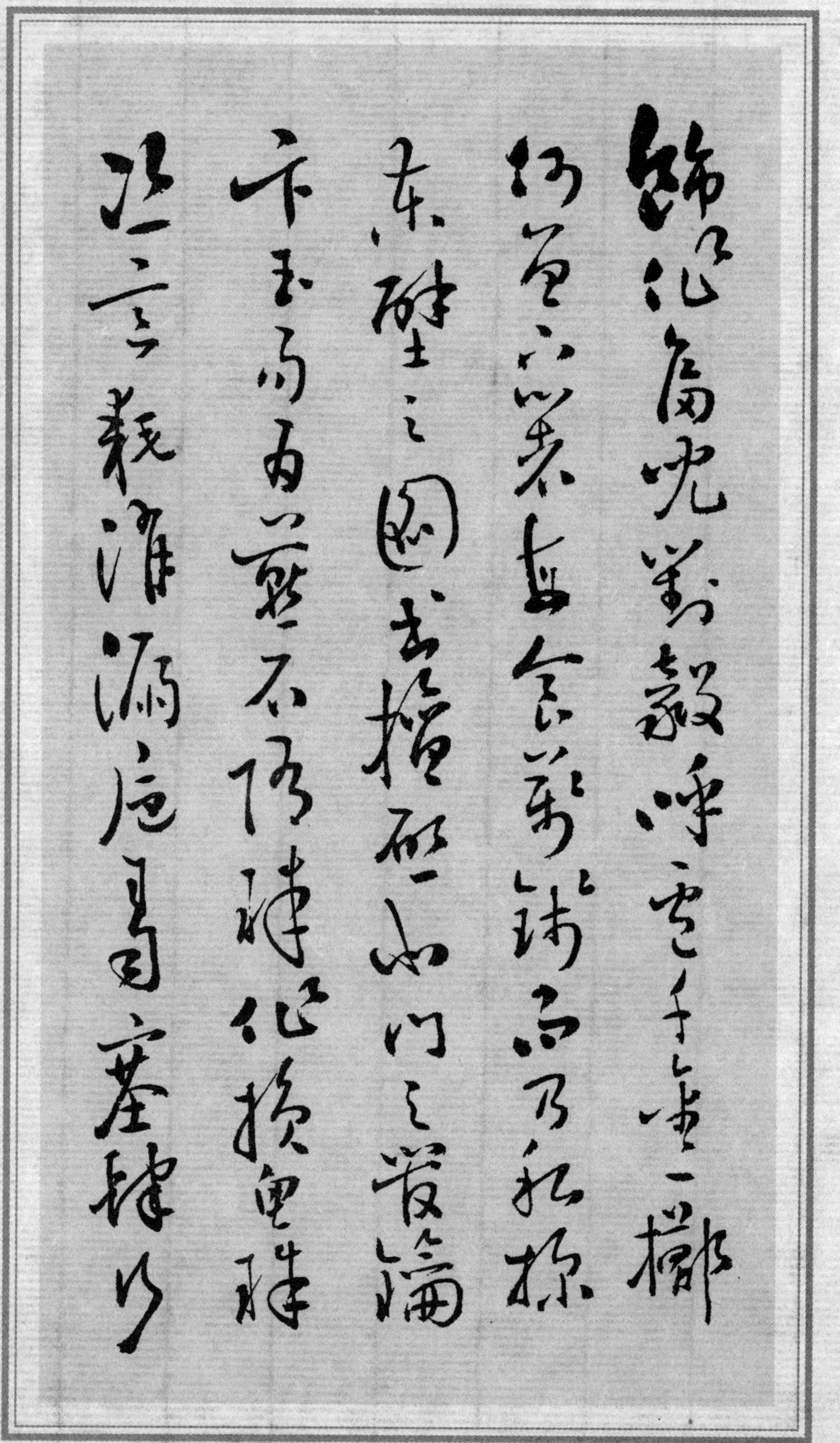

飾作富兒。劉毅呼盧，千金一擲；何曾下箸，每食萬錢。而乃私探東壁之圖書，擅啓北門之管鑰。卞玉易爲燕石，隋珠作換魚珠。恣意耗消，漏卮曷塞；肆行

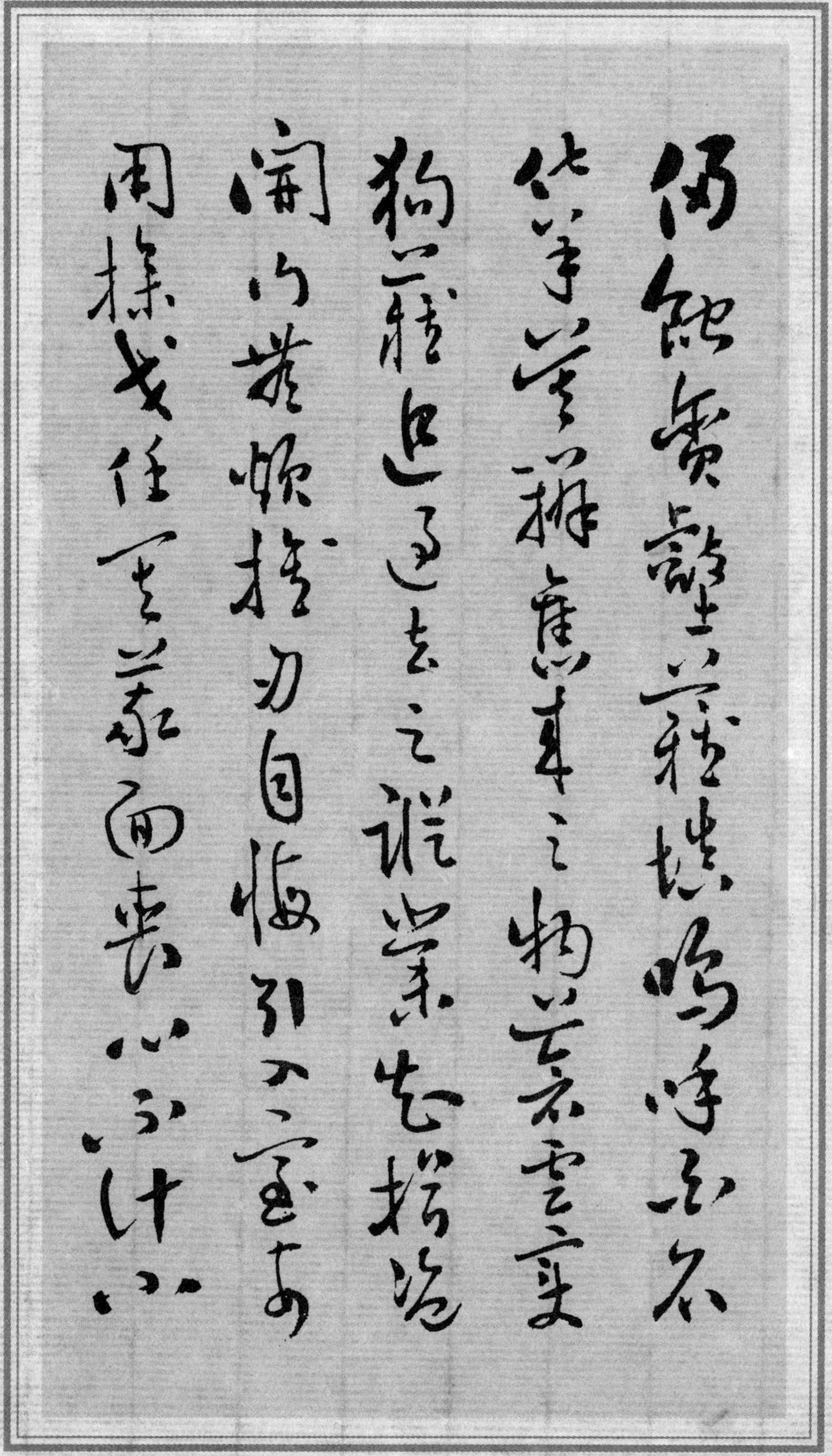

侵蝕，貪壑難填。嗚呼，白石化羊，莫辨舊來之物；蒼雲變狗，難追過去之踪。業知揖盜開門，無煩推刃；自悔引(狼)入室，安用操戈。任其蒙面喪心，不計小

人之貪味；衹自吞聲飲恨，仍懷大度而包荒。於是，理殘資，收餘業。腴田接壤，產猶不止中人；廣廈連雲，宅亦未曾易主。魚租雁税，尚滿篝車；燕麥

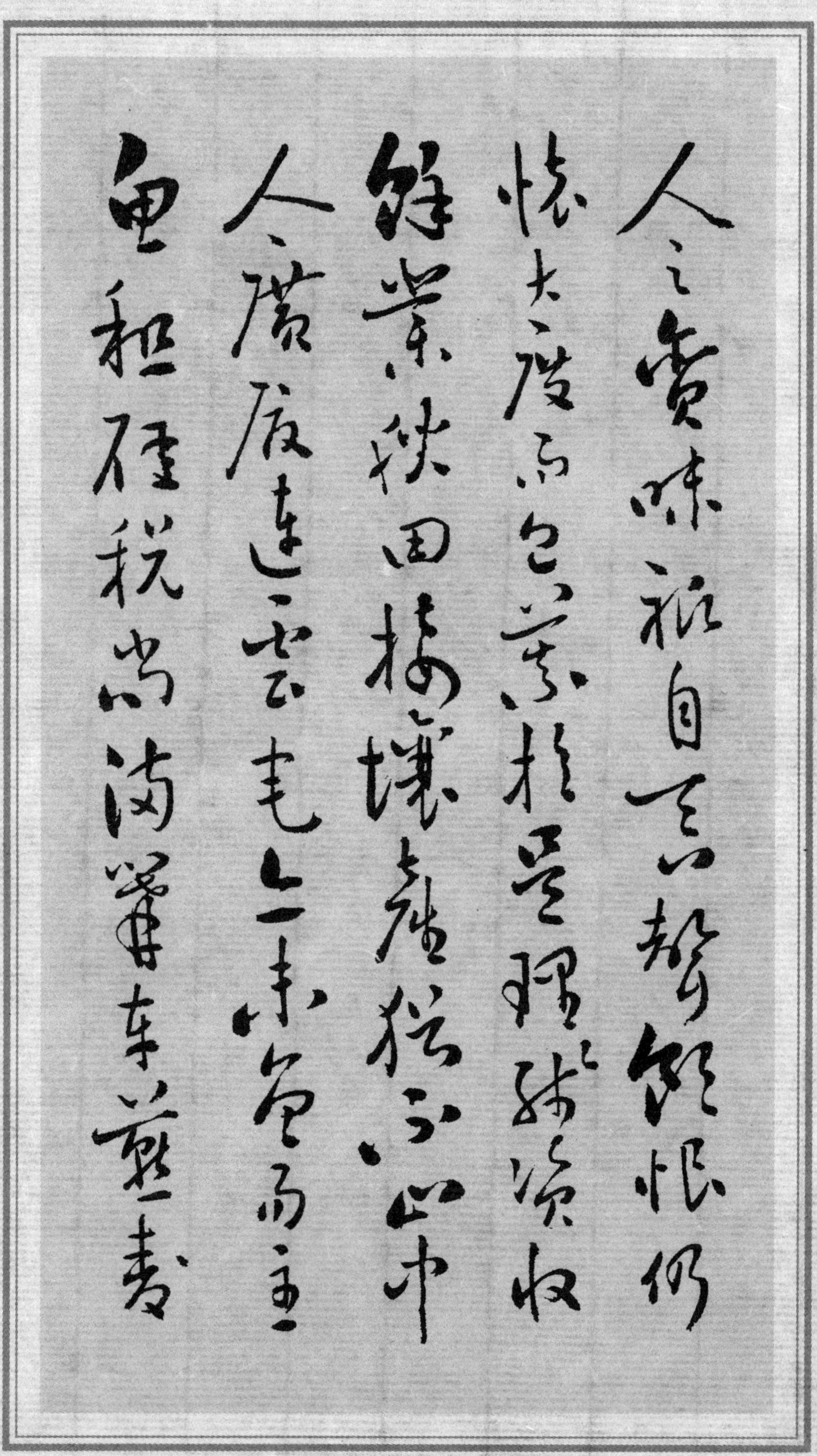

兔葵，仍盈場圃。倘理財得如端木，則致富仍若陶朱。無如樂施好與之人，素輕金帛；履厚席豐之子，豈重錐刀。聞人督織課耕，反嫌多事；

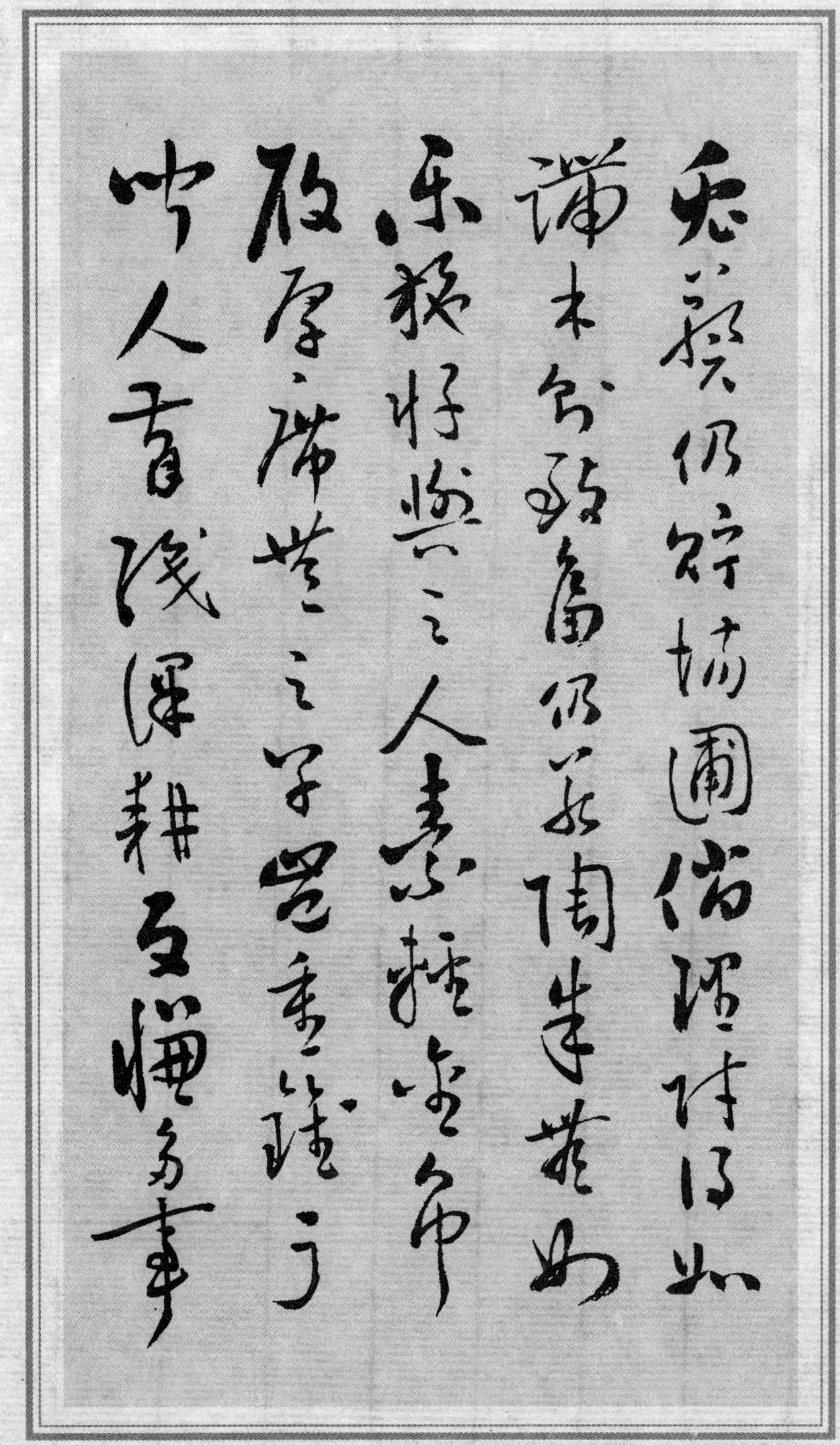

見世求田問舍，輒謝無能。杜樊川逸致疏狂，逢花邀賞；陶彭澤閑情蕭散，得酒忘歸。大抵人好清閑，斷難守業；物遭暴殄，必致落家。乃或

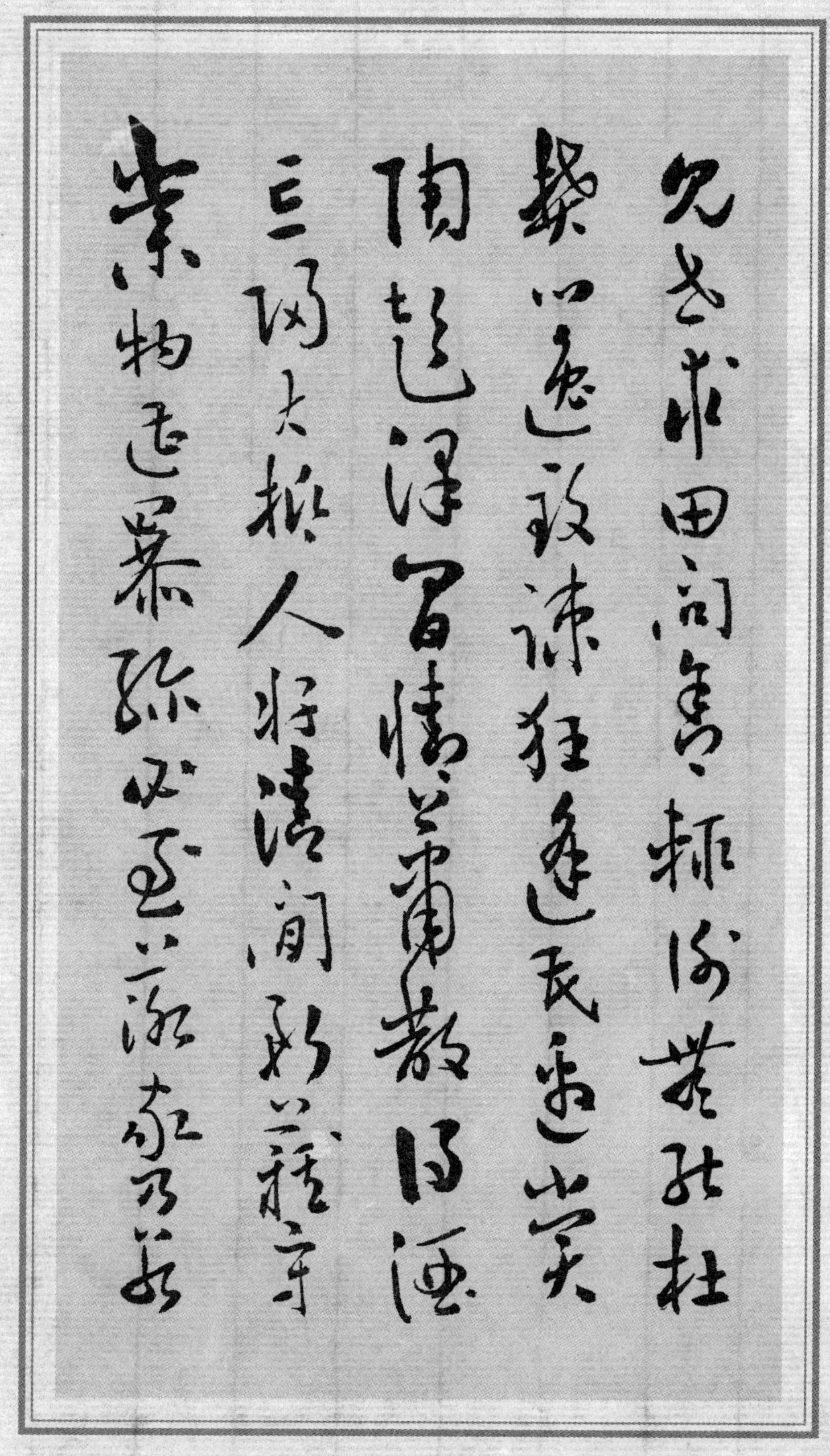

枕前勵戒旦之心，尚堪補救；閫內捫司晨之舌，庶可彌逢。而生既無健婦持門，并有艷妻煽室。習豪華之性，奚能安處布荊；存嬌養之心(身)焉

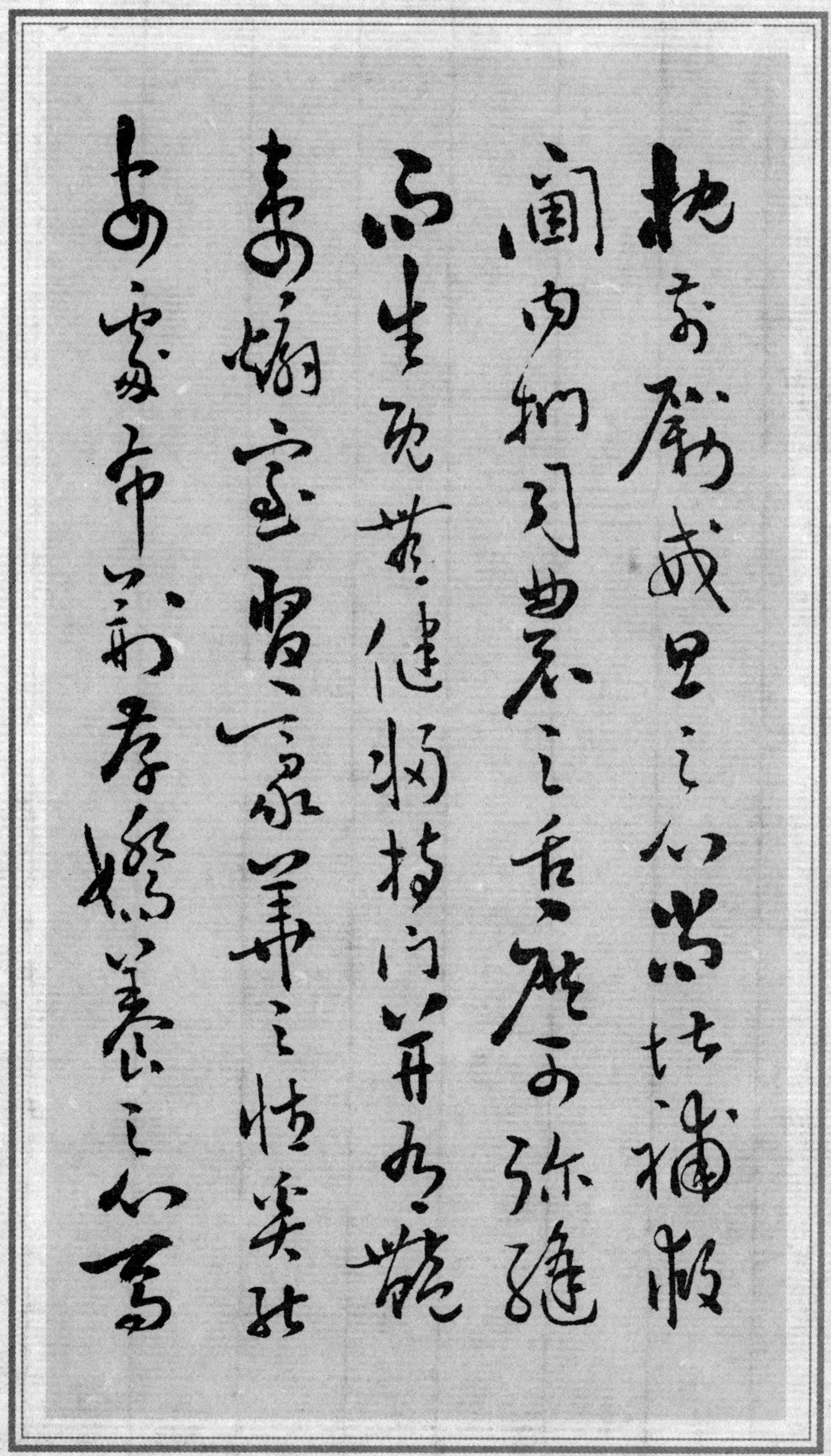

肯親操井臼。食則金烹玉饌，妝則翠繞珠圍。將有限之蓋藏，作無涯之揮霍。年朘月削，内蕩外消。衹知泉府之源，長流不竭；豈料銅山之

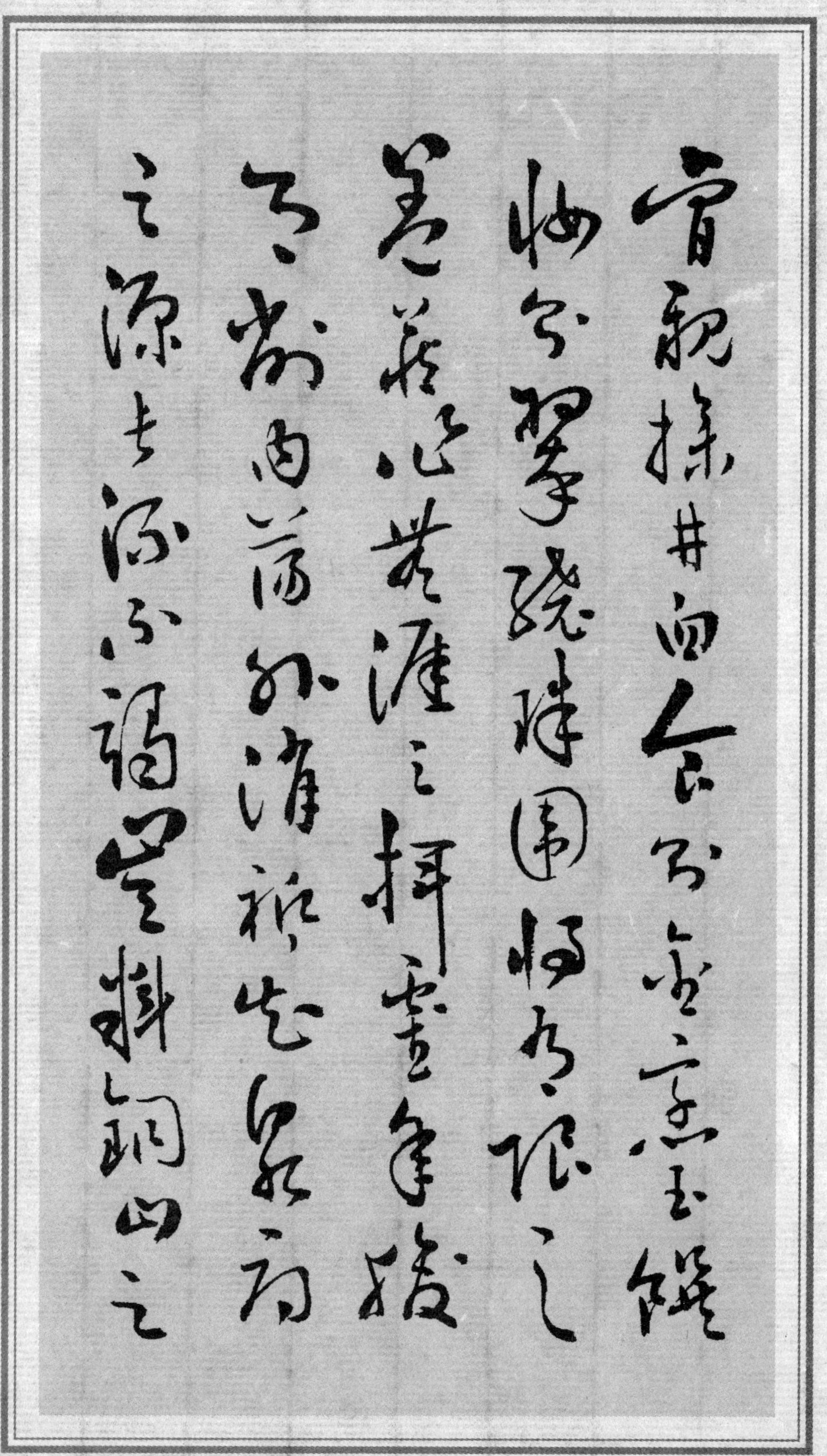

積，久耗必崩。未幾，囊底錢空；床頭金盡。典詩（書）鬻畫，銷奕代之物華；煮鶴焚琴，殺世家之風景。久之，晨烟勿舉，釜可游魚；舊雨不來，門堪羅雀。

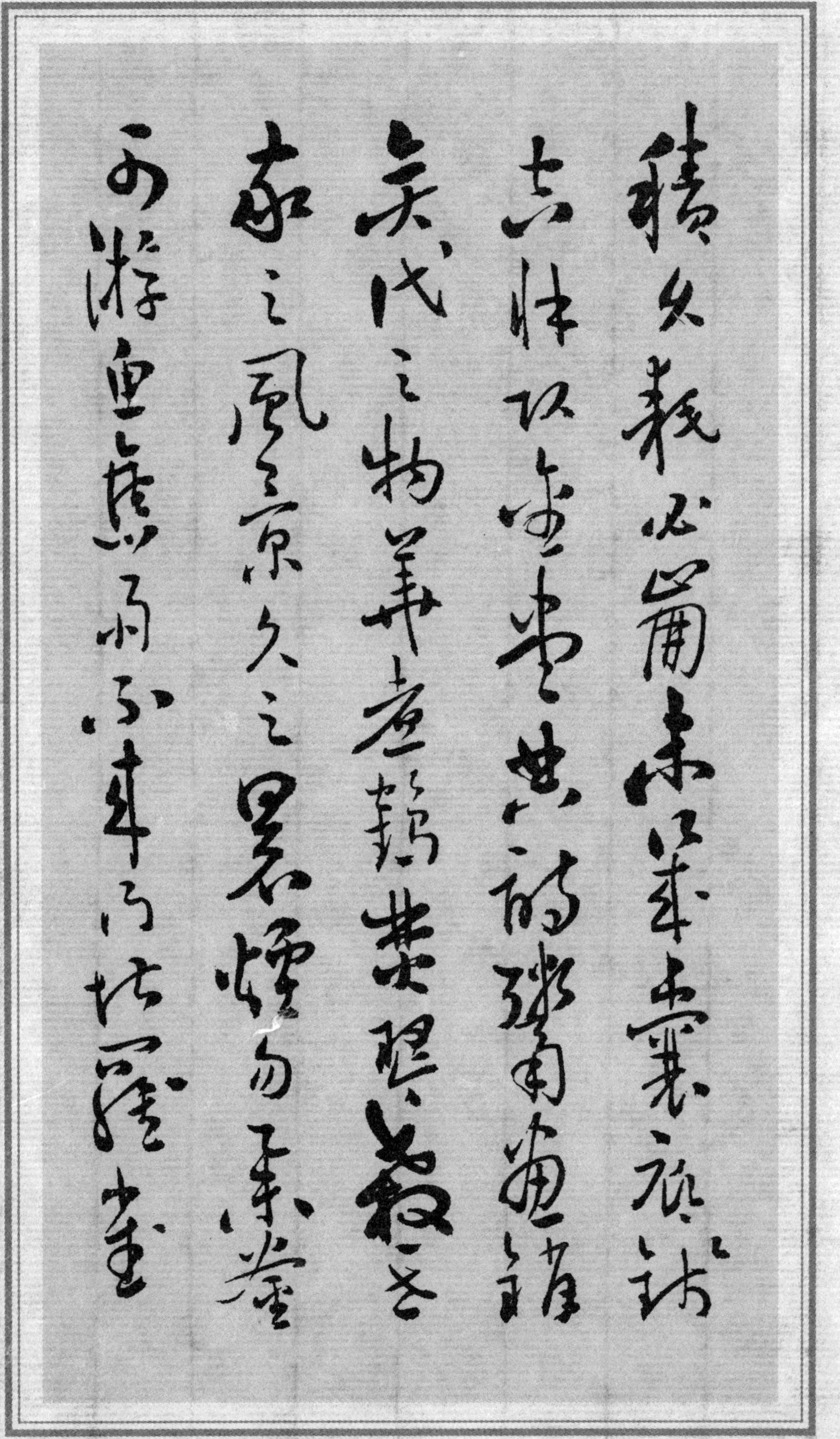

寒暑有誰枉過，晦明秖自索居。平時管鮑之交，遇諸途而一辭莫達；疇昔朱陳之戚，造其廬而三顧難逢。莫嫌物態炎凉，每至興嗟於

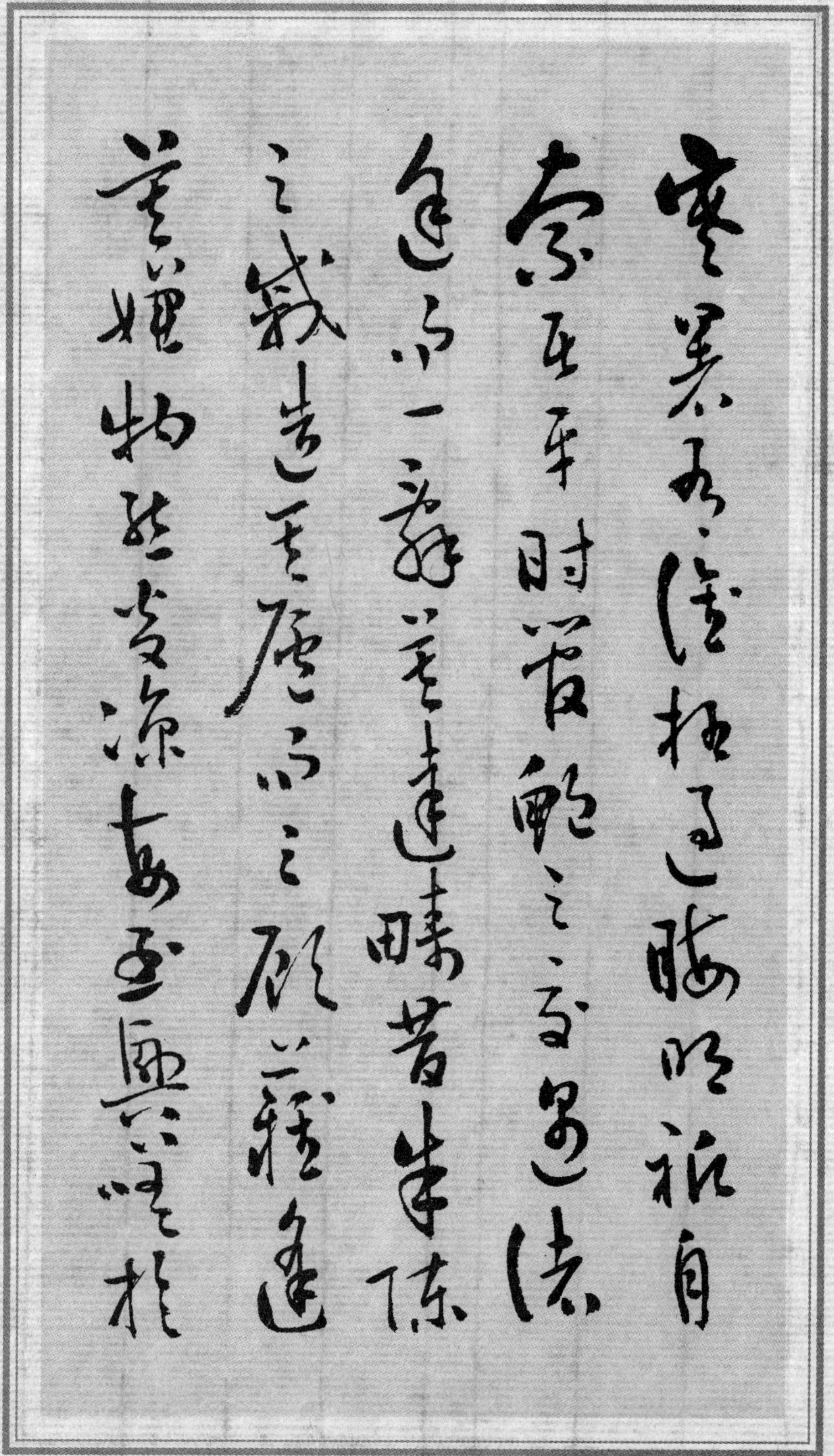

陌路；抑知世情冷暖，先遭交謫於室人。高文通漂麥之時，見嗤喋喋；朱翁子采薪之日，受詈申申。牝鷄豈有好音，鵂鳥更多怪語。輒云苦命，動曰

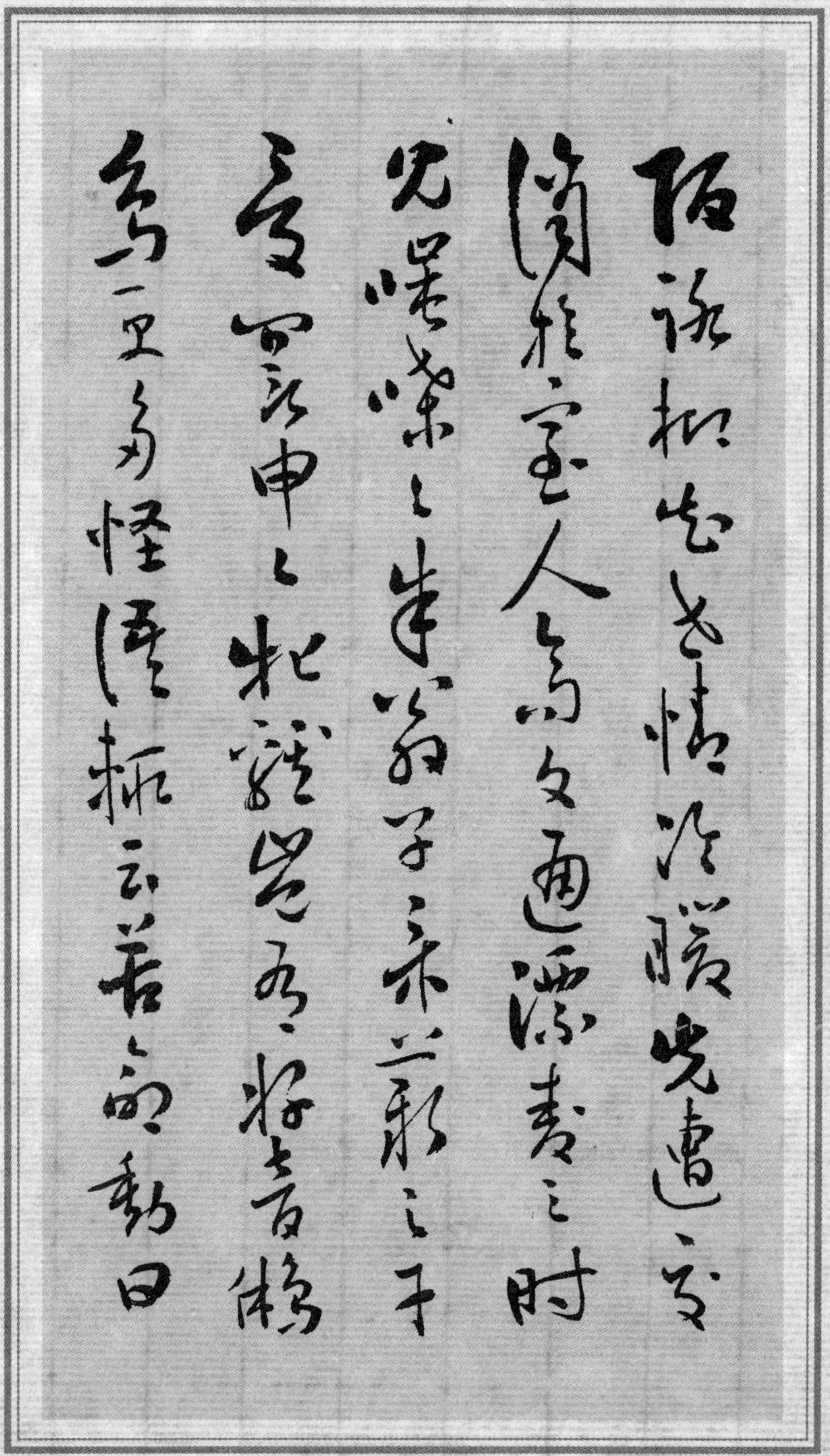

酸丁。嘆饑寒此日難生，怨父母當年誤嫁。朝朝詬誶，理莫能明；夜夜嗷嘈，情無可喻。偶借尋常細(常)故，旋怒目而悍若虎狼；稍因纖介微端，即反

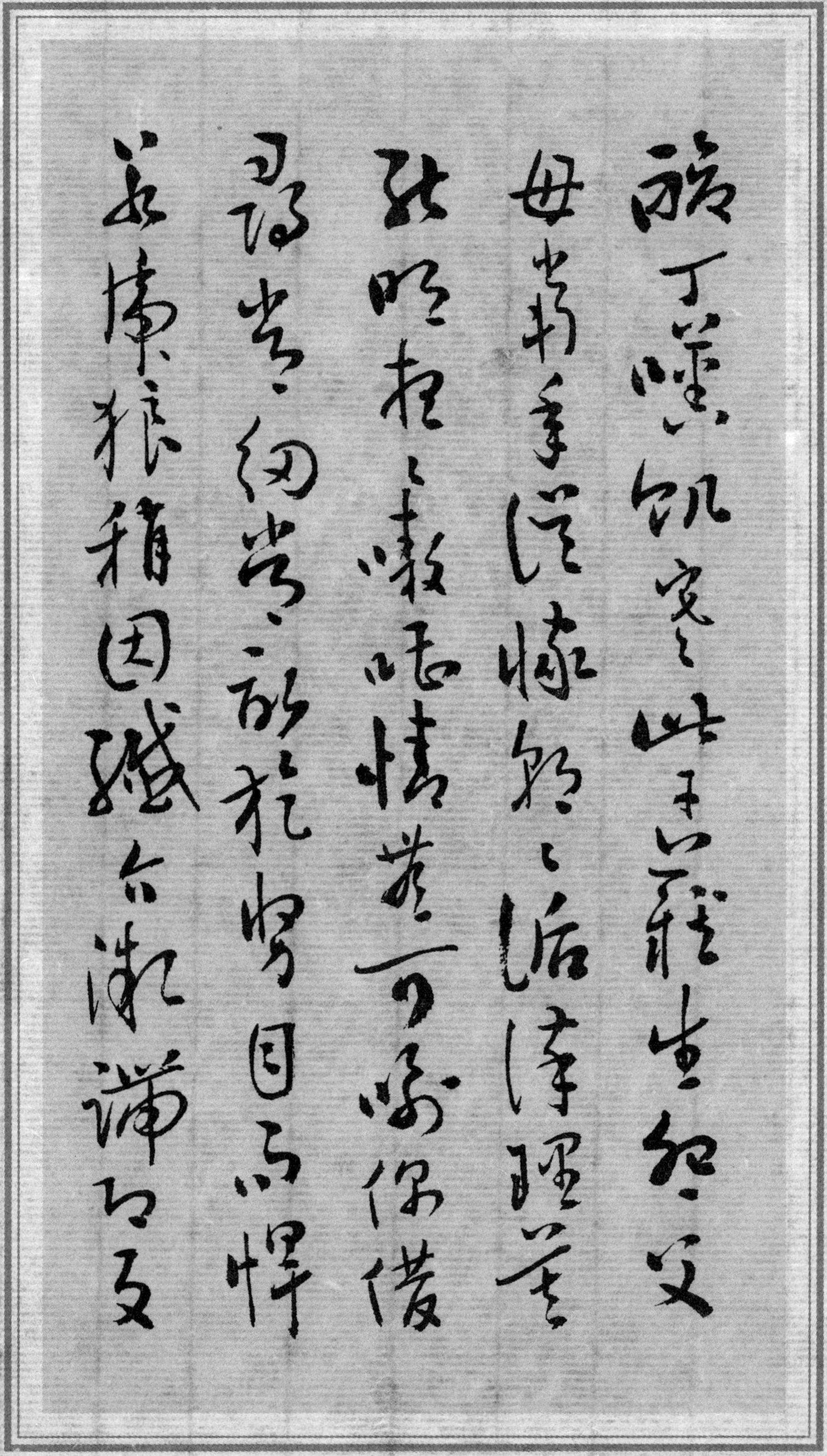

唇而惱如鵝鴨。莫顧墻連宋玉，任意叫囂；罔知市近晏嬰，恣情噪聒。以致行道在縱觀之後，傳作笑談；比鄰從驚寐之餘，叱爲怪事。而彼且向途人

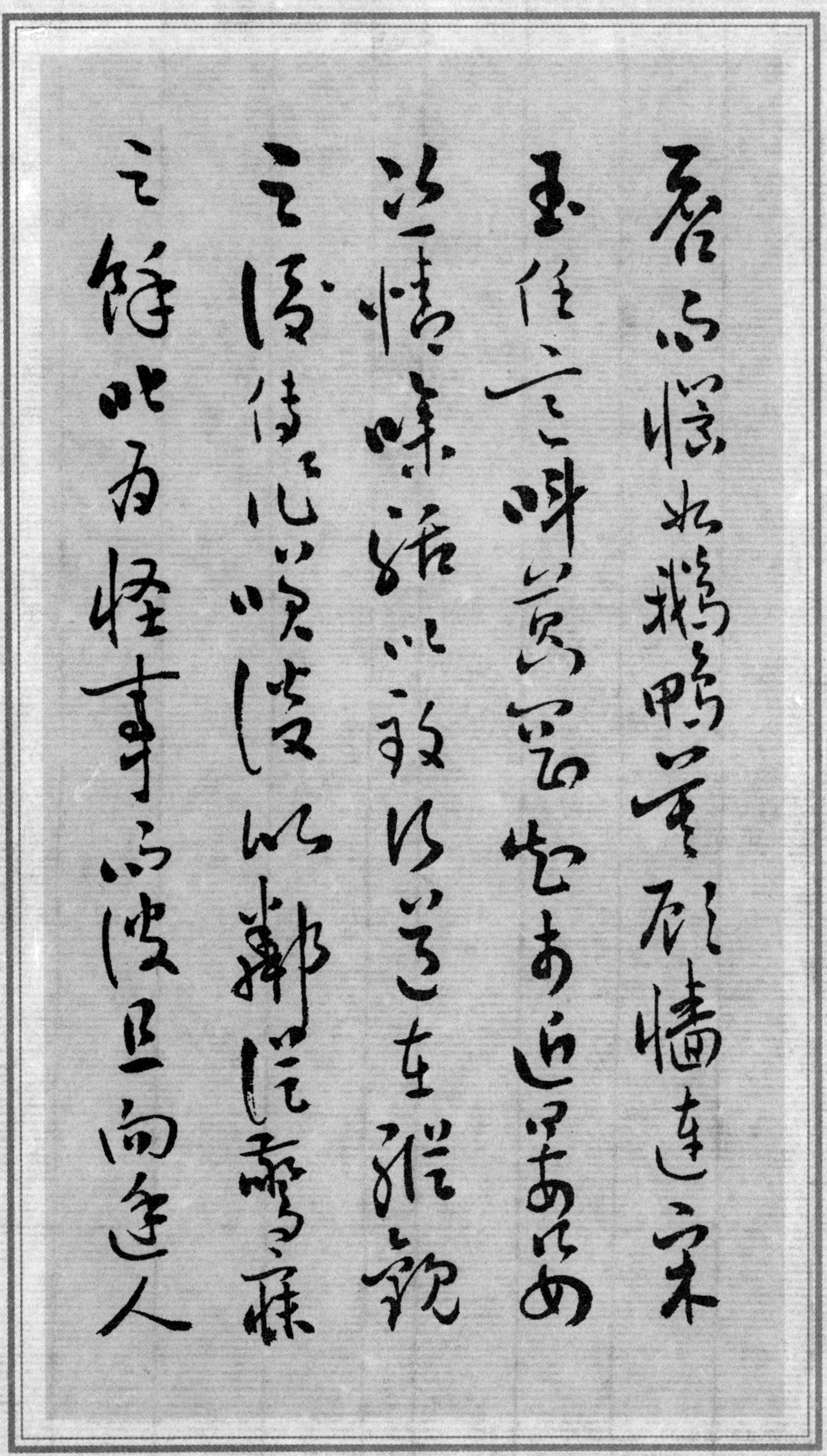

而道苦，絕不解羞；偕村婦而訴窮，漫無知諱。惡聲惡色，愈出愈奇。下衽閑游，豈願供炊於季子；停針畫卧，偏思喚夢於江郎。乃謂白日難消，何至茹

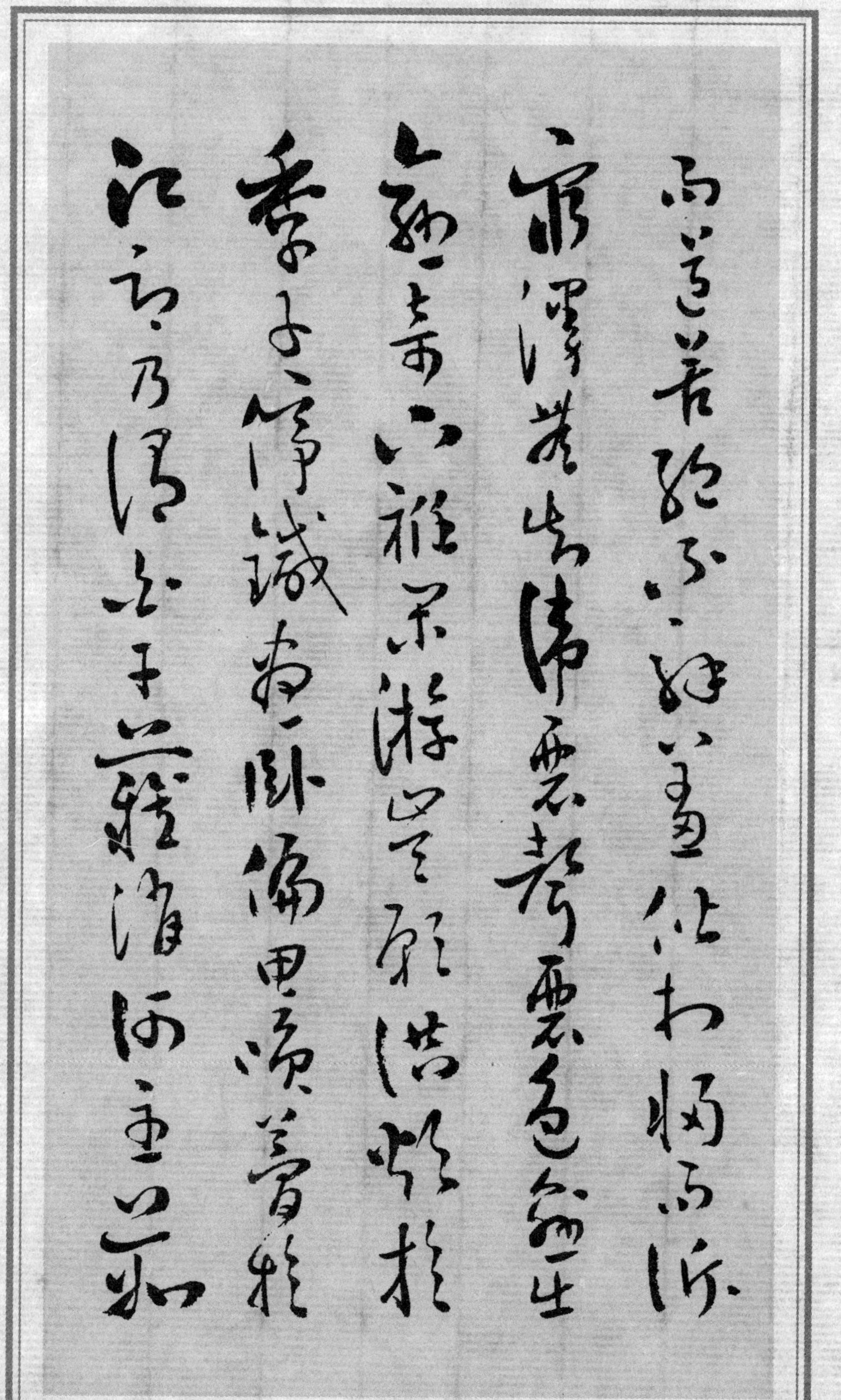

茶集蓼；青年未邁，尚堪改轍更弦。婦人本是從人，原可因人成事；今我却是故我，如何以我禦窮。俟君獻賦得官，未曉名揚何日；望子賣文爲活，更

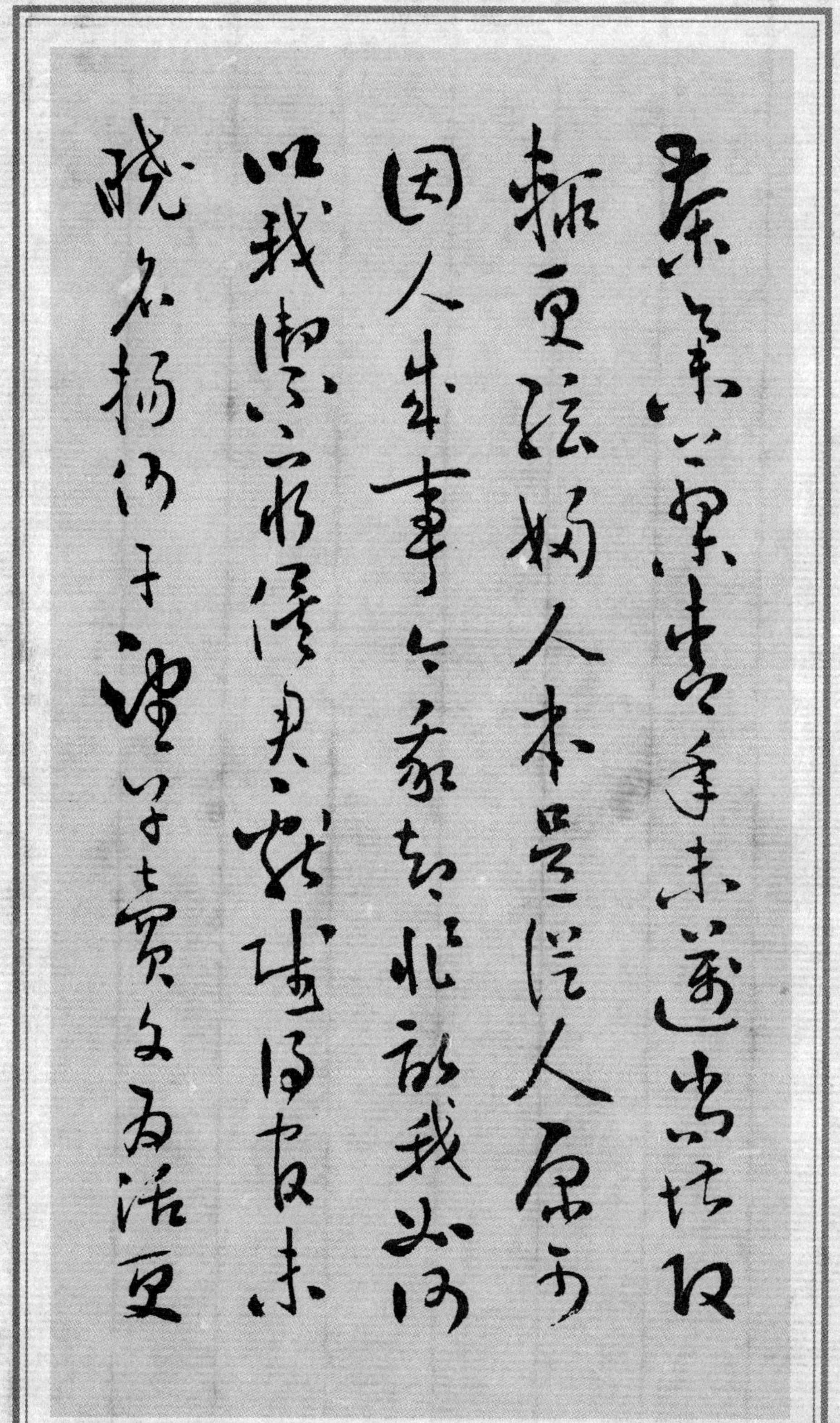

虞氣絶多時。勢不兩全，莫待牛衣對泣；事無再計，只求鴛瓦分飛。而生素慨閫範久離，閨風多玷。音挑綠綺，越禮芳年；句咏黃花，羞遺晚節。方稽古而心鄙其人，忽居今而身遭此事。

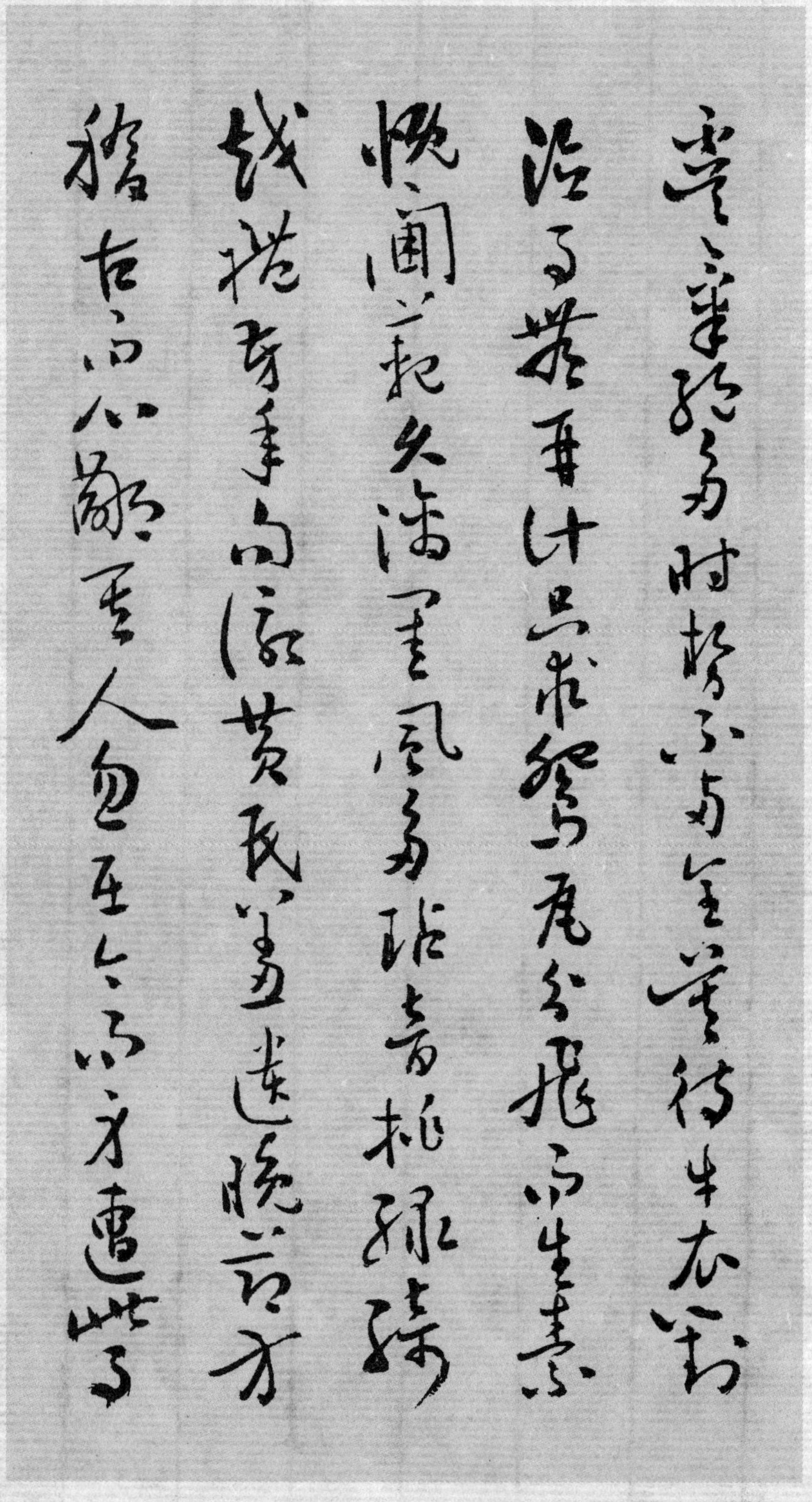

業在一家共處，斷無纖悉可欺；矧經兩載相依，豈有艱難未曉。最是困窮甘自受，累汝何堪；或者富貴逼人來，願卿稍待。試思往事，未必無緣；倘念前情，不宜有怒。盡情曲慰，終思遏其邪心；垂涕苦留，殊欲挽其去志。乃此

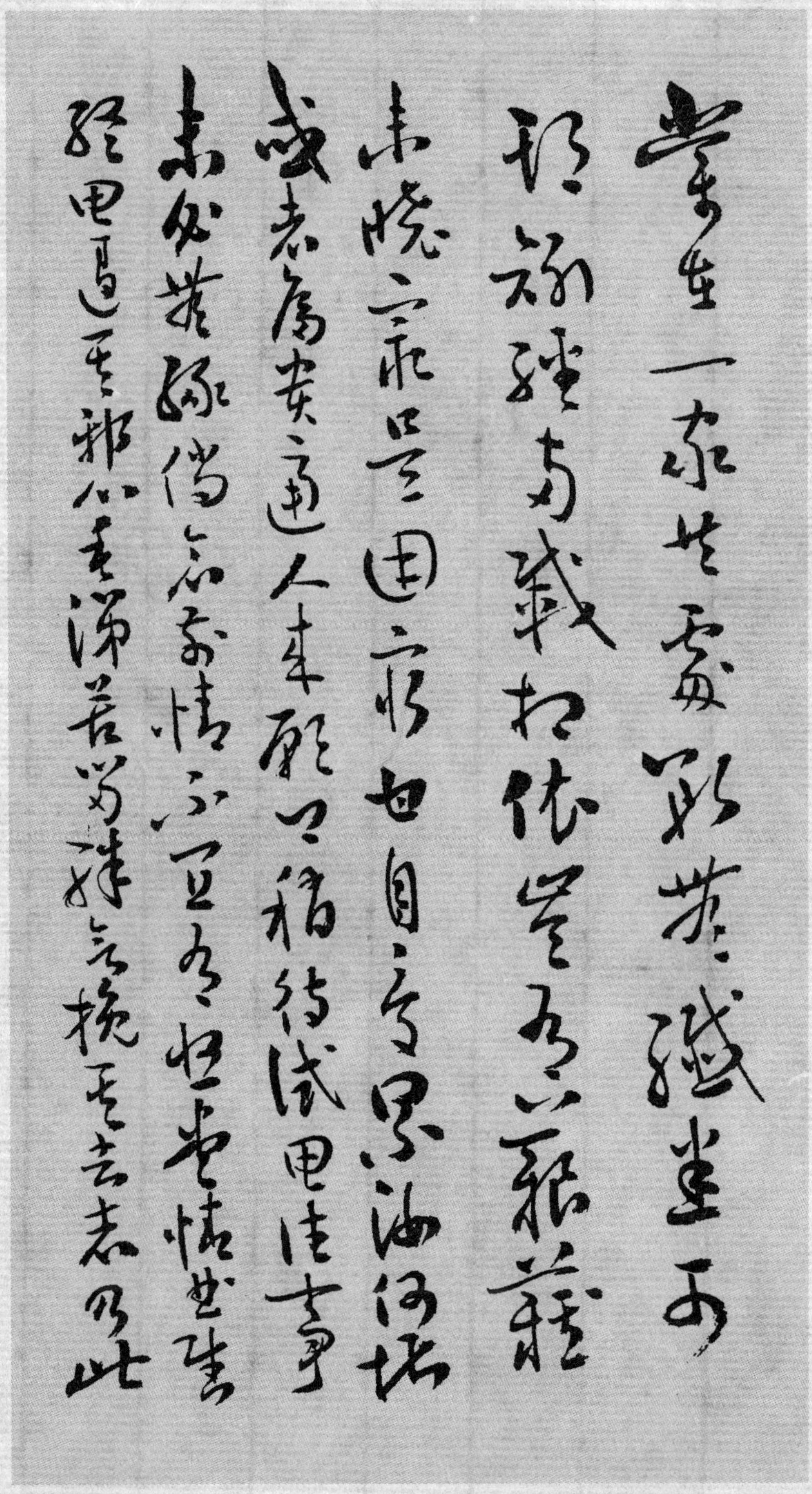

言纔進，而彼怒即逢。遽將座上青氈，同褒姒宮中裂錦；還取案頭黃卷，效始皇關內焚書。釁起房幃，總是未能知彼意；事關床第，大都

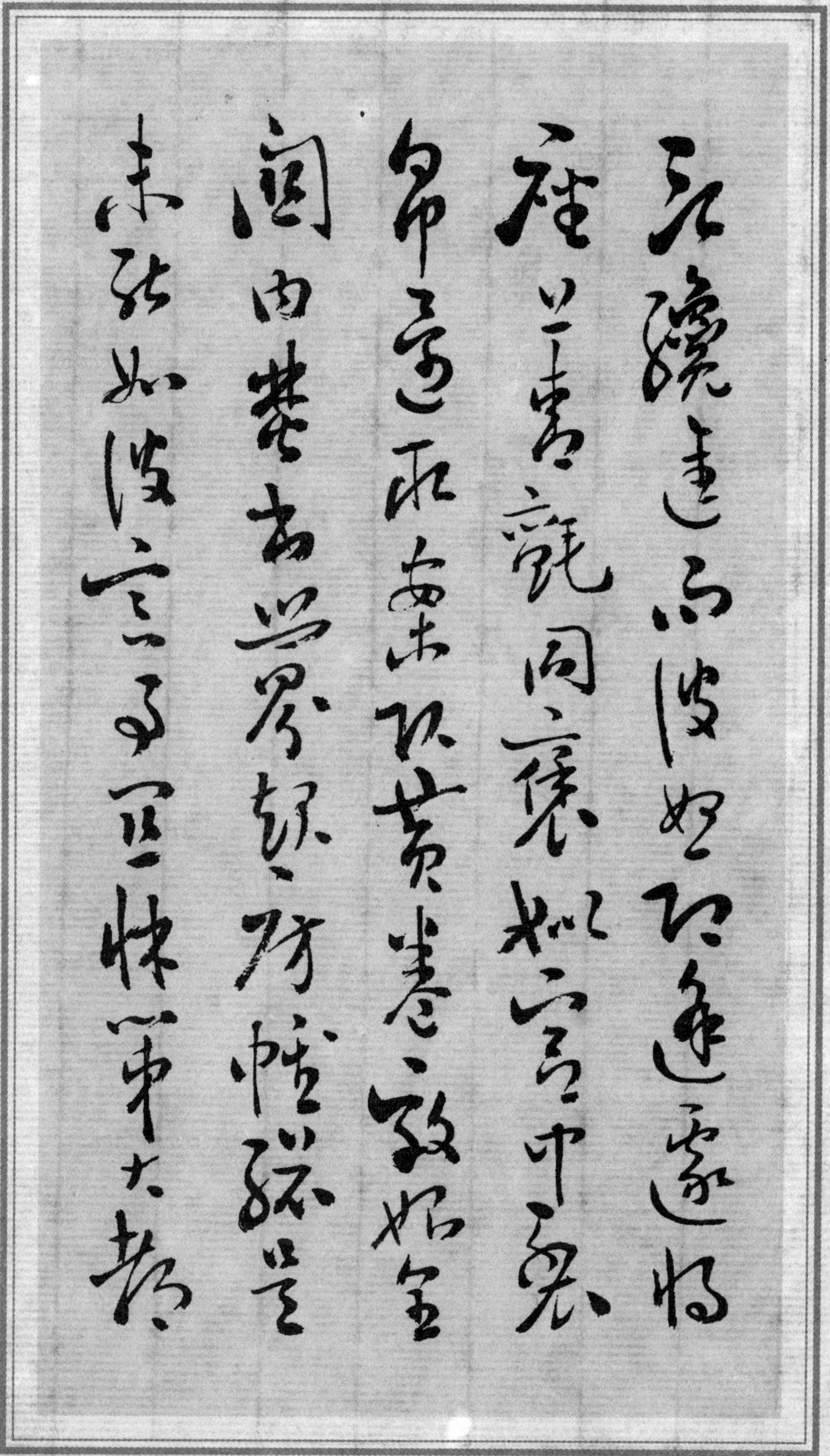

不可對人言。梅子未黃，味先酸澀；楊花乍白，態更顛狂。朝則臨鏡效顰，暮而倚門獻笑。身無完縷，猶佩麝臍；口少宿糧，仍含鷄舌。打鶯

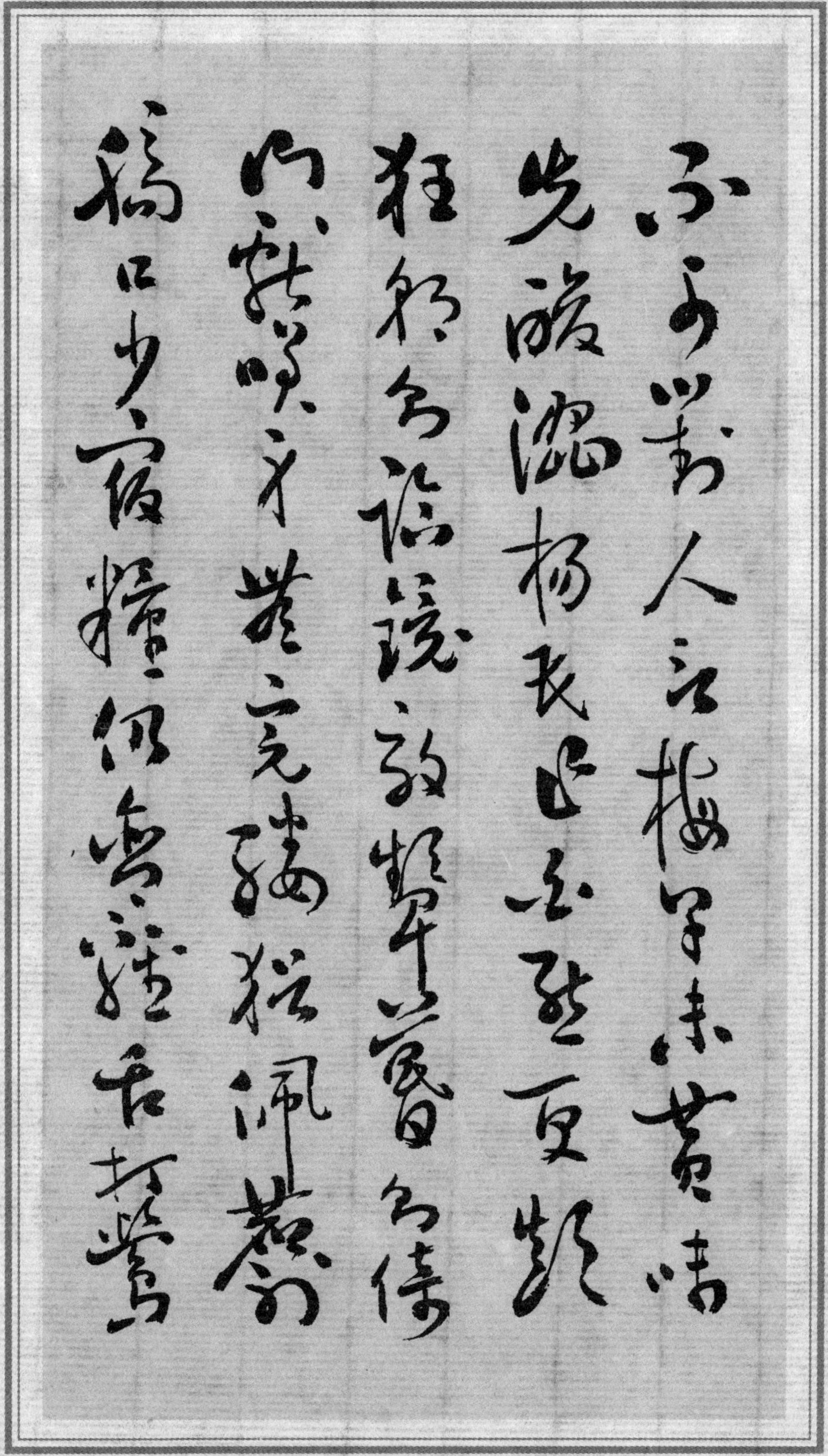

嗔燕，輕浮出自性成；掠鬟蕩裙，妖媚由於習慣。氣羶蟻聚，物腐蛆生。禁之則(怨)乃無終，縱之則(流)於河底。與使寡廉鮮耻，致玷清閨；不如忍愛割

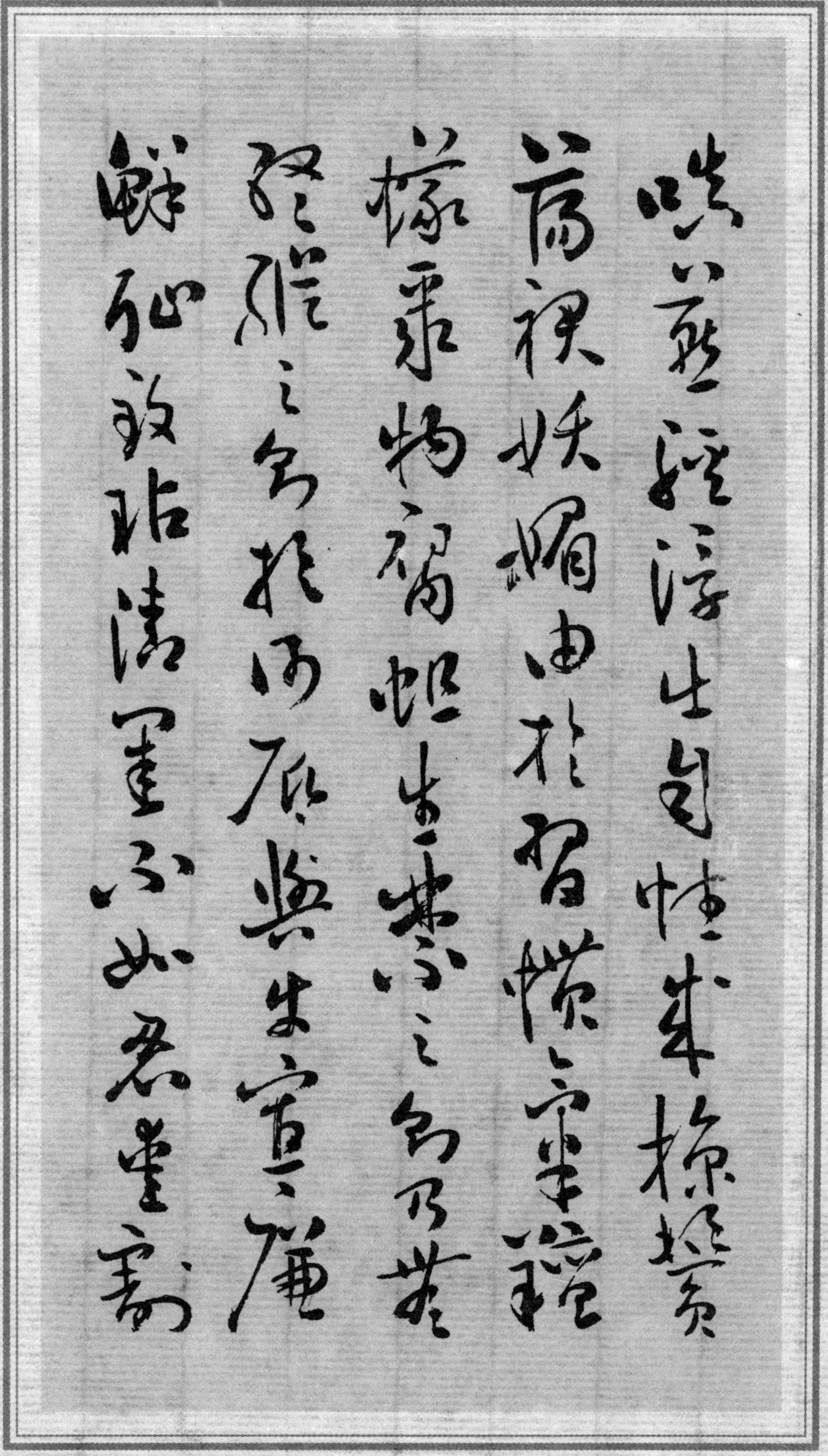

慈，免污名族。爾乃裂裳成券，數行訣絶之辭；蘸血濡毫，萬顆凄涼之淚。昔日相逢衮衮，今時求去匆匆。强使署名，墨塗鴉色；迫令畫諾，掌印

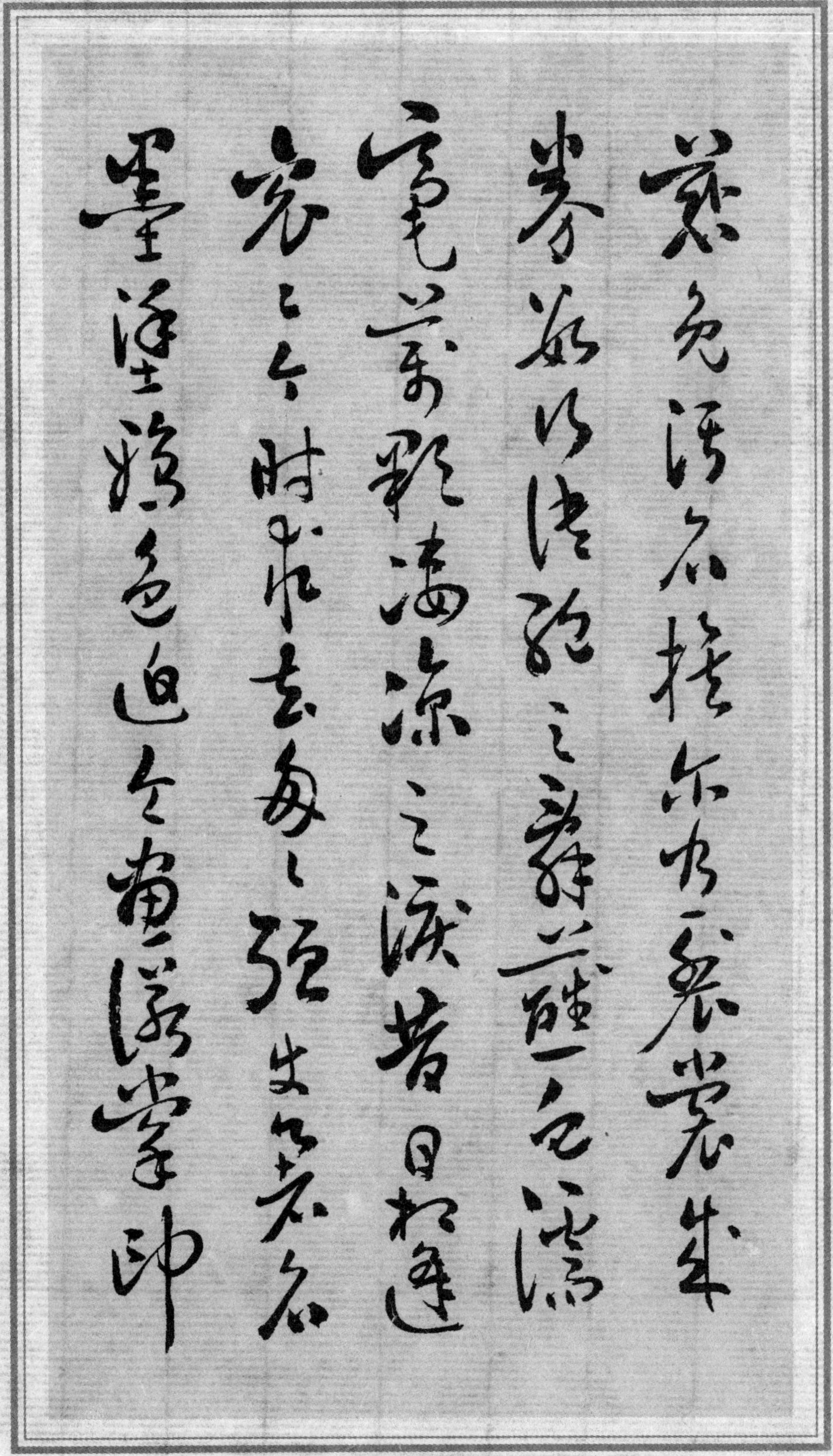

螺紋。傷哉，五年之衾枕猶温，一旦之襟裯俱絶。誰無妻子，誰無室家。共知牽繫足之紅絲，祇期同穴；不道搦畫眉之彩筆，竟作離書。適有

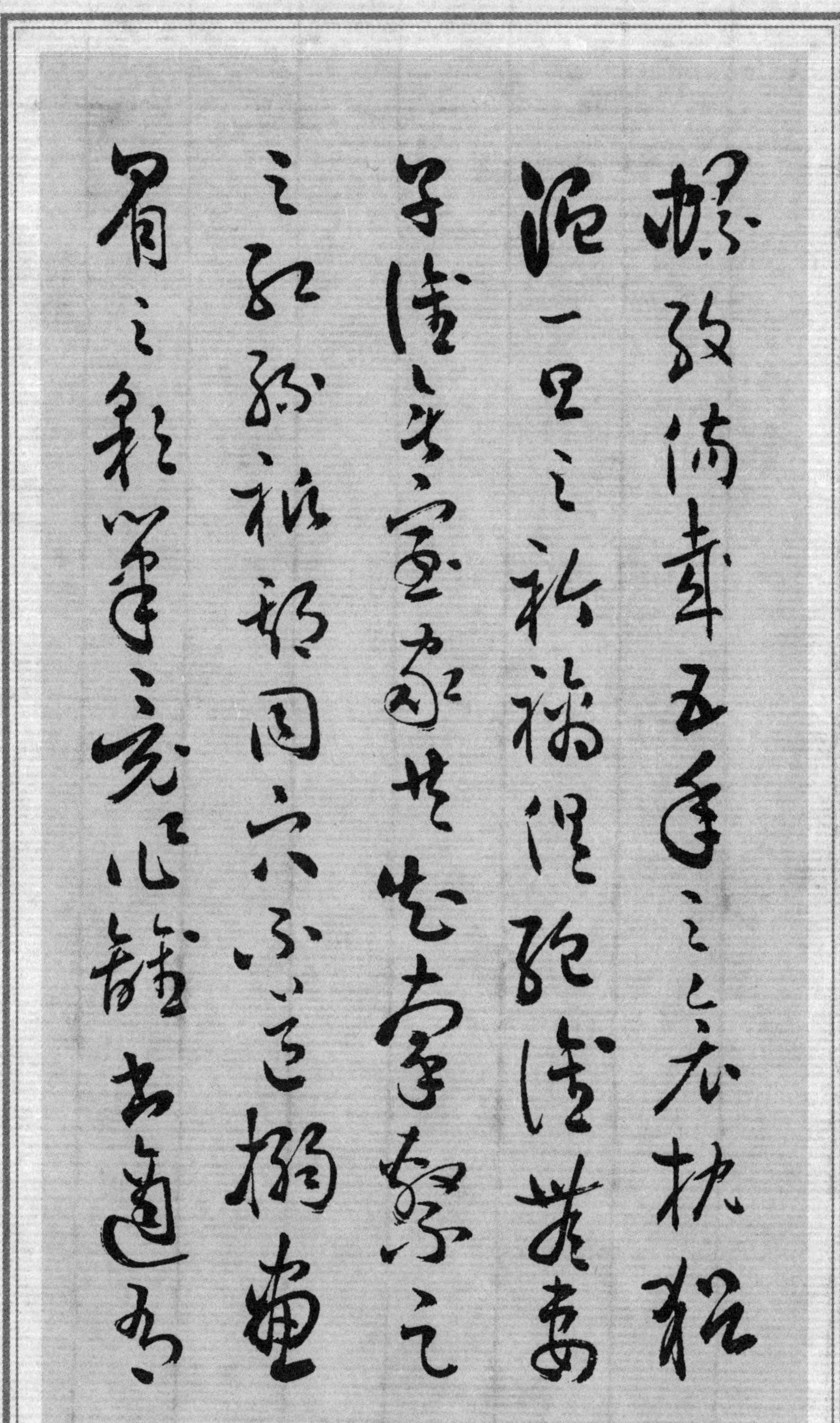

山左配軍，充作里中斷役。乘垣調笑，窺隙浪挑。一則予未有室，狐素稱雄；一則人盡可夫，雉將求牡。一則尋花問柳，那知柳劣花頑；一則撩雨撥雲，莫

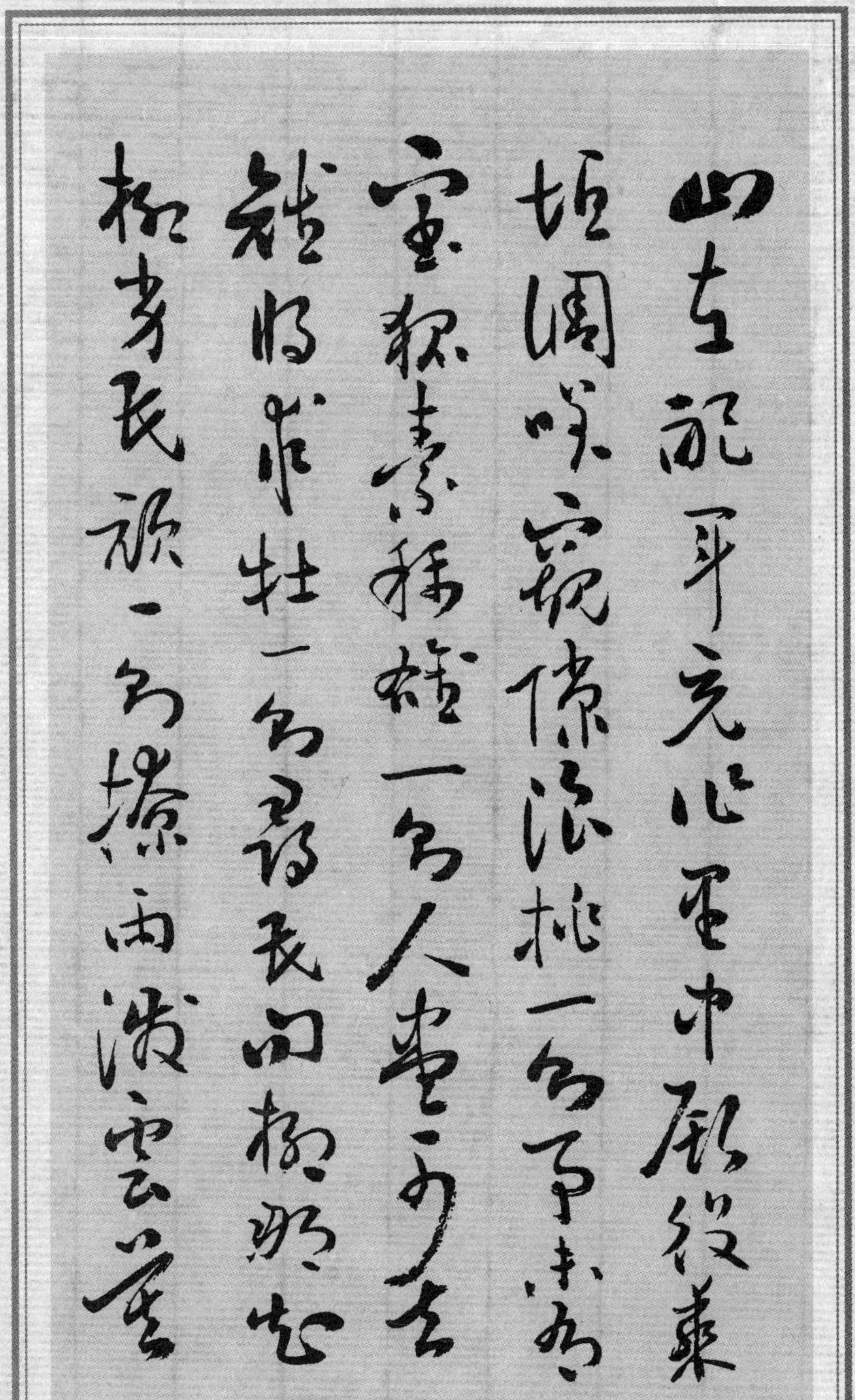